和谐心育

——中小学心理健康教育的西湖探索

尹建强 等 著

浙江教育出版社 · 杭州

序 1

以心理健康筑牢教育根基

学生的健康成长关系祖国和民族的未来，促进学生身心健康、全面发展，是党中央关心、人民群众关切、社会关注的一项重大课题，也是加快推进教育强国建设、办好人民满意教育的一个重大任务。随着经济社会的快速发展，学生的成长环境不断变化，学生心理健康问题更加凸显。2023年，国家启动学生心理健康工作专项行动，旨在通过全面贯彻科学教育理念，优化教师心理健康水平，引导家长呵护孩子心理健康，提升学生的心理健康素养，培育学生的良好心理品质。各地学校积极响应、创新实施，并取得实际成效，杭州市西湖区就是其中一例。

早在十年前，杭州市西湖区就结合心理健康教育规律和区域特点，围绕“做什么”“怎么做”两个问题，深入思考，稳步开展区域心理健康教育创新研究。经过十年的努力，构建起立体融通的“和谐心育”体系，探索出一种新的区域心理健康教育模式，形成了“学生和、教师和、师生和、亲子和、家校和”的“五和”格局，建立了促进学生健康成长的和谐生态系统。这些成效擦亮了区域心理健康教育的品牌，彰显了教育强区的靓丽色彩。

“和谐心育”吸纳了积极心理学、人际关系心理学和生态系统等理论，通过增强个体的心理健康、改善人际关系和优化社会互动，来实现“自我”“你我”“他我”的三重和谐状态。具体做法可概括为三个方面。一是推行心育服务网格化管理。以班级为单位组建德育导师团，以年级为单位组建导师指导团，实现心育服务网格覆盖。依托“和谐心”云平台建立学生身心健康库，根据区域标准进行红、橙、黄、绿四色标码，实现学生身心健康可视化。二是构建“一轴三线五片”协同机制。以区学生成长支持中心为中轴，整合心理健康、家庭教育和特殊教育三线功能，将全区中小学划分为东、南、西、北、中五个片区，建立五片联盟。通过“一轴三线五片”联盟，打造以学校为核心、家庭为主体、社会为辅助的心育共同体，让专业指导更清晰，服务学生更及时，覆盖更全面。三是尝试医教结合机制。协调各方资源，构建一个支持性的区域心理健康教育合作系统，助力学生的全面发展。借助医院的专业力量，基于“驻点指导、加号转介、三方会谈”等载体，形成医教结合、协同干预的“西湖范式”。

这项研究历经十年，基于“和谐心”载体，整合心理健康、家庭教育和特殊教育的指导功能，以区学生成长支持中心为中轴，构建“前端预防、中端预警、后端管治、终端服务”的全程心理健康动态服务链，形成面向学校、家庭和社会的心理健康、家庭教育协同体系。学生因“和谐心”而健康成长，激活学生勤勉成长的内力，浇筑学生优质成长的基石，联结健康成长的纽带，从而拓宽了心育新路径；教师因

“和谐心”而彰显教育智慧，唤醒教师心育主体意识，凝聚教师心育专业力量，优化教师心育指导水平，从而提升了心育品质。以全员心育构建学校主导的协同育人路径，以全力呵护构建家庭尽责的课程育人载体，以全域覆盖构建社会支持的服务育人机制。这些内容都是“和谐心育”的核心所在、魅力所在。

《和谐心育——中小学心理健康教育的西湖探索》一书，全面梳理并总结了杭州市西湖区在区域学生心理健康教育新生态探索方面的成果，内容丰富、站位高远、系统性强，既有科学的教育理论，又有典型的经验案例，体现了理论与实践的统一、科学与思想的统一，是一部不可多得的好书。我因为作序，已先睹为快，细读全书，品味精华，深受教育，同时也十分愿意推荐给大家，期盼有更多的地方、学校学习借鉴，为青少年学生健康成长、全面发展创造更多美好的空间和阵地。

陈如平

于2024年9月10日中国第40个教师节

陈如平，中国教育科学研究院副院长、研究员。

序 2

全程关爱守护　协同育心育人

关爱与守护学生的心理健康，功在当代、利在千秋。在新时代“不确定性”为底色的大变局下，学生的心理健康问题需要从系统角度重新诠释。我认为，学生心理健康教育是一个有章可循的系统工程，需要以学校教育、卫生健康、社会建设三个领域为横坐标，以个体、人际、群体、社会和环境五个维度为纵坐标，进行系统治理、综合治理、网格化治理，开展全员、全程、全方位的学生心理健康教育与服务实践，强调以德育心、以智慧心、以体强心、以美润心、以劳健心，“五育”并举，“和谐”心育。

其中，“和谐心育”是杭州市西湖区在教育领域推行的一项以学生心理健康教育为核心，旨在促进学生全面发展，构建“和谐心”校园、“和谐心”家园的教育和实践。这一理念强调在教育过程中关注学生的自我、情感、人际与心理社会性发展，通过营造积极健康的心理环境，培养学生的良好心态和社会适应能力。该项目历经十年探索，最终形成《和谐心育——中小学心理健康教育的西湖探索》一书，为我们展示了区域层面全面推进与深化学生心理健康教育的先进经验，具有现实指导意义。

具体而言，一是“和谐心育”下的学校主导。在学校教育中，将学生心理健康教育作为核心要素，由学校主动规划、组织和实施一系列策略与措施，确保学生心理健康的全面发展，并引导家庭及社会各界形成合力，共同促进学生的健康成长。二是“和谐心育”下的家长尽责。家庭是孩子成长的第一课堂，父母应当扮演积极的角色，重视孩子心理健康和人格的全面发展，与学校携手，为孩子营造一个和谐幸福的家庭氛围、一个健康成长的家庭生态环境。三是“和谐心育”下的社会支持。在促进学生心理健康发展的过程中，社会各界共同参与，构建一个全方位、多层次的支持系统，为营造健康、和谐的学生成长环境提供坚实的社会基础。四是“和谐心育”下的数字赋能。充分利用现代信息技术和数字工具，创新学生心理健康教育与服务模式，增强教育的可及性、个性化与效能感，为学生、家庭及教育工作者提供更加科学、精准的心理健康服务，构建一个高效、智能、全面的学生心理健康支持系统。

本书从多个角度出发，为我们全面而深入地理解学生心理健康教育的学校、家庭、社会三位一体的系统观提供了“杭州西湖”样本。就学生心理健康服务体系而言，该体系是一个由学校、家庭和社会整合的系统，建设了一支以心理健康教育专业人员为核心的工作队伍，遵循学生心理健康的特点和规律，为学生和家长提供不同层级的心理健康与心理保健服务。第一，个体层面，倡导“自我和谐”，使学生牢固树立“每个人是自己健康的第一责任人”意识，努力提升自身心理健康与幸福水平，学会保持健康、获得幸福的技能和技巧；第二，人际层面，重视学生心理健康教育，倡导“你我和谐”；第三，群体层面，突出学生心理健康服务，倡导“群我和谐”。概括而言，学生的心理健康教育，必须打好学校、家庭、社会的“组合拳”，协同作战、共同发力，构建学生健康成长与幸福生活的生态系统，努力拓展学生心理健康教育的新内涵、高质量、跨越式发展空间，才能为“健康中国”“幸福中国”奠定坚实的社会心理基础。

杭州市西湖区的“和谐心育”教育经验表明，新时代学生心理健康教育一定要提高站位，即站在时代的制高点上。社会转型，即经由传统型社会向现代型社会快速转变就是新时代的重要特征，就是时代的制高点。因此，在社会心理服务大框架下讨论与实践学生心理健康教育与服务，是学校心理健康教育应持的基本立场；而心理健康教育是心理健康服务的基础，心理健康服务是社会心理服务的核心，这是学校心理健康教育的方法论基础。因此，学校心理健康教育工作在组织实施、机制建设、领导管理等方面必须进行调整和改变。从心理健康教育的类型与途径看，心理健康服务是社会心理服务的具体化，决定了心理健康教育在组织实施中要有全局观、整体观；从心理健康教育的方式、方法看，心理健康服务是社会心理服务的“压舱石”，决定了心理健康教育在机制建设中要有体系观、系统观；从社会心理服务的途径、方法看，社会心理服务包括微环境、中环境和宏环境系统，对应着个体、人际、群体层面的社会心理服务，这决定了心理健康教育在领导管理中要有生活观、生态观。

总而言之，在学生心理健康教育、国民心理健康教育和社会心理健康教育有机整合的框架下，构建学生健康成长和幸福生活的学校、家庭、社会生态系统，实现新时代心理健康教育的新模式、新气象、新发展，进而寻求心理健康教育未来发展的新路径，杭州市西湖区的“和谐心育”已经探索在前，并给我们提供了一个可借鉴的个案和范例。我相信，只要有“世上无难事，只要肯登攀”的信念，就一定能尽赏学生心理健康教育的“无限风光”。

是为序。谨向所有致力于学生心理健康教育事业的人士表示崇高的敬意，也向所有的读者表达我的诚挚祝福。愿我们一起努力，为学生的健康成长尽一份绵薄之力！

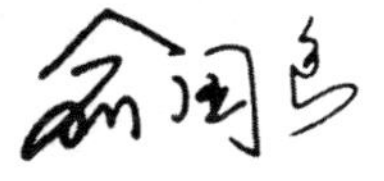

于北京西海探微斋

2024年6月6日

俞国良，中国人民大学心理健康教育跨学科平台首席专家，教育部全国学生心理健康工作咨询委员会副主任，教育部中小学心理健康教育专家指导委员会秘书长。

序 3

和谐心育　协同育心

近几年，中小学生的心理健康问题形势严峻，正呈现多样化、复杂化的趋势。中小学生的心理健康教育是个复杂的系统工程，需要家庭、学校、社会协同共育，形成心理健康的大教育观，让孩子身边的每一个人都能够更多地理解孩子，了解孩子的成长需求，为孩子创造良好的成长环境，从而促进孩子的健康成长。

“和谐心育”是杭州市西湖区的心育品牌，凝聚了团队十年探索的智慧。针对学校心理健康教育的预防、筛查、预警能力参差不齐，家庭对孩子心理健康的意识和察觉、服务能力不足，区域心理健康服务的干预、保障、支持系统不全等问题，西湖区探索学校、家庭和社会多维度同频共振、多主体作用互补、多渠道影响叠加，推进中小学生心理健康教育数字化转型，构建“前端预防、中端预警、后端管治、终端服务”的全程心理健康动态服务链，探索心理危机多跨协同干预，实现学生“自我、你我和他我”的和谐，全方位呵护中小学生的心理健康。其独特做法得到省领导的三次批示和点赞，具有一定的学术和应用价值，其中有以下一些方面值得肯定：

一是全员心育，构建了“学校主导”的协同育人路径。学校采用多方联动的方式，有效化解矛盾，构建学生健康成长的支持体系。区域以“一轴三线、五片联盟、四端服务”为机制，形成面向家庭、学校和社会的心理健康、家庭教育服务体系，加强心理健康教育专业建设，提升心理健康教育工作的科学化水平。基于健康筛查“一平台”、智能辅助“一张屏”、预警跟踪“一个库”做好筛查和预警；基于学生成长支持中心的“电话咨询、面对面辅导、三方会谈”等定制服务，促进教育生态中各方的和谐共生。

二是全程呵护，构建“家庭尽责”的课程育人载体。学生心理健康的根基在家庭，重点在学校，西湖区将心理健康工作和家庭教育指导有机结合，开发三级家长课程，探索区域心理健康教育的新生态。首先是普及性认知课程——“和谐心”家长微课：根据年级，围绕“生理发展、个性发展、学习能力、社会适应、人际沟通、学法指导”六个维度开发家长微课，让家长读懂孩子的需求，提升育儿素养。其次是选择性觉察课程——“和谐心”家长沙龙：直面家长的特殊需求，围绕“亲子沟通”“家校携手”等五个主题架构觉察课程，让家长在分享中自我觉察，调整家庭教养方式，回归初心，抛开自我局限，走出当下的困境。最后是陪伴性活动课程——“和谐心”亲子活动：通过活动的形式，建立起家庭成员之间的亲密链接，引导家长理解孩子，在形成亲密家庭关系的同时，让孩子获得成长的内驱力。通过丰富多彩的亲子课程内容和父母在家庭生活中的延伸，引导家长回归生活教育，推进浸润式养育陪伴、沟通式情感陪伴、互动式娱乐陪伴，营造和谐家庭氛围。为了提升家长的育儿能力，西湖区启动教师家庭教育指导能力提升工程，对实施家庭教育的家长从理论、方法、内容和技术等方面进行指导，帮助家长提高育儿素养，提升其家庭教育水平。

三是全域覆盖，构建“社会支持”的服务育人机制。借力社区、院校构建社会教育服务体系，建好“充电站”，形成“15分钟学习圈”，举办“训练营”，开展“共同成长活动”；与杭州市第七人民医院签署协议，建立学校、家庭和医院的转介机制，基于“主题培训”“跟岗学习”“个案督导”等方式提升教师的指导水平；链接数字网络平台，实现数字驱动，以创建数字家长学校为契机，丰富家长学校的办学内容和途径，进一步探索“互联网+”育人新模式。

本书汇集了杭州市西湖区支持性心理健康教育生态育人实践的精华，凝聚了很多有价值的发展经验，为各地的教育改革和发展提供了参考和借鉴，有助于建设高质量的教育体系。相信很多的教育工作者能够从本书中得到启迪，进一步锐意改革，积极创新，有力推动心理健康教育的高质量发展。祝贺本书的出版！

是为序。

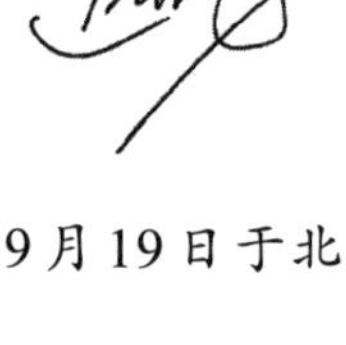

2024年9月19日于北京

边玉芳，北京师范大学心理健康与教育研究所所长、儿童家庭教育研究中心主任，教育部中小学心理健康教育专家指导委员会委员。

目录

CONTENTS

第一章 和谐心育 / 1

第一节 背景意义 / 2

第二节 理论机理 / 10

第三节 十年历程 / 18

第四节 整体架构 / 24

第二章 学校主导的心育范式 / 33

第一节 心育队伍 / 34

第二节 五育并举 / 47

第三节 心育课程 / 60

第四节 家校共育 / 79

第三章 家长尽责的心育范式 / 93

第一节 “和谐心”家长微课 / 94

第二节 “和谐心”沙龙 / 111

第三节 “和谐心”俱乐部 / 128

第四节 “和谐心”亲子项目 / 144

第四章 社会支持的心育范式 / 159

第一节 政府主导，部门协同 / 160

第二节 签约合作，医教结合 / 173

第三节 联合高校，专业引领 / 189

第四节 馆校共建，以美育心 / 207

第五章 数字平台赋能创设 / 223

第一节 “和谐心”数字家长学校 / 224

第二节 “和谐心”云平台 / 235

第六章 面向未来的展望 / 241

第一节 区域经验，和谐心育 / 242

第二节 展望未来，守护美好 / 254

参考文献 / 259

后记 / 262

第一章

和谐心育

当前，随着经济快速发展，学生成长环境不断变化，学生心理健康问题更加凸显。2023年4月，教育部等十七部门联合印发《全面加强和改进新时代学生心理健康工作专项行动计划（2023—2025年）》，要求切实把学生心理健康工作摆在更加突出的位置。至此，学生心理健康工作上升为国家战略。学生心理健康问题的解决是一个复杂的系统工程，要解决学生自身能力不够的问题、家庭后盾赋能不全的问题和社会力量支持不足的问题。杭州市西湖区“和谐心育”项目历经十年探索，从区域视角切入，针对心育工作认知窄化、学校心育体系滞后、区域心育协同障碍三个核心问题，融合教育、医疗、社会服务等多个领域的资源，构建了一个全面、立体、融通的心理健康教育体系。项目历经三个阶段的发展：第一阶段需求评估，平台创新，研培一体；第二阶段专业支持，开拓新路，建构模式；第三阶段平台升级，模式创新，全域推广。每一阶段都通过创新实践和资源整合，逐步形成以“一轴三线、五片联盟、四端服务”为架构，具有“和谐心”区域特色的心育生态体系。

第一节 背景意义

党的十八大以来，以习近平同志为核心的党中央坚持儿童优先原则，把培养好儿童青少年作为一项战略性、基础性工作。习近平总书记强调要高度重视儿童青少年身心健康，遵循未成年人成长特点和规律，加大心理健康问题基础性研究，做好心理健康知识和心理疾病科普工作；规范发展心理治疗、心理咨询等心理健康服务，为儿童青少年心理健康促进工作指明前进方向、提供根本遵循。中国科学院心理研究所2023年2月发布的心理健康蓝皮书《中国国民心理健康发展报告（2021～2022）》显示，社会、家庭、学校对学生造成的升学压力等社会多元诉求致使儿童青少年的成长有些无所适从；“唯分数”论的考试选拔机制与利益物化的评价机制让儿童青少年找不到稳定的精神支柱；当下的教育生态缺少专业化、具体化、特殊化的系统支持，致使部分儿童青少年的心理健康出现严重问题。因此，儿童青少年的心理健康教育亟须通过点线结合、线面联动，建立由个体到区域、由基础到综合的立体化管理机制，站在区域教育治理的角度来思考和推进。

一、现状探析

《中国国民心理健康发展报告（2021～2022）》显示，参与调查的中国青少年中，有14.8%存在不同程度的抑郁风险，其中，小学阶段学生存在抑郁风险的约占一成，重度抑郁风险检出率为2.1%～3.1%，而初中阶段学生存在抑郁风险的约占两成，重度抑郁风险检出率上升至4.8%～6.0%。如果将分数看作“0”，那么身心健康就是“1”，如果没有健康的“1”，那么有再多的“0”也无用，所以教育不仅仅是为了传授学生以知识，更是要为学生的终身发展打下健康的基础。

（一）政策背景

2021年7月，中共中央办公厅、国务院办公厅印发了《关于进一步减轻义务教育阶段学生作业负担和校外培训负担的意见》，要求减轻学生过重的课业负担，营造良好的教育环境，让教育回归初心，促进学生全面而有个性地健康发展。同月，教育部办公厅印发《关于加强学生心理健康管理工作的通知》，要求进一步提高学生心理健康工作的针对性和有效性，切实加强专业支撑和科学管理，着力提升学生心理健康素养。2021年10月，第十三届全国人民代表大会常务委员会通过了《中华人民共和国家庭教育促进法》，明确家庭教育工作应当坚持党的领导，实行政府主导、家庭尽责、学校指导、社会协同的工作机制。

2023年全国"两会"上，儿童青少年心理健康问题再次成为代表、委员热议的话题。受社会认知不足、心理问题较为隐蔽等客观条件的限制，当下儿童青少年心理健康问题仍不容乐观。如何探索有效的解决方法，制定、健全、落实遵循儿童青少年身心发展规律的保障机制和相关政策，是政府有关部门的一项刻不容缓的任务。

（二）社会背景

社会经济情况制约着人们的生活条件和教育、卫生设施的发展，并影响着家庭育儿的方式，也对儿童青少年的成长有着潜移默化的影响。生理的快速发育带来心理发展的不平衡，同时，随着网络、影视等各种媒体的不断发展，儿童青少年接受的事物日新月异，思维和思考能力明显提高，但他们的行为较为主观冲动，若没有得到很好的调节，极易引发心理健康问题。

当前社会竞争激烈，加上社会中存在大量的利益物化评价机制，导致儿童青少年出现心理健康问题的概率大大增加。

与此同时，社会层面存在对儿童青少年心理健康问题认知不足的现象。社会民众，尤其是部分家长缺乏儿童青少年心理健康的相关知识和处理相关问题的意识，教育部门对社会民众科普宣传和教育培训的力度也不够。

（三）教育背景

当前教育内卷的背景下，层层下移的社会压力给儿童青少年的学习带来更多的压力。作为教育主体的学校因为需兼顾教育资源、教师专业水平和绩效考核等问题，时常顾此失彼。学校的过高学业要求、质量监测，以及紧张的师生关系都会对儿童青少年的心理健康产生明显的影响。家长过高的学业期望可能导致儿童青少年出现焦虑、抑郁等心理问题；过量的课外作业和以考试分数为主要衡量标准的评价体系容易使儿童青少年感到压力过大，产生恐惧失败的心理，不利于其形成积极的自我认知和良好的学习态度。

儿童青少年非常重视同龄人对自己的接纳程度，受到任何形式的欺凌、排斥或孤立都会导致他们的自尊心受损，增加其焦虑、抑郁的风险。

不良的师生关系，也可能造成儿童青少年心理上的不安和压抑感，影响他们的自尊心和归属感，进而影响其心理健康。据调查，随着生活、工作等方面压力的增加，教师患上抑郁症的概率也正在增大，进而会对儿童青少年产生不良的影响。另外，儿童青少年心智发育仍不健全，又受到过度使用电子产品及网络不良信息的影响，心理健康受到很大的冲击，导致出现抑郁倾向、有轻生念头等情况逐渐增多。

二、问题剖析

学业竞争压力、人际关系压力及在成长过程中遇到的各种问题所带来的压力，是致使当下儿童青少年产生心理问题的主因。

（一）环境：教育内卷，压力传导

受资源分配不均和传统思想等因素，尤其是中国家长“望子成龙”“望女成凤”思想的影响，社会竞争和教育内卷日益加剧。

1. 家庭教育异化

家长“希望一代更比一代好”的愿望进一步加剧社会竞争，给家长自身带来了极大的压力。家庭教育窄化，家长往往成为老师的助教或“家庭教师”。虽然“双减”政策的实施让教育分工逐步回归理性，但道路还充满荆棘，尤其是社会民众对家庭教育是生活教育这一理念的认识仍不足。

2. 学校教育弱化

教育的根本任务是立德树人，把立德树人的成效作为检验学校一切工作的根本标准，真正做到以文化人、以德育人，就必须处理好“教学”和“教育”的关系。目前学校教育“五育融合”程度已明显提升，但学科“育人实践”还需进一步强化。

3. 社会阶层固化

教育是提升个人社会地位的重要途径，是推动社会阶层流动的重要力量。但当下的教育似乎成为社会阶层固化的“助推器”，比如，很多家长还无法接受孩子上“职高”，觉得“没面子”“没出息”。整个社会对“五唯思想”（唯论文、唯“帽子”、唯职称、唯学历、唯奖项）的破除虽有行动，但道阻且长。

（二）管理：各行其道，各自为政

高质量的教育需要家庭、学校和社会形成合力，但当下家庭教育、心理健康教育和特殊教育各有各的管理部门，且自成运作体系，管理力量分散。另外，在立德树人背景下，学校教育和教学的矛盾依然存在，以教学为主的思想仍然占据上风。

1. 区域管理力量分散

2019年之前，西湖区的家庭教育、心理健康教育和特殊教育实施单线管理，分头推进。单线管理虽然有利于快速推进工作，但缺少线面结合，易造成重复工作，也不利于对特殊学生进行联合干预。

2. 学校教育形式单一

2019年之前，学校的教育和教学各行其道，应试教育的痕迹较为明显。尤其在初高中阶段，学习内容枯燥、形式单一，缺少社会性学习活动等均是影响儿童青少年心理健康的原因。

3. 社会协同缺乏联动

2019年之前，大部分家庭教育、心理健康教育的问题由教育部门处理，其他机构和部门，如负责家庭教育的妇联、负责社会教育的民政和卫生部门，都心有余而力不足，更遑论各部门联动管理，协同育人。

（三）支持：缺少载体，缺乏专业

当下社会的快速发展和学生的多元发展对学校教育和家庭教育都提出了更高的要求，具体问题的背后是“一个个特殊孩子”和“一个个特殊家庭”，因此，需要教育生态提供全面的支持系统，但当下的学校管理、教师培训和家长指导还缺少相应的机制。

1. 学校缺少家校协调的支持机制

例如，某些特殊学生的行为给其他学生带来了安全隐患，在多次教育无果的情况下，学校对其给予停课处理，或要求家长陪读，这无可非议。无奈家长不接受，觉得孩子没有问题，不愿送孩子就医也不愿陪读，学校不同意其复课，家长就向有关部门投诉或信访；若学校同意在没有家长陪读的情况下复课，其他家长就要联合罢课。面对这一矛盾，学校缺少有助于家校协调的支持机制。

2. 教师缺少特殊问题的应对能力

例如，某个学生小时候父母在外经商，跟随爷爷奶奶生活，但老人过于宠溺，导致孩子比较调皮，就读幼儿园时因犯错而被单独置于房间反省，这让他产生了心理阴影，且因此对陌生环境感到恐惧，对其他人产生严重的不信任感。教师入职前很少能接触到这些“特殊案例”，入职后虽然有一些相关的校本培训，但大多是碎片化的，缺乏系统的专业知识培训，因此应对这些特殊学生或特殊问题的能力薄弱。相关调查问卷结果显示，西湖区只有41.5%的教师学习过部分家庭教育指导课程。2019年全区专职心理健康教师人数仅占全区心理健康教师总数的13%，2021年增长至49.2%，但仍无法满足学生的多样化需求。

3. 家长缺少家庭教育的策略指导

例如，某个初中学生，随着年级升高学习成绩却越来越不理想，但家长对孩子的期望值依然很高。这个学生在八年级时就已经向家长提出咨询心理医生的诉求，无奈家长并未重视，他在求助无果的情况下开始自暴自弃，最后导致亲子关系破裂，学生休学在家。西湖区相关调查问卷结果显示，全区有96.8%的家长希望得到家庭教育的指导，其中30.6%的家长迫切需要学习与孩子沟通的技能。

三、价值探寻

虽然每个区县都有家庭教育、心理健康教育和特殊教育的指导中心，但各中心都是单线管理，各自为政，缺少管理的线面结合。西湖区搭建“学生成长支持中心”项目，实施由点到线、由线到面、由个体到区域、由基础到综合的立体化管理指导机制，站在区域教育治理的角度来思考和推进学生心理健康工作。

（一）学生勤勉成长

浙江省教育质量监测数据显示，西湖区学生发展指数全面领先于全省和本市，其中学生学习动力指数高于全省7.6%，主观幸福感指数高于全省9%，师生关系指数高于全省13.3%，亲子关系指数高于全省6.5%，同伴关系指数高于全省6.5%。

（二）学校专业指导

对于一些易引发家校矛盾、占据学校领导和教师大量时间的个案，由西湖区学生成长支持中心牵头，组织中心辅导员、省市心理健康教育专家、教育局相关领导、学校领导和家长进行“多方会谈”，站在帮助学生和支持家庭的角度进行沟通，给出专业的判断和建议。

（三）家长智慧陪伴

在西湖区学生成长支持中心的统筹架构下，家长可以拨打热线电话咨询；也可以报名参加“和谐心”家长沙龙和俱乐部，现场聆听家庭教育指导教师的授课；还可以线上参与“和谐心”家长学校，学习课程，获得相关证书。多方式、多渠道提升家长家庭教育能力，使其能全方位陪伴和助力孩子的成长。

（四）区域高质发展

经过十年的研究，西湖区心育工作者认清育人形势，唯实创新，顺势而为，格局越打越开；紧扣协同育人使命，笃行实干，乘势而上，品牌越来越响；推广和谐育人新机制，精进臻善，聚势而强，质量越来越高。社会民众对区域教育的满意度和认可度持续攀升。

教育不仅是知识的传播，更是品德的培养、人格的塑造、心灵的培育和潜能的挖掘。一个优秀的学生，在兼顾学业的同时，更要具备健全的品德和健康的心理。不得不说，近年来国家出台了越来越多的相关政策，教育部门进行了诸多变革，家长对家庭教育的重视程度逐渐提升，但学生心理健康问题的形势依然严峻。教育是一个系统工程，只有全社会共同关注、共同努力，教育事业才能取得更为长足的发展和进步。在人工智能等高科技的影响下，教育将开启新的篇章，为社会的发展培养更多具备全面素质的优秀人才，为此教育工作者们责无旁贷。基于以上思考，为能建设一个关注儿童青少年全面发展的社会和教育环境，营造注重素质教育、情感关怀和心理疏导的家庭氛围，有效促进儿童青少年的心理健康发展，西湖区教育局站在区域教育治理的角度深入思考和革新，全力推进中小学心理健康教育数字化转型，探索心理危机多跨协同干预机制，在实践和探索中创建“和谐心”育人品牌。

第二节 理论机理

和谐是中国传统文化的基本理念，集中体现了学有所教、劳有所得、病有所医、老有所养、住有所居的生动局面，它是社会主义现代化国家在社会建设领域的价值诉求，是经济社会和谐稳定、持续健康发展的重要保证。和谐教育，是指以培养人的综合素质和促进人格全面发展为目标的教育模式，旨在通过尊重学生的个性，构建良好的师生关系，营造和谐、美好的学校氛围，从而培养具备道德素质、学科基础、创新能力和实践能力的人才。因此，“和谐心育”简单地说，就是构建以“和谐”为目标，面向学校、家庭和社会的心理健康教育和家庭教育协同体系，构建“和谐心”校园、“和谐心”家园、“和谐心”教育，从而建立和谐的教育生态，促进学生的健康成长。“和谐心育”是建立在生态系统理论、协同理论、发展情境论、和谐教育观、和谐理论等理论的传承与创新基础之上的，充分结合我国传统“和”文化、西湖区“首善”品牌特色，旨在形成以学校教育为主阵地、以家庭教育为基础、以社会教育为延伸的“学生和、教师和、师生和、亲子和、家校和”的教育生态。

一、“和谐心育”的理论基础

发展心理学理论是心理学、教育学理论体系的重要组成部分。随着科学事实的积累与心理学理论的发展，研究者们开始认识到单一因素在影响人的发展中所具有的局限性，从而逐渐转向对系统因素，如环境、遗传、个体因素等的综合影响作用的关注。

（一）生态系统理论

生态系统理论最早由美国心理学家尤里·布朗芬布伦纳提出，强调发展个体嵌套于相互影响的一系列环境系统之中，主要包括以下相互嵌套的四个系统：微系统、中间系统、外层系统和宏观系统。在这些系统中，系统与个体相互作用并影响着个体发展。发展的个体处在直接环境（如家庭、学校）与间接环境（如社区、社会文化）的几个环境系统之中。每一个系统都与其他系统及个体交互作用，影响着个体发展的许多重要方面。

之后的研究者又提出了家庭生态系统理论，他们将家庭看作一个社会系统，类似人体的整体结构。它由相互关联的部分组成，其中各个部分之间都会相互影响，而且每一部分都有助于总体功能的发挥。家庭生态系统理论为环境对儿童青少年发展的影响提供了独特且较为全面的解释，为“亲子和”家长沙龙和家长俱乐部的建立和活动开展提供了理论支持。

（二）协同理论

协同理论也被称为协同论或协和论，是由德国物理学家哈肯提出的。在协同体系内部，在有序参量的主导推动和法律政策、政府支持等控制参量的外部干预下，家庭、学校、社会等子系统之间会发生协同运动，当控制参量达到某个临界值时，各子系统之间的非线性作用会使系统产生“$1+1+1>3$”的协同效应；反之，如果一个管理系统的内部相互掣肘、离散、冲突或摩擦，就会造成整个管理系统的内耗增加，使系统内各子系统难以发挥其应有的功能，致使整个系统陷于一种混乱无序的状态。协同理论的自组织原理表明，任何系统如果缺乏与外界环境的物质、能量和信息的交流，其本身就会处于孤立或封闭的状态。在这种孤立或封闭的状态下，无论系统的初始状态如何，最终其内部的任何有序结构都将被破坏，呈现出一片“死寂”的景象。

因此，系统只有与外界进行不断的物质、信息和能量的交流，才能维持其生命，并向有序化方向发展。协同理论为构建区域家庭教育协同体系提供了理论支撑。

（三）发展情境论

发展情境论是美国心理学家勒纳在已有的动力系统观、人一情境整体交互作用理论、生态学理论的基础上提出的。发展情境论反对单一方面因素对个体的发展具有必然性影响的观点，转而强调发展中的个体带着自身遗传物质因素和个体自主性发展因素，与其所生活的生态环境之间发生相互作用。发展情境论认为个体的发展是一个动态的、互动的过程，受到内部因素和外部环境的共同影响。与已有的理论相比，发展情境论能够更好地解释人的发展过程的本质特征，具有更高的灵敏性和概括性。

在促进儿童青少年健康成长的过程中，强调家庭和学校等环境对儿童青少年发展的重要性以及家庭教育和学校教育的协同作用有着深刻的意义。发展情境论为更深入地探究人的发展规律及有针对性地开展医教结合的预防和干预提供了理论指导。

（四）和谐教育观

和谐教育观起源于古希腊的雅典，指健美体格和高尚道德的结合。最早全面阐述和谐教育观的著作是柏拉图的《理想国》，柏拉图认为应通过德、智、体、美等方面的教育使受教育者成为“身心既美且善”的人。之后，亚里士多德提出适应自然的和谐发展思想，使和谐教育思想得到进一步提升。19世纪50年代，俄国教育家乌申斯基在《人是教育的对象》一书中提出，教育是在全面了解人的基础上，有目的地自觉培养和谐发展的人的过程。之后的教育家也都主张“实施和谐发展的教育”。和谐教育的集大成者——苏联教育家苏霍姆林斯基在《给教育的建议》中，把和谐教育理解为认识与自我表现结合起来的教育，即帮助学生发现自己的天赋，找到某个表现自己的活动领域，在积极劳动及与集体成员的相互关系中，培养“道德纯洁、精神丰富和体魄健全”的人。

就我国而言，和谐教育的理念可以追溯到春秋时期的孔子，孔子所说的“成人”就是仁、智、勇“三达德”的统一。明代教育家王阳明则较为明确地提出了和谐教育的内涵——教育要“开其知觉、发其意志、导之以理”，简而言之，就是使受教育者“知情、意情”，得到协调发展。近代教育家蔡元培也明确提出“以世界观为终极目的，以美育为桥梁，要进行体、智、德、美四育和谐发展的教育”。

党的十六届四中全会明确提出了构建社会主义和谐社会的重大战略任务。教育作为社会系统的重要组成部分，在经济社会发展中起着先导性、全局性、基础性的作用，如何将和谐发展理念融入教育，使其在构建社会主义和谐社会中发挥重要作用，是一个重大课题，需要广大教育工作者深入思考和不断探索。

（五）和谐理论

和谐理论是西安交通大学管理学院教授席酉民于1987年提出的一种管理理论，他于1989年出版了《和谐理论》一书。

和谐理论是建立在系统理论与系统分析的框架之上的，其核心理论基础是任何系统之间及系统内部的各种要素都是相关的，且存在一种系统目的意义下的和谐机制。和谐机制在最大程度上与效率是一致的。在现实生活中，不和谐态的存在是绝对的，而和谐则是相对的，和谐机制旨在使系统由不和谐逐步趋近和谐的状态。

在和谐理论中，“和”是指人及人群的观念、行为在组织中“合意”地“嵌入”，具体到教育领域表现为关注人的主观性、主动性；“谐”是指一切要素在组织中“合理”地“投入”，是一种客观、被动的状态。和谐理论能对已发生、正在发生以及将要发生的教育现象进行广泛且良好的解释和预见，同时具有紧贴教育理论实践的精确性。和谐理论为构建“五和”的教育生态提供了理论指导。

二、“和谐心育”的内涵解读

简单地说，“和谐心育”就是构建以“和谐”为目标，面向学校、家庭、社会的心理健康和家庭教育协同体系，构建“和谐心”校园、“和谐心”家园、“和谐心”教育，从而建立和谐的教育生态，促进学生的健康成长。

（一）“和谐心育”是有“根”的

“和谐心育”是建立在中国传统“和”文化的传承与创新的基础之上的。在孔子生活的时代，战乱频繁，民不聊生。孔子提出了一整套人文和社会思想，被后世称为“儒家思想”。儒家思想在人群伦理和社会秩序方面达到了高峰，其中的“仁”“礼”等要素，成为古代中国构建和谐社会的基本国家信仰。中国传统文化崇尚和谐，“和”文化更是源远流长，它蕴含着“天人合一”“和而不同”“人心和善”的思想精髓。

党的十六届四中全会提出“构建和谐社会”的主张，是以中国传统的儒家思想来治理中国社会的一个构想。这项主张可以被认为是一种信仰的回归。“和谐”是社会主义核心价值观之一，“以和为贵”是一种共同的民族文化认同和价值认同，“和谐社会”对政治、文化、社会等各个方面都有了新的定义。2008年北京奥运会开幕式上用“活字印刷术”“印刷”出来的“和”字、2016年G20杭州峰会上各国领导人的夫人共写的“和”字，都表达了追求“和”的共同情怀。

（二）“和谐心育”是接地气的

一直以来，“首善”是西湖区的精神坐标，是全区不懈追求的方向。“和”与“善”本为一家，西湖区教育局将“和”文化落实到“和家庭”“和校园”的建设层面上，积极打造西湖特色品牌，推进教育现代化，推进“和谐心育”。做一名和善的教师，摒弃功利心，按照教育规律和学生成长规律开展教育，给予学生真实的力量；做一名和善的家长，不以爱的名义“绑架”孩子，不为自己的虚荣心逼迫孩子，不把社会上过多的负面信息传递给孩子，不把自己的焦虑传递给孩子；做一名和善的学生，踏踏实实地学习知识，快快乐乐地沉浸在美好的校园生活中，成为更棒的自己。“和谐心育”能支持、引领、服务经济社会，构建和谐的教育生态，让儿童青少年健康成长，获得社会民众对优质教育的持续认可。

（三）“和谐心育”是有哲理的

“和谐心育”首先是育人关系的和谐，通过“学生和、教师和、师生和、亲子和、家校和”，形成促进儿童青少年健康成长的和谐微观生态系统；其次是育人主体关系的和谐，通过管治协同，形成家庭、学校、社会、医院、政府五方合力，营造儿童青少年健康成长的和谐宏观生态氛围。“和谐心育”以育人主体关系的和谐实现育人关系的和谐，升级前端预防、中端预警、后端管治、终端服务的全程心理健康动态服务链，引领家长智慧陪伴，指导家庭科学治疗，督促学校持续跟进，真正支持儿童青少年健康成长。

西湖区将儿童青少年心理健康教育作为社会心理服务体系建设的基础性工作，全力推进中小学心理健康数字化转型，探索心理危机多跨协同干预机制，在实践和探索中创建“和谐心”育人品牌。

三、“和谐心育”的设计理念

（一）和衷共济，全程呵护，改变育人生态

每一个孩子都重要——营造正向能量。基于这一理念，西湖区教育局引导教师和家长知晓孩子的成长节律，读懂孩子行为背后的原因，悦纳孩子的积极诉求，将孩子成长与自我成长无缝衔接，指引孩子形成积极向上的生活态度，塑造其积极向上的良好人格，落实健康育人任务。

中共中央、国务院印发的《中国教育现代化2035》提出“增强综合素质，树立健康第一的教育理念”，要求把促进学生健康成长作为学校一切工作的出发点和落脚点。因此要坚持学校教育与家庭、社会相结合，完善“和谐心”文化内涵，构建“学生和、教师和、师生和、亲子和、家校和”的教育生态。

（二）和以共进，全员发展，优化育人路径

每一个孩子都珍视——探索多维协同。“和谐心”育人理念要求学校发挥主导作用，引导家庭、社会增强育人责任意识，在科学指导和有效干预的同时多维协同，形成学校、家庭、社会协调一致的育人合力，改变育人生态，亲密育人关系，减少孩子心理问题的发生，强化“治未病”的意识。

习近平总书记在全国教育大会上指出，办好教育事业，家庭、学校、政府、社会都有责任。因此要积极推动家庭、学校、社会、医院、政府协同育人建设，形成以学校教育为主阵地、以家庭教育为基础、以社会教育为延伸的协同模式，建立高水平家庭、学校、社会合力育人体系，全面助力教育高质量发展。

（三）和而不同，全体悦纳，完善育人功能

每一个孩子都成长——集聚社会资源。“和谐心育”育人理念要求整合多方育人资源，推进多部门联动，实施家庭、学校、社会、医院、政府协同育人，让孩子正确看待压力，学会转移和释放压力，勤勉成长；让家长缓解焦虑，看懂孩子行为背后的需求，科学育人；让教师学会指导，强化和谐成长，构建“和谐育人”生态。

著名教育家苏霍姆林斯基认为，最完备的教育是学校与家庭的结合。家校和谐，尊重孩子的人格和差异发展，才能推动家庭、学校、社会目标趋同、方法互补、资源共享。因此要正确处理育人行动实施与自主性的关系，打造以儿童青少年身心和谐为核心的导向，让孩子在融会贯通、情投意合中悦纳成长。

构建社会主义和谐社会，体现了全党全国各族人民的共同愿望。中国传统文化崇尚“和谐”，“和”文化更是源远流长，“和谐”是社会主义核心价值观之一。“和谐”的内涵很广泛，它既包括人与自然的和谐相处，也包括人与自己的和谐相处。“和谐心育”是育人关系的和谐，通过“学生和、教师和、师生和、亲子和、家校和”，达到一种促进儿童青少年健康成长的和谐状态；是育人主体关系的和谐，通过管治和协同，形成家庭、学校、社会三方合力，达到促进儿童青少年健康成长的和谐氛围；是以育人主体关系的和谐实现育人关系的和谐，全面升级前端预防、中端预警、后端管治、终端服务的全程心理健康动态服务链，探索心理危机多跨协同干预机制，逐步形成“和谐心育”的区域心育品牌。西湖区教育局坚持将“和”文化落实到“和家庭”和“和校园”的建设层面上；坚持立德树人，积极打造西湖区特色品牌，推进教育现代化，不断书写“和谐心育”的全新华章。

第三节 十年历程

“和谐心育”项目历经十年探索，从区域视角切入，融合教育、医疗、社会服务等多个领域的资源，打破场域壁垒，构建了一个全面、立体、融通的心理健康教育体系。项目经历了三个阶段的发展：第一阶段为需求评估，平台创新，研培一体——根据对家庭教育的需求评估，启动“和谐心家园”家长沙龙活动，实现研培一体；第二阶段为专业支持，开拓新路，建构模式——结合心育多方力量开辟新路，成立西湖区学生成长支持中心，促进医教结合，开通成长热线，录制家长微课，构建心育共同体模式，推动儿童青少年心理健康教育生态的可持续性发展；第三阶段为平台升级，模式创新，全域推广——通过开发专项学生心理筛查平台，完善热线接听系统，实施教师家庭教育指导能力提升培训等举措，实现实时支持、全域升级。每一阶段都通过创新实践和资源整合，创建了“医教结合、社政融合、家校共育”的联动范式，立体构建家庭、学校、社会三位一体协同机制，规范开展区域心理健康教育工作。逐步形成了具有“和谐心”区域特色的心育生态体系，构建了“学生和、教师和、师生和、亲子和、家校和”的和谐教育生态，实现“自我、你我和他我”的和谐。

一、第一阶段（2013年10月—2017年12月）：需求评估，平台创新，研培一体

（一）研究背景

西湖区于2000年成立了区域中小学心理健康教育指导中心，2004年成立

中小学家庭教育指导中心，两个中心分线管理，各自为政。随着社会发展，家庭教育和心理健康教育日渐成为社会关注的重点，传统的家庭教育培训讲座形式已无法满足学校和家长的现实需求。区中小学心理健康教育指导中心通过调研评估，发现解决学生心理问题的根源还是家庭教育的和谐，而家长需要更多的以个性化指导、分享交流为主要形式的新培训模式，从而将理论转化为行动。该需求关系着学生心理健康的发展，亟待解决。

（二）实践行动

西湖区教育局针对中小学心理健康教育和家庭教育指导能力不足的问题，根据家长需求搭建了家庭教育新平台，探索新模式。区域推动由杭州市西溪中学傅之敏老师主持的“家长沙龙”、杭州市育才外国语学校周杭芳老师主持的“午潮山花房子”工作坊、区心理骨干团队开展的“家和万事兴”系列培训等三大平台的建设来推进家庭教育指导，帮助家长掌握亲子沟通的方法和技巧，改善自我关系、亲子关系和夫妻关系等。

2015年8月，西湖区教育局在杭州市西溪中学家长沙龙的基础上开展“家和万事兴”项目，正式开启“和谐心家园”家长心理沙龙活动。“和谐心家园”围绕你我“和”开始、自我“和”心态、夫妻“和”关系、亲子“和”沟通、家校“和”携手五个主题架构课程，以沙龙方式进行培训，每期参与家长不超过30人，连续5次，每次3小时，培训结束后需要家长完成作业，觉察自身家庭教育中的问题并积极改进。

（三）研究成果

随着“和谐心家园”家长沙龙活动的积极探索，以及“需求评估，研培一体”的尝试，区域心理健康教育合作网络的雏形逐步形成，并获得了良好的口碑和上级领导的肯定。至此，西湖区初步形成了“和谐心”育人理念下的心理健康教育工作思路。

二、第二阶段(2018年1月—2022年12月):专业支持，开拓新路，建构模式

(一)研究背景

近年来，儿童青少年心理健康问题逐年增多，因心理健康问题引发的非自然死亡案例不断出现。儿童青少年心理健康问题的解决是一项复杂的系统工程，影响因素颇多，仅靠学校教育的力量远远不够，需要专业力量的支持。心理健康教育生态的构建需要学校、家庭、医疗、社会服务等多个领域的紧密合作和协同。心育的多元主体需要开拓新路，通过区域力量的专业引领来推动心理健康教育生态的可持续性发展。

(二)实践行动

在“双减”政策的背景下，西湖区教育局结合新时期心理健康工作的新要求，针对缺乏特殊学生心理健康教育合作共同体的问题，整合心理健康、家庭教育和特殊教育“三线”功能，于2019年成立了“西湖区学生成长支持中心”，撬动区域各部门联合行动。构建平台、课程、环境、管理、数据、队伍等六大支持系统，联动家庭、学校、社会、医院、政府多方发力，全力保障实施，专业支持成长，为全区近20万学生与家长带来更优质的服务。

2020年5月，西湖区教育局同杭州市第七人民医院签署协议，实施医教结合举措。依托杭州市第七人民医院的儿童青少年心理诊疗(促进)中心专业团队优势，在西湖区开展包括早期干预、心理筛查、专题讲座、督导检查、心理援助等项目在内的心理健康服务，为全区师生的心理健康保驾护航。

西湖区学生成长支持中心开通“和谐心”成长热线，点对点提供家庭教育指导咨询；开发家长网校，录制家庭教育微课，面对面引领家长成长；研发数字平台，推送学习资源，将课程资源辐射全省，力求数字资源效用最大化。

（三）研究成果

西湖区教育局依托区学生成长支持中心，不断构建多元主体的心理教育生态网，形成前端预防、中端预警、后端管治、终端服务的全程心理健康动态服务链，阶段性成果累累:《家校携手、医教结合：西湖区多方共撑心理健康伞》在《浙江教育报》上刊登;《五大提升行动筑牢学生心理防线》入选“2021年浙江省心理健康教育典型案例”；12节“和谐心”家长微课在“学习强国”学习平台上连载；相关成果在《中国德育》上发表，并被《中国人民大学复印报刊资料》转载;《全程呵护：区域“和谐心”育人品牌创建的七年探索》获得2022年杭州市和浙江省优秀科研成果一等奖；总结典型经验而写成的《西湖区打造“和谐心”心育品牌　全过程守护儿童青少年心理健康》一文在《浙江政务信息专报》上刊发，并获得省领导的批示和点赞。

三、第三阶段（2023年1月—至今）：平台升级，模式创新，全域推广

（一）研究背景

随着社会对心理服务的精细化、特色化需求，现有的心理健康教育支持体系还是未能跟上新生态构建的步伐，缺乏针对性和适应性。教师家庭教育指导能力不足，家长心理健康教育水平低下，都需要借助学习平台以提升家庭教育指导水平。学校的心理测评工作因为测评问卷和平台的不统一，导致数据滞后，无法实现实时监控，难以为整个心育体系提供有效的支持，学生心理测评平台也亟待升级。

（二）实践行动

相关部门针对区域心理健康支持系统滞后的问题，启动“提质扩面”多维提升心育支持工程。2023年新建了700平方米的“西湖区学生成长支持中心”场馆，开发专项的学生心理筛查和热线接听系统，进一步完善功能，提升服务能力，系统重构区域心理健康工作体系，全方位推动品牌升级。以区学生成长支持中心为枢纽，引进家庭、学校、社会、医院的各类专家，为学生和家长提供专业的心理咨询和家庭教育指导，努力服务于学生的成长需求、家长的育儿需求、学校的发展需求。

针对教师家庭教育指导能力偏弱的问题，专业团队建设侧重于系统化设计“西湖标准”，开发本土化研修课程，优化“西湖课程”，建立实战化“西湖机制”，以形成从初级、中级到高级的能力发展模式，以“培训+考证”的方式全面推动教师和家长的家庭教育水平的提升。力求打造一支兼具心理学、教育学、社会学等理论基础和家庭教育指导实践经验的“正规军”，从而构建学生、家长、教师“三位一体”的教育新生态。

（三）研究成果

“提质扩面”多维提升心育支持工程全面推动了区域学生心理健康工作体系的品牌升级，推动了教师和家长家庭教育水平的提升。该阶段在实施过程中取得喜人成果:《持证上岗：西湖区提升教师家庭教育指导力》在《浙江教育报》上刊登；总结典型经验而写成的《西湖区构建“五全”模式，护航青少年心理健康》一文获得省委主要领导的批示和点赞；典型案例入选杭州市第二批“争当浙江高质量发展建设共同富裕示范区城市范例最佳实践”；公开出版专著《教子有方：知心育儿100招》；成果《三维谐振：建构家校社“和谐心”育人场的区域实践》获2023年浙江省优秀科研成果二等奖；项目负责人应邀前往浙江余杭和建德、安徽屯溪和徽州、山东淄博、贵州凯里等地推广构建区域心理健康支持系统的经验。

十年来，西湖区始终将儿童青少年心理健康教育作为社会心理服务体系建设的基础性工作。西湖区教育局通过需求评估，平台创新，研培一体，启动“和谐心”心育品牌建设；在“双减”政策背景下，结合新时期儿童青少年心理健康教育工作的新要求，寻求专业支持，开辟新路，建构模式，持续深化儿童青少年心理健康教育工作；为适应新时代发展的需求，进行平台升级、模式创新，全力推动中小学心理健康教育数字化转型、全面升级全程心理健康动态服务链，探索心理危机多跨协同机制，实现全程呵护与系统干预，不断提升针对儿童青少年健康的服务能力，最终形成品牌，其创新实践已产生广泛的社会影响，典型经验辐射各地，实现全面推广。西湖区“和谐心育”通过十年三个阶段的品牌升级，亮点纷呈，成效显著，提升了区域心理健康品牌的影响力，形成了家庭教育指导的新范式，建立了内驱外引协同的心育机制，形成了一套全方位、多层次的工作特色模式，有效推进了西湖区心理健康教育的科学化、规范化、品牌化建设，亮出了西湖区“和谐心”育人品牌金名片。

第四节 整体架构

“和谐心育”形成的整体架构以西湖区学生成长支持中心为中轴，学校起协同育人的主导作用，将学生心理健康教育工作前置，重点工作是面向所有学生的科普和预防，培养学生乐观向上的心理品质，以及提升其自我调节的能力；通过家长课程、家长活动和培训沙龙等载体提升家长的育儿能力；联动医疗、卫生等社会性力量协同推进，建构和谐的教育生态。如此构建出“学校主导、家庭尽责、社会支持”的协同育人路径。以“一轴三线、五片联盟、四端服务”为架构，基于学校、家庭和社会多维度同频共振，构建前端预防、中端预警、后端管治、终端服务的全程心理健康动态服务链，打造“学生和、教师和、师生和、亲子和、家校和”的和谐育人生态，实现“自我、你我和他我”的和谐。

一、教育主张

“和谐心育”首先是育人关系的和谐，其次是育人主体关系的和谐，以育人主体关系的和谐实现育人关系的和谐，实现的是“自我、你我和他我”的和谐，也就是通过个体自我赋能、家校共育和社会支持三重维度，促进学生的全面发展。“和谐心育”的三重维度强调教育的全方位、全过程和全景式，通过整合资源、创新机制、建立纽带，深化学校、家庭、社会的教育作用，并构建全面的心理健康防护体系，实现学校、家庭和社会生态的和谐。

（一）个体赋能：实现“自我”和谐

“个体赋能”强调学生自我内在心理能力的提升，培养学生珍视生命和乐观向上的心理品质，造就学生百折不挠的意志品格，最终实现学生的“自我”和谐。“和谐心育”旨在构建学校全过程育人载体，通过整合教学资源、拓展心育活动，建立有效的支持机制，促进学生心理素质的全面发展。该理念强调自我成长、自我调整和自我疗愈的重要性，助力学生实现内心的和谐与平衡，为适应社会挑战打下坚实基础。

（二）家校共育：护航“你我”和谐

“家校共育”强调家庭关系和学校关系的健康，深化家庭教育的实质性作用，通过浸润式养育陪伴、沟通式情感陪伴和互动式娱乐陪伴三维策略，实现学生与家长的“你我”和谐。“和谐心育”旨在构建一个和谐的家庭教育环境，通过优化家长与子女间的互动，促进学生情感和心理的全面健康发展，使其实现个人价值与社会责任的有机结合，为学生“自我”和谐成长提供坚实的后盾。

（三）社会支持：助力“他我”和谐

“社会支持”强调家庭、学校、社会和谐共生，进一步织密学生心理防护网，实现学校、家庭、社会间的“他我”和谐。“和谐心育”通过专业干预策略，依托双盲筛查、医教结合、分级预警等机制，及时识别和干预学生心理问题；通过中心热线、面对面辅导及三方会谈等方式，有效化解矛盾，构建学生健康成长的全面支持体系，促进教育生态中各方的和谐共生。

“和谐心育”基于区学生成长支持中心，对内整合三线功能，对外协调各方力量，旨在构建区域支持性心理健康教育良好生态，“个体赋能”激励学生学会自我疗愈，“家校共育”深化家庭教育生态构建，“社会支持”强化多跨协同织密防护网，促进教育各方和谐共生。

二、研究框架

“和谐心育”，为实现“自我和谐、你我和谐、他我和谐”三大场域目标，坚持育人为本，明确在家庭、学校、社会、医院四方育人责任的基础上着力探索运行路径，“和谐心育”以“一轴三线、五片联盟、四端服务”为整体架构，基于学校、家庭和社会多维度同频共振，构建前端预防、中端预警、后端管治、终端服务的全程心理健康动态服务链，全方位呵护学生心理健康，打造同生共长的教育生态。

（一）一轴三线，统筹管理

以区学生成长支持中心为中轴，整合心理健康、家庭教育和特殊教育三线功能，组建融合、联动、创新的专业指导团队。中心的教研员“对上”分线条对接工作，保持省级、市级线条管理方式，便于上级部门对区域工作的管理；“对下”分学段统筹管理，即每个学段心理健康、特殊教育和家庭教育的指导同步推进且各有侧重。“一轴三线”的管理方式不仅可以凝聚专业团队的力量，还可以全方位助力教师和家长的专业提升。

（二）五片联盟，网格管理

西湖区城乡二元结构明显，南北地域跨度大，对于区域家长培训而言，不管选择哪一所学校作为活动地点都会给部分家长带来很大的交通不便。我们将区域内的所有学校按照“东、南、西、北、中”划分成五个片区，实施三级网格管理：一级是中心成员，主要是区学生成长支持中心的研究员；二级是大组成员，主要是每个片区的正副组长；三级是各个基层学校的心理辅导站站长和家长学校教务长。三级网格管理让全区的家庭教育和心理健康教育指导管理更清晰、覆盖更到位、工作更高效，也更便于家长就近参与学习。

每所学校都是独立存在的教育个体，各自履行心育工作的指导职责，但由于城乡差异和校领导对心育工作的重视程度不一，同一区域的学校之间教育水平不平衡。全域均衡优质的心育工作单靠学校的力量显然难以实现，需要区域统筹，校片联动，通过区域一盘棋整体来设计心育工作才能更具效能、更有针对性。面向全区家长的培训或指导由区学生成长支持中心负责；面向五个片区的分组培训由区域协调各片区落实；面向家长的个体指导或学校个性化活动由各校自行安排，中心个别支持。

（三）四端服务，全程管理

西湖区始终将学生心理健康教育作为社会心理服务体系建设的基础工作，构建前端预防、中端预警、后端管治、终端服务的全程心理健康动态服务链，探索心理危机多跨协同干预机制，升级心育体系，推动教育转型，深化危机干预，开辟生态场域，全方位打造“和谐心”育人品牌，全方位呵护学生心理健康，打造同生共长的教育生态。

三、长效机制

“和谐心育”以“一轴三线、五片联盟、四端服务”为全程呵护保障机制，旨在通过前端预防、中端预警、后端管治和终端服务，全面提升学生心理健康教育的效果，为学生提供从预防到干预的全方位服务，使其能在健康的环境中成长。

（一）前端预防：升级心育体系全要素

“和谐心育”项目通过“一轴三线，五片联盟”，完善新阶段体系架构；整合心理健康、家庭教育和特殊教育三线功能，成立一个区中心和五个分中心；以“自驱式”心育课程聚焦学生成长问题，“进阶式”心育课程培育学生成长心态，“体验式”心育课程迭代学生成长足迹。

1. 完善阶段体系架构

西湖区将儿童青少年心理健康教育工作纳入全区推进全域优质教育建设的战略部署，制定出台《关于实施西湖区推进儿童青少年心理服务体系建设五项行动的通知》，以区学生成长支持中心为中轴，统筹指导区域学校心理健康教育工作。充分发挥课堂教学主渠道作用，制定心理教育工作责任清单，明晰课程时长、教师配备等标准及要求。实施心理健康教育精品课程建设工程，形成线上、线下相结合的“和谐心家园”教学资源库。

2. 升级新时期心育阵地

打造“和谐心·名师联盟”品牌项目，聘请省市心理健康教育专家进行指导，培养“成长热线辅导员队伍”“家长沙龙授课团队”“家长微课主讲教师团队”三支项目队伍；强化家庭、学校、社会、医院联动，打造以学校为核心、以家庭为主体、以社会和医院为辅助的心育共同体。西湖区成立学生成长支持中心，实施学校心理辅导站建设提质工程，成功创建多所浙江省心理健康教育示范点、省级心理健康一级站、市级心理健康优秀站，以及省市级青春健康教育基地学校。通过每年认定、复核市级优秀站，打造青春健康教育基地学校，确立更多的心理健康教育重点项目。

3. 凝聚全社会心育合力

定期推出“和谐心家园”系列活动，加快全区数字家长学校建设，提升家长对心理问题的重视程度和识别能力。通过凝聚全社会的心育力量，创建心理健康教育精品课程，形成九个年级六个维度的心理辅导微课资源。举办“和谐心”家长沙龙、家长俱乐部活动、线上线下读书会、家长直播课、家长微课，全面惠及西湖区的家长。

（二）中端预警：推动健康教育全员覆盖

通过“双盲筛查，多维加持”形成健康筛查“一个库”；借助科技力量，引进智能感应手环，形成智能辅助“一张屏”，将生理学评估与心理学评估、生物学评估相结合；通过实施“四码标识、三级互通、三类覆盖”举措实现学生健康管理网格化，实现预警跟踪“一张网”。

1. 健康筛查“一个库”

西湖区搭建“和谐心”数字云平台，汇集全区学生心理健康数据（每学期开学的第一个月完成心理健康筛查）；借助“智能感应环”进行科学健康筛查，提升筛查的准确率；筛选全区学生“身心健康画像”、高危重点人群档案等多项信息，构建“随人走、全覆盖”的学生心理健康数字档案。

2. 全域管控“一张屏”

西湖区“和谐心”数字云平台实现全域心理健康情况“一屏掌控”，可分级分类以统计图和列表的形式，呈现全域走势、学校情况、班级情况、学生个人情况等多维度信息，可申请调取访谈记录、就医记录、家庭情况、请假记录等内容；可进行不同层面、不同时段的儿童青少年心理健康数据对比、走向分析，实时总结全域学生心理健康数据，不断织密加固儿童青少年心理健康防护网。

3. 预警跟踪“一张网”

健全“局—校—班级”三级预警网络，实现各级各类的信息互通与统筹。通过平台数据智能化地将所采集学生心理健康情况分为四级梯度（无危机、一类、二类、三类），以绿、黄、橙、红码四级标识，分级管理学生健康数据，数字化呈现“异常监测”，对筛查中发现的有重大心理障碍、家庭发生重大变故、性格孤僻、行为异常等重点人群进行标识预警，制定“一生一方案”，实时关注，强化动态跟踪管理。

（三）后端管治：深化危机干预多跨协同

通过心理援助专家定制服务，提升心理健康教师团队专业能力，打通医教之间双向联系的绿色通道；通过架构区校结合的认知、觉察和亲子课程指向家长成长，通过成长热线、家长俱乐部等载体帮助家长疏导情绪，改善认知。

1. 建专业支撑“社群”

西湖区依托杭州市儿童青少年心理健康诊疗（促进）中心，开展心理援助专家定制化服务，选聘多名副高级及以上职称的知名专家设立西湖区学生成长支持中心心理健康专家组，以“专家面对面”“专家心理辅导课程”等为载体，为儿童青少年提供心理分析、干预等专业服务。区心理健康教师核心团队成员跟着全国首位心理健康特级教师钟志农老师学习个案概念化，提升解决疑难杂症的能力。

2. 建协同干预“闭环”

西湖区教育局和杭州市第七人民医院签署合作协议，构建健康教育、监测预警、咨询服务、干预处置的工作体系，深入开展医教结合的心理健康工作模式。学生出现心理问题时能得到及时转介，并邀请专家参与多方会谈，打通医校之间双向联系绿色通道，建立心理高危学生复学机制与过渡式帮扶及精神康复期动态心理联合评估机制。不断完善青少年心理危机预警、干预和转介机制，为家校医协同干预形成有效闭环。

3. 建服务延伸“平台”

西湖区将心理辅导站设为学校现代化建设硬件标准配置，学生成长支持中心每晚六点到九点开通心理健康咨询热线，由区心理健康名师在线守候，倾听家长烦恼、解答疑难问题，每年辅导学生和家长逾千人次。家长俱乐部聚焦家长问题解决的学习，帮助家长调整错误认知和改变不当行为。积极推动“12355”青少年服务平台走进社区，针对留守儿童、随迁子女、残疾儿童等特殊群体进行重点帮扶服务。

（四）终端服务：打造峰值体验生态场域

通过开发“和谐心”家长学校课程，为家长建立学习“基站”，提升家长育儿能力；通过开展教师家庭教育指导能力三级培训，为家庭辅导设立“基座”，提升教师的家庭教育指导能力；与西湖区卫生健康局、公安分局、乡镇和街道、高校等进行合作，为区域搭建联动“基柱”，构建社会心理服务体系。

1. 建家长学习“基站”

“和谐心”家长学校基于家长的家庭教育诉求，基于网络收集梳理问题，通过大数据分析形成问题链，由区内的名师通过微课进行解答分析。基于西湖区教育局开发的“三名在线”平台创建“和谐心”数字家长学校，将开发的家长课程通过平台发布，并推送到区域内每一个家长的“钉钉”手机端，方便家长学习并记录学习进度。有效提升家长的自我认识并促进改变，由此营造和谐家庭氛围，让心更安定，让家更安康。

2. 设家庭辅导“基座”

为提升教师家庭教育指导能力，开展教师家庭教育指导能力提升三级培训，构建系统化设计的区域标准，开发本土化的研修课程，同时探索实战化的研修机制，以形成从初级、中级到高级的能力发展模式。初级培训重在理论学习，积累家庭教育指导专业知识；中级培训重在技能提升和问题解决，掌握家庭教育指导的专业素养；高级培训重在活动提升和课程开发，具备一定家庭教育研究能力。依据三级能力要求分别设置“理论圈+线上考试、答辩区+情景面试和工作坊+论文鉴定”的学评方式，打造一支兼具心理学、教育学、社会学等理论基础和家庭教育指导实践经验的教师队伍。

3. 搭区域联动“基柱”

西湖区学生成长支持中心积极与区卫生健康局、区公安分局、乡镇和街道、高校和医院等进行合作，构建社会心理服务体系：联合西湖区计划生育协会，开展小学高段及中学的青春健康教育示范课程，推动全区各所学校青春健康教育工作的开展；依托浙江大学心理与行为科学系的专业力量，开展提升中小学生学习适应方面的研究，通过个案访谈、进班指导等形式，关注重点学生，有效跟踪帮扶，提升学生的自信心和坚韧性；联动西湖区妇联，推动家长学校规范化、标准化建设，提升家长的家庭教育水平，推进家庭、家教、家风建设高质量发展。区域联动构建强大的社会心理服务体系，全面守护学生的心理健康。

西湖区教育局紧密围绕“一高（高质量）三全（面向全体学生、落实全面教育、保障全程生长）”的育人理念，基于“和谐心”载体，以“和谐”为目标，整合心理健康、家庭教育和特殊教育的指导功能，构建起以区学生成长支持中心为中轴的“一轴三线、五片联盟、四端服务”整体架构，以及前端预防、中端预警、后端管治、终端服务的全程心理健康动态服务链，形成面向学校、家庭和社会的心理健康和家庭教育协同体系，构建“和谐心”校园、“和谐心”家园、“和谐心”教育，从而建立和谐的教育生态，全力打造“和谐心”育人品牌。

西湖区“和谐心育”的十年深耕，不仅提升了区域心育品牌的影响力，形成了家庭教育指导的新范式，有效缓解了家长焦虑心态的传导，搭建了内驱外引的全程呵护心育机制，构建了良好的家校共育生态，激活了学生健康生长的内驱力，也唤醒了教师的心育主体意识，凝聚了教师的心育专业力量，促进了学生的健康成长。西湖区“和谐心育”在儿童青少年心理健康教育领域取得了显著成果，相关课题成果多次获得省级、市级规划课题一等奖，并在全国核心刊物发表。浙江省教育监测数据显示，区域师生关系、亲子关系和同伴关系相关指数全部领先于全省和本市平均值，为学生的全面发展提供了坚实的支持。西湖区心育经验已形成系列，在全国各地推广。

第二章

学校主导的心育范式

身心健康是学生全面发展的前提和基础，无论是学校教育还是家庭教育都需要遵循学生成长的规律，把解决学生的心理问题与解决学生日常生活中的实际问题结合起来。基于这样的认识，西湖区教育局始终把学生的心理健康教育工作质量作为衡量教育发展水平的重要指标，促进学生身心健康从抓好学校心理健康指导队伍开始，通过科学规划、梯队培养、机制保障、深度辐射、区域引领、稳步推进等策略，建设和培养三支服务西湖区学生和家长的心育队伍。通过多年努力，区域心理健康教师群体的专业水平有效提升，高水平的心理健康育人格局初步形成。此外，西湖区教育局在推进“五育并举，融合育心”的行动中，坚持区校衔接，完善全面培养的教育体系，构建起区校一体贯通的格局，打造学校心育行动的有效载体，营造浓厚的心育氛围，将心育纳入人才培养的全过程。

第一节 心育队伍

近二十年来，教育部相继颁布了一系列指导中小学心理健康教育工作的文件，如《关于加强中小学心理健康教育的若干意见》《中小学心理健康教育指导纲要（2012年修订）》《中小学德育工作指南》等，文件强调，加强教师队伍建设是搞好心理健康教育工作的关键。《全面加强和改进新时代学生心理健康工作专项行动计划（2023—2025年）》明确将“提升人才培养质量”“配齐心理健康教师”“畅通教师发展渠道”三项内容作为建强心理人才队伍的重要抓手。西湖区历来重视队伍建设，但随着学生心理问题的凸显，要建设一支专业精深、信念坚定、具有高度职业认同感和发展前景的心理健康教师队伍，任重而道远。面对当下西湖区心理健康教师队伍呈现的问题，西湖区学生成长支持中心着手构建区域心育队伍的培养体系，通过科学规划、梯队培养、机制保障、深度辐射、区域引领、稳步推进等策略，建设并形成高水平的心理健康教师专业化发展路径，在不断挖掘家长志愿者团队、锻炼“和谐心”导师团成员、辐射和推广资深心理健康专家团队的过程中探索心育队伍培养的机制，并取得较好的实践成效：有效提升了区域“和谐心”心理健康教师群体专业水平，初步形成了高水平的心理健康育人格局，同时探寻了教师个体心育专业成长的规律。

一、现实困境

建设和培养一支专业精深、信念坚定的心育指导队伍，是深入贯彻落实立德树人根本任务的有力保障，心理健康教师是德育队伍中的主要力量。通过多年努力，西湖区心理健康教师专业化建设已卓有成效，率先成立了心理健康教育名师工作室，面向一线教师开设了教师心理健康系列课程等，在优质资源共享、心理健康教师专业成长等方面取得优异成绩。但随着学生心理健康问题的持续凸显，亟须更新观念、厘清思路，在传承与真抓实干中进一步探寻心育队伍专业化建设新模式。纵观区域心育队伍建设的现状，仍存在区域分管部门人员少、学校心理健康教育队伍不稳定、教师专业成长通道闭塞等问题。

（一）区域分管部门人员少，心育指导力不从心

西湖区有70余所中小学、10000余名教师、10余万名学生，却仅有一名专职心理健康教研员，指导力量难以辐射全区，造成一线教师缺乏专业指导与引领。此外，区域管理力量分散，家庭教育、心理健康和特殊教育均设有各自的指导中心，实施单线管理，分头推进。单线管理弊大于利，虽然有利于工作的快速推进，但缺少线面结合，工作多有重复，也不利于特殊学生的联合干预。

（二）学校心理队伍不稳定，心育水平不胜其任

相关调查问卷显示，在西湖区在职教师中，虽然持浙江省中小学心理健康教育教师C级（以下简称“省C证”）及以上等级证书的比例已接近100%，但其中持浙江省中小学心理健康教育教师B级证书（以下简称“省B证”）的教师仅占5%左右。2019年，全区专职心理健康教师仅占13%。教师缺乏专业指导，加上各校领导重视程度和管理团队专业水平不一，造成学校一线教师的心理健康指导能力存在显著差异。面对“情绪崩溃”“行为偏激”“电子产品引发的亲子冲突”等众多问题，教师们时常无计可施。

（三）教师专业成长通道闭塞，高位均衡任重道远

西湖区既有主城区，又有城郊接合部，还有农村，地区差异较大，农村学校尤其缺乏骨干心理健康教师，具备心理健康指导能力的教师更是少之又少。不少农村学校，甚至城区学校的心理健康教育工作由非心理学专业教师兼任，

教师缺乏必要的专业素养，对学生的心理特点把握不准确，极大地影响了心理健康教育工作的质量和专业水平，也导致心理健康教师身份不明、角色定位不清、职业认同感较低等问题的出现，使得心理健康教育工作缺乏可持续性发展的后劲。以上现象的产生，从组织层面看，是因为没能为教师提供专业性、系统性和针对性的培训，专项经费投入不足；从个体层面看，是因为中小学心理健康教师对职业发展缺乏明确目标，导致出现职业倦怠现象。

二、价值意义

（一）唤醒教师心育主体意识：从彷徨到坚定

整合教育资源、创新培训培养机制、搭建成长平台、推进督导研训等区域行动助推西湖区心理健康教师成长，让每一位心理健康教师具备较强的自我专业发展意识和动力，使其充分发挥主观能动性，对个人的专业发展负责；积极主动地规划自我发展目标，把外在要求同自身发展结合在一起，产生发展的主观动力；自主实现目标，并能自我评价和自我调节，形成一种自觉主动的专业发展状态。西湖区推进心理健康教师成长，强调教师在发展过程中表现出的主动性、自觉性和独立性。教师的专业自我发展意识是基础，自主发展能力，即学习能力、研判能力、洞察能力和研究能力是条件，自我评价和调节能力是保障。

（二）凝聚教师心育专业力量：从寻常到拔萃

高质量的心理健康教育，必须站在孩子的立场，回归孩子的生活，丰富孩子的体验。因此须整合学校、医院、社会心育力量，构筑和谐发展的育人场域，打通家庭、学校、社会、医院等各个领域，实现不同领域之间的有效对接，建构育人目标一致、育人行动协同、育人关系亲密，育人文化浓厚的和谐场域。高品质的心育队伍的建设让教师增强心育岗位意识，深刻理解心理健康工作的意义，增强心育工作的价值，构筑心理健康教师成长的支持系统，打通心理健康教师专业化成长通道，建立心理健康教师荣誉制度。

（三）优化教师心育的指导水平：从缺失到引领

随着区域心育机制的常态推进，心理健康教师专业发展的观念得到进一步更新，具有追求自主发展、关注真实案例、促进学生身心健康发展、鼓励自我更新等特征的“心育学习模式”成为推动教师成长的新方式。同时，西湖区联动高校不断优化心理健康教师成长方式，以学习者为中心、以疑难个案为基础、以资深学术专家引领为支持、以问题现场为阵地，促使心理健康教师通过自我修炼和团队合作，实现共享双赢，享受专业化成长的自信。

三、实践策略

教师是学校心理健康教育工作的重要参与者和组织者，师资队伍的专业水平直接关系到心理健康教育工作的质量。专业师资力量不足、专业化水平不高等问题长期以来制约着中小学心理健康教育工作的深入推进。西湖区同样面临教师编制短缺、专业师资不足的共性发展难题。在国家“严格控制机构编制，确保财政供养人员只减不增”的政策环境下，实现心理健康教育师资队伍的专业化转型升级成为推进心理健康教育的重要路径。西湖区教育局打破了“靠、等、要”的固有思路，通过区域层面教研团队的专业化、多元化建设，开创性地走出了一条“内驱外引”相结合的心育师资专业化转型升级之路。

（一）“和谐心”导师团——一支高素质的指导队伍

这是一支为提升心理健康教育指导能力，承担骨干队伍培养责任而组成的导师团队，由区域内具备心理健康和家庭教育实操经验及教育理念的国家二级心理咨询师、持浙江省中小学心理健康教育教师A级资格证书（以下简称

“省A证”）的教师、杭州市家庭教育高级指导教师组建而成。从知识结构、职称结构、学历结构、年龄结构等方面对团队成员组成进行综合考虑，采用“老—中—青”的多层级持续、有序的方式进行构建，使导师团队的引领和辐射拥有强大的生命力和成长力。

1. 共商共议，制定团队公约

“和谐心”导师团队组建后通过共商共议，制定了团队协作公约。协作公约是指团队成员一起协商约定项目、共议约定内容、制定管理办法——《西湖区“和谐心”导师团队管理办法》。公约的制定对每一位团队成员有效参与团队的运作起到激励、监督作用。团队建设把制定团队协作公约、确定发展方向作为要点，保证互助团队的持续性与有效性，以“共学纪律抓落实，共议任务定职责，共商权利促发展”为路径，规范团队成员的行为，明确权力，促进团队成员专业持续发展。

2. 合力推进，搭建发展载体

导师团队成立10个心育首席教师工作室、1个家庭教育工作室、3个特殊教育工作室，以项目研究为引领凝聚团队的力量。工作室基于“关键问题”进行项目联动，如陈琦首席工作室重点研究“心理健康课怎么上”，傅之敏首席工作室重点突破“心理个案怎么做”。团队借助杭州市第七人民医院和浙江大学的专家力量开展个案督导，在分享和督导中推动教师专业发展。

3. 固本培元，精深专业水准

（1）专职上岗，优化区域师资结构布局。配备专职心理健康教师，心理辅导站站长必须具有国家二级心理咨询师资质或持“省B证”及以上等级证书。区教育局将标准配置纳入学校绩效考核，督促学校优化心理健康教师队伍，从而促进区域心理健康教育师资的优化：专职心理健康教师享受班主任同等待遇，不得兼任班主任；在教师评职、评先中适度倾斜；纳入教坛新秀、学科带头人等考核系列；实行专项招聘，优先录取有心理学背景的教师。

【资料链接】心理专职教师享受班主任待遇

金文婧是杭州市三墩小学心理辅导站站长，北片区负责老师。她和团队采用沙盘、绘画等游戏方式，与学生作心灵对话。她和团队会为特殊孩子开研判会，邀请家长、任课教师和心理健康教师参加，最大限度地帮助孩子。值得一说的是，西湖区教育局出台“心理健康教师享受班主任同等待遇”的政策。金老师说：“这是对我们工作的最大认可和支持，特别受鼓舞！”

——凤凰网

（2）专业精深，医教结合创新培养模式。西湖区教育局聘请省、市心理健康教育专家组成区学生成长支持中心专家指导组，参与学生和家长的个别指导；与杭州市第七人民医院建立学校与专家联系机制，医院指派专家定期为学校提供面对面的指导，形成重点人员的转介和联合干预闭环；成立特殊教育专家委员会，对特殊学生进行专业评估，指导学校和家长开展个别化教育。

（3）专项发展，托举人才全面转型升级。建立专项队伍支持，加强三支项目队伍培养：家长沙龙授课团队共有31人，其中获得过国家、省级评优课一等奖的有4人，持国家二级心理咨询师证书的有8人，持“省A证”的有9人；家长微课开发团队共有27人，其中获评省特级教师的有7人，获得过省级评优课一等奖的有5人，持国家二级心理咨询师证书的有4人，持“省A证”的教师有5人；资源教师团队共有21人，获得过省级评优课一等奖的有4人，持国家二级心理咨询师证书的有3人，持“省A证”的教师有2人。

4. 辐射全域，助推“全员”成长

据观察，学生的心理问题中有相当一部分源于家庭教育。结合西湖区家庭教育的现状，“和谐心”导师团在专家团队的专业引领和指导下，创建和开发了区域家庭教育指导能力提升培训课程标准，以自己的专业带动提升区域内更多教师的家庭教育指导能力，推进面向区域内教师的家庭教育“三阶课程”：

（1）一阶："和谐心"家庭教育指导能力初级培训。重在理论学习，积累家庭教育指导的专业知识，运用相关知识指导家长做好家庭教育。主要培训有关法律法规、家庭教育学、人际关系学和特殊教育学的相关内容，如《中华人民共和国家庭教育促进法》解读、儿童青少年身心发展规律与家庭教育指导、教师与家长有效沟通技巧等。

（2）二阶："和谐心"家庭教育指导能力中级培训。重在技能提升和问题解决，掌握家庭教育指导的相关专业素养，以具备独立开展个别指导和群体指导的能力。主要培训家庭教育学、人际关系学、教育心理学和特殊教育学的相关内容，如家校共育中的关系与对策，当下学生成长诉求和家庭教育支持，有焦虑、厌学等情绪学生的家庭教育指导，家庭教育案例分析与研讨等。

（3）三阶："和谐心"家庭教育指导能力高级培训。重在家长学校活动开展和课程开发，以具备一定家庭教育研究能力，尤其是家庭教育疑难问题的有效解决能力。主要培训家庭教育学、人际关系学、教育心理学、特殊教育学和科研能力提升的相关内容，具体课程有"如何开展家长情绪管理""家庭教育个案咨询指导""家庭教育课题研究指导"等。

【资料链接】学员感言

特别感谢这次家庭教育指导能力提升培训。本次培训内容设置全面，既有政策研究，也有心理学专业知识，比如儿童三段心理发展、注意缺陷与多动障碍学生家校沟通、社会情感学习等，而且讲课教师均是省、市、区知名专家，既有理论高度，又有实际经验。本次培训，是普及，更是唤醒，减少了青年教师走弯路的概率，促进家校关系和谐发展。

——初级班学员

从班主任的角度来看，参加中级培训感慨颇多。有些家长对自己的孩子束手无策，当我试图与家长沟通问题时，家长要么说没办法，要么向老师吐苦水，甚至干脆不理不睬。要是能早一点接受这种培训，也许当初的迷茫和无奈就会少一些。通过本次培训，我掌握了系列的指导措施，以后在学校教育和家庭教育的过程中会更加得心应手，同时也能为家长提供可信服、有实效的解决办法。多一点学习，多一分耐心。

——中级班学员

（二）“和谐心”专家团——一支高水平的引领队伍

这是一支为引领“和谐心”导师团指导方向而汇聚在一起的高品质专家队伍，其主要功能是助推导师们拥有更高的家庭教育指导素养、具备更强的指导教师和家长的能力与技巧。通过统筹医教、社教、家教等不同领域专家的创新培养模式，专项发展，托举人才转型升级，坚定导师团的专业信念。具体举措如下：一是聘请不同行业的专家成立专家指导团，如聘请省、市心理健康教育专家24名，组建区学生成长支持中心专家指导组，参与学生和家长的个别指导；二是与杭州市第七人民医院合作，建立学校与专家联系机制，医院指派9位副高级及以上职称的专家定期为学校提供面对面的指导，形成重点人员的转介和联合干预闭环；三是成立特殊教育专家委员会，对特殊学生进行专业评估，指导学校和家长开展个别化教育；四是协调区卫健局在辖区12家社区卫生服务中心开设心理门诊，开展“医教结合”学生心理咨询转介平台试点工作，提前发现隐患苗头，尽早干预转介。

不同领域的专家介入区域学生心理健康教育工作，直接或间接地助推了区域心理健康教师的专业成长，推进了“五式”专业成长模式。

1. 个案督导式引领成长

“和谐心育”项目团队聘请全国著名心理教育专家钟志农为导师，心理健康教师遇到“疑难杂症”时除了寻求医生帮助外，还可请教钟老师。心理健康教师帮助孩子解决心理问题时，一般可分为以下几步：第一步，由心理健康教师评估个案的需求和情况，向钟老师反馈具体问题，根据钟老师的建议补充和完善目标及期望；第二步，在钟老师的指导下，心理健康教师与个案对象建立信任和合作的关系；第三步，心理健康教师独立制订计划；第四步，以钟老师为核心的团队对个案进行研讨，旨在解决问题的同时提高心理健康教师的指导能力；第五步，心理健康教师根据建议调整计划，确保督导的有效性和针对性。通过个案督导的方式，在专家的引领下，参与个案督导的每一位心理健康教师都经历了一次成长，在“研读个案—学习理论—独立思考—充分准备—各抒己见—勇于质疑—求同存异”的过程中得到多方位的专业提升。

2. 问题驱动式打磨成长

“和谐心育”项目团队聘请浙江省著名的儿童心理科主任医师、博士研究生导师等引领西湖区心理健康教师深入探讨ADHD（注意缺陷与多动障碍），从医学的专业角度解读ADHD儿童获得及时、恰当的治疗和教育的必要性，针对ADHD的干预方式，导师引导教师清晰地认识到除了药物治疗外，家长的教育训练、心理治疗、行为治疗等都至关重要。导师提供了通过SNAP-Ⅳ评定量表和“舒尔特方格”测试法对ADHD儿童进行初步判断的方法，分享了学习环境布置、课堂规则制定、物品管理、时间管理等方面的实操方法，为教师和家长提供了切实可行的指导；强调了父母的教养方式对孩子身心健康的发展至关重要。这样的指导为心理健康教师提供了深入了解和正确认识特殊孩子问题的机会，参与者不仅获得了丰富的知识，还学到了实际操作的技能。

3. 项目跟岗式推进成长

杭州市第七人民医院位于西湖区，作为全国知名的三级甲等精神疾病专科医院，集医疗、教学、科研、康复和防治职能于一体。西湖区教育局充分发挥和挖掘地域资源，通过与该院签约合作的方式，利用暑假、寒假输送优秀的心理健康教师到该院开展跟岗学习，由该院专家、医生亲身示范，详细讲解评估和诊断的过程。在跟岗的两周里，该院以全面开放和支持的姿态迎接西湖区心理健康教师的融入，带领他们在早期干预门诊、精神科、儿童心理科、心理测验室等科室见习，跟着医生查房、查阅病历及与患者交流，分别针对强迫症、抑郁症和双相情感障碍等心理疾病的诊断、分类和鉴别等进行追踪式学习，并以典型病患为例，通过专家的讲解让教师们对各类疾病有了更加生动、形象的认识。

4. 技术沉浸式提升成长

“和谐心育”项目团队聘请全国知名心理健康教育专家进行短期心理咨询和家庭教育技术培训指导，培训过程互动性极强，每一条技术讲解都有对应的实操演练。在讲授关键性技巧的过程中，让受训学员每两人一组扮演咨询者和来访者，在专家、教授的悉心指导下，每位参与者都能获得沉浸式体验。鼓励学员参与展示活动，并帮助他们完成整个咨询流程，引领其他学员思考在咨询过程中出现的问题，共同促进进步。技术学成之后重在运用，心理健康教师力求做到三点：一是在面对学生产生情绪焦虑时，适时地采用咨询师视角，给予学生心灵上的支持，以新的角度解决教育、教学中的困惑与问题；二是运用焦点技术解决问题后，采用逐字记录的方式，将教育、教学中的咨询内容逐字记录下来，以便复盘与研学，从而发现问题，优化咨询语言，厘清思维逻辑，以促进长足进步；三是强调交流互动共进，学员间经常交流，找到共性的问题，共商策略以求突破，从而贡献自己的智慧，促进团队成员共进同长。

5. 参与活动式普惠成长

区内学校积极开展心理健康月活动，邀请签约专家走进校园，和孩子、家长、教师面对面咨询，解决“疑难杂症”。通过创新各类心理活动，融合签约专家的教育智慧，有针对性地给予教师专业指导。以杭州市西湖第一实验学校第三届心理健康宣传月活动为例，该活动主题为“积极心理，快乐成长”，旨在通过发动全体学生参与心理健康活动，积极了解心理学知识，提升学生对生命的关爱与尊重，提升应对变化与挫折的能力，让学生在活动中逐渐建立和完善自己的生命支持系统，培养他们积极的心理品质，为他们的身心健康成长奠定基础。不同年级的活动内容各具特点：一年级的主题是“我们是温‘心’一家人”，二年级的主题是“独一无二的我·名片设计”，三年级的主题是“串好我的宝石项链”，四年级的主题是“我的心理能量瓶”，五年级的主题是“改造X计划”，六年级的主题是“心理治愈系漫画设计”，七年级的主题是“绘制生命的颜色”，八年级的主题是“‘当我开始真正爱自己’漫画设计”，九年级的主题是“一句话陪我熬过低谷”。所有的活动都由心理健康教师策划，由签约专家把关，在一轮一轮的活动设计和修改中让更多的孩子受益，而教师们也在活动设计和参与过程中进一步了解了当下学生的心理特点和内心诉求，也有了更专业的知识储备。

（三）“和谐心”志愿团——一支高能量的服务队伍

部分家长在场域活动和学习的支持下成为家长志愿者，基于志愿者队伍的壮大、合作和育人能力的提升、服务和奉献意识的强化，建立起以区域或学校为单位的二级“和谐心”志愿者团队，团队成员以自己的成长经历为蓝本，更有说服力，也能更高效地传播家庭教育知识，传递自我之爱、家庭之爱、社会之爱等内容。西湖区学生成长支持中心为家长志愿者提供学习和服务的平台，让家长志愿者们在持续不断的学习和服务过程中探索自我成长模式。“和谐心”志愿团队在实践过程中发挥了三个维度的重要作用：一是对家长活动的宣传、引领，吸引并协助其他家长来学习；二是对家长活动的氛围渲染，分享并带动家长积极参与；三是使部分家长志愿者成为家庭教育活动持续开展的新生力量。

以浙江工业大学附属实验学校为例，家长志愿者有组织、有分工，通过“维爱”“播爱”“引爱”“创爱”四种模式传递爱心。“维爱”行动——志愿服务引领：家庭教育活动的正常开展得益于综合部的保障。综合部的家长志愿者负责在线报名、名单统计、专家接送和食宿安排、活动报道等工作。“播爱”

行动——志愿方向引领：家长志愿者对家庭教育活动的宣传、引领作用必不可少，吸引并协助家长积极学习、参与活动，这是家庭教育活动能够顺利开展的重要基础，该项工作主要由能量部负责。能量部的家长志愿者每天分享高质量、高能量的“能量日记”或“实修日记”，转发家庭教育优秀文章。“引爱”行动——志愿分享引领：家长志愿者对家庭教育活动的氛围渲染作用至关重要，通过分享经验和心得带动家长敞开心扉、投入活动，这是家庭教育活动有效开展的必要因素，该项工作主要由引领团负责，其他几个部门也经常共同参与。负责引领的家长志愿者在每次家庭教育活动中带领课前热身活动、课中分享活动、课后总结活动，结合自身经历，带动更多家长沉浸在学习的场域当中，从而使之收获更多。“创爱”行动——志愿人生引领：获得更深层次学习和成长的家长志愿者逐渐有了带领家长沙龙、进行个案辅导的能力，成为家庭教育活动持续开展的新生力量。例如，家长志愿者刘老师曾经是千千万万有家庭困扰的家长中的一员，进入家庭教育学习的队伍后，除了学校的各种家庭教育活动，还积极参加了社会上各种家庭教育培训，目前已能够独立处理个案，帮助更多家长实现家庭和谐。

高能量的家长志愿者团队的工作逐渐获得成效，我们根据群体大小、学习时长、线上线下等各维度设计家长学习模式，举办各类家长培训活动，帮助各种情况的家长快速找到适合自己的学习渠道，获得自身的成长。例如，工作忙的家长可以选择大团长期性线上学习，菜单式选择自己困惑的主题进行学习；每周有空闲的家长可以参加小团长期性体验分享，间歇性强化所学内容，加深体验和复盘。参与学习的家长受益匪浅，已能够站在孩子的视角看问题，部分家长对于家庭教育也有了更加深刻的理解。同时，受益家长有了更多的精力和能力去帮助仍然陷于困境的家长，给予答疑解惑和力所能及的支持，帮助这些家长更快从困境中摆脱，获得成长。

西湖区推进心理健康教师成长行动，强调教师在发展过程中表现出的主动性、自觉性和独立性。教师专业的自我发展意识是基础，自主发展能力（学习能力、研判能力、洞察能力和研究能力）是条件，自我评价和调节能力是保障。建设高品质的心育队伍，能让教师增强心育岗位意识，深刻理解心育工作的意义，增强心育工作的价值感，构筑了心理健康教师成长的支持系统，打通了心理健康教师的专业化成长通道，建立了心理健康教师的荣誉制度。

第二节　五育并举

“欲事立，须是心立。”西湖区坚持以习近平新时代中国特色社会主义思想凝心铸魂，全面贯彻党的教育方针，坚持为党育人、为国育才，落实立德树人根本任务，坚持健康第一的教育理念，切实把心理健康教育工作摆在更加突出的位置，统筹政策与制度、学科与人才、技术与环境，贯穿中、小、幼各学段，融合学校、家庭、社会各方面，培育学生热爱生活、珍视生命、自尊自信、理性平和、乐观向上的心理品质和不懈奋斗、荣辱不惊、百折不挠的意志及品质，促进学生思想道德素质、科学文化素质和身心健康素质协调发展，培养担当民族复兴大任的时代新人。落实“五育”并举，以德育心、以智慧心、以体强心、以美润心、以劳健心，引导学生具有正确的社会需求和良好的精神需求。西湖区教育局在推进“五育并举，融合育心”的行动中，坚持区校衔接，完善全面培养的教育体系，做学生成长路上的护心人；坚持遵循学生身心发展规律和教育规律，将解决学生心理问题与助推学生成长发展有机结合。

一、以德育心，和谐心润

《全面加强和改进新时代学生心理健康工作专项行动计划（2023—2025年）》明确将学生心理健康教育贯穿德育思政工作全过程，融入教育教学、管理服务和学生成长的各个环节，纳入“三全育人”大格局，坚定理想信念，厚植爱国情怀，引导学生“扣好人生第一粒扣子”，树立正确的世界观、人生观、价值观。基于此，西湖区开展“以德育心·和谐心润”系列行动，通过推进德育精品工程，整合资源、优化路径、创新方法，将立德树人根本任务落地、落实、落细。

以杭州市文一街小学为例，学校通过开展“我们的节日·传承的力量”系列传统节日教育活动，探索民族文化传承新路径，积极培养学生的民族自豪感和文化自信，培育深厚的民族情感，把优秀传统文化建设作为学校“以德润心”，造就学生百折不挠、坚韧不拔的意志品质的有效载体和路径。

（一）在传承优秀传统文化之气节的过程中根植自信

中华优秀传统文化是德育的宝贵资源，德育是弘扬中华优秀传统文化的有效途径。杭州市文一街小学重视德育主题活动常态化，充分利用校外教育基地、劳动教育基地、家乡古迹名胜等教育资源，组织各项常态化专题活动，比如，以“发扬雷锋精神·传递正能量”为主题的学雷锋活动、以“经典艺术赏析·感受传统之美”为主题的艺术节活动等。尤其是每年三月举行的读书节专题活动，通过每日经典晨读，让传统文化根植于心、启迪人心；通过经典名篇赏析、经典诗句配画、经典好书摘记等系列活动，潜移默化地让传统文化走进学生的内心。德育主题活动增强了学生的民族自豪感，使传统之花在美丽的校园开放。

（二）在铸造优秀传统文化之灵魂的过程中根植自强

传统节日作为传统文化的重要组成部分，蕴含着优秀的文化遗产和民族精神，对宣传和推广优秀传统文化有着不可替代的作用。杭州市文一街小学充分利用校内外各种教育资源，从学校教育、家庭氛围、社会环境等方面入手，结合传统节日和特定节日组织活动，形成培育民族精神的合力。清明节开展“缅怀革命先烈，传承民族精神”祭扫烈士墓活动；重阳节开展“感恩父母，重温祖辈的成长故事”主题活动；国庆节开展“热爱祖国，振兴中华”主题演讲活动；元旦开展“新春送福，欢欢喜喜迎新年”主题活动等。在学校和家庭的共同努力下，使传统文化更具有传承性和教育作用。

（三）在继承优秀传统文化之精髓的过程中根植自信

以学生喜爱的丰富的拓展型课程为平台开展优秀传统文化教育，使学生对社会主义核心价值观及中华优秀传统文化有更直观可感的认识。区域内多所学校把打造中华优秀传统文化校园作为学校的办学特色，开设各类以传统文化为主要内容的学生社团，如越剧、民族鼓、武术、刺绣、剪纸、篆刻等，多元发展，弘扬和传承中华优秀传统文化，让学生在传统文化的展示活动中，获得更多的学习机会，在树立民族文化自信的同时更有力量地成长。

二、以智慧心，和谐心睿

优化教育、教学内容和方式，有效减轻义务教育阶段学生作业负担和校外培训负担。教师注重学习和掌握心理学知识，在学科教学中注重维护学生心理健康，既教书，又育人。以道德与法治学科七年级的一节课为例，杭州市袁浦中学的方小卫老师将生命教育融于其中，成为智育和心育完美融合的典范，让生命教育在课堂上生根发芽。

（一）感性导入，赏生命之美好

导课是教学过程的第一环节，导课是否引人入胜直接决定课堂的气氛。方小卫老师的导课处理得很有艺术。上课前，播放视频《生命的意义》，让学生在课间随心看几眼、随意听几句，在情感上有了铺垫。上课时，伴着乐曲《光》展示一组关于热带雨林欣欣向荣的植物、非洲草原充满活力的动物、来自五大洲幸福自信的人们的唯美图片，意在通过感官的刺激让学生欣赏宇宙间各种生命的美好；再展示一组来自学生身边的人、事、物的图片，如学生所在班级的植物，校园里的花、鱼、草，同学们的个人和集体活动照片等，使学生在欣赏这组图片时感到亲近、真实，从而真正为之心动，真切感受到植物让班级环境变美、自己和同学的正能量让学校变得活力四射、各种生命的存在让世界变得更美好……有了情感的认同，学生就会对课堂充满期待。

（二）巧设情景，扬生命之风帆

该节课的重点是“发现自己的生命价值”，关键词是“自己”“生命价值”，基于七年级学生的生活阅历，方小卫老师由浅入深进行授课，通过真实而贴切的情境铺设，指引学生寻找自身独特的生命价值。他在课堂上设置了三个小片段，分别对应学生小时候的情形、现在的成长和未来的规划，以学生的整个人生为线索，细节均来自学生自己的经历、体验和感悟，使这一环节生动而耐人寻味，让学生发现自己生命的可贵之处，对未来充满希望，从而扬起生命的风帆。

（三）自省内化，感生命之意义

该节课的难点是“实现自己的生命意义”，这是一个抽象而高深的命题，离学生的实际比较遥远，因此，教师只有利用真实而典型的材料，通过课堂平等的对话，以及师生、生生间的相互讨论和启发，来引导学生突破这个难点。“实现生命的意义”是一个哲学问题，面对七年级的学生，很容易讲得“高大上”“假大空”。方小卫老师巧妙挖掘文本，运用杭州本土资源，使教材功能最优化。从自己的选择，到“杭城最美人”的选择，再到英雄们的选择，环环相扣、步步推进、层层拔高。最后的朗读环节可谓“润物细无声”，潜移默化中让学生进入状态，激发天性，明白了“将个人追求建立在人类共同需要的基础上，这样的生命是最有价值的”，从而培养了学生的家国担当和情怀，真正达成“在生活中体验，在体验中感悟，在感悟中成长”。

（四）评价创新，彰生命之真爱

生命教育的目标是让学生成为真实的“我”，做一个有生命的“我”，发扬人之本性，向善向美。最后的落脚点是知行合一，所以方小卫老师增加了一个环节——“彰生命之真爱”，布置了二选一的作业：一是道德实践活动，可以选择擦洗公共自行车亭、为敬老院的老人送祝福、为特殊儿童送温暖、进行家乡民俗的宣传等；二是开展与生命有关的活动，可以选择编小报、写心得、参加“珍爱生命”活动等。

三、以体强心，和谐心炼

研究表明，运动与大脑有着紧密的联系，运动可以改造大脑，消除压力、焦虑、抑郁、低效等种种困扰。西湖区中小学校充分发挥体育运动调节情绪、纾解压力的作用，实施学校体育固本行动，开齐、开足、开好体育与健康课程，全覆盖、高质量开展体育课后服务，着力保障学生每天校内、校外各1小时体育运动时间，保证每个学生熟练掌握1—2项体育运动技能，让学生在体育锻炼中享受乐趣、增强体质、健全人格、锤炼意志。西湖区中小学校在开展传统体育项目时，联动家庭力量，挖掘心育元素，精心设计学生运动方案，让学生在运动中相互鼓励、相互帮助，从而培养团队精神；开展多种富含趣味的竞技活动，让学生自由选择，根据自己的喜好加入不同的运动项目，锻炼自己的领导力、合作精神和团队意识。体育运动不仅提升了学生的专注力，还缓解了学生的压力，更激发了学生前进的动力。

（一）聚力同行，乐享运动（杭州市政苑小学体育狂欢节掠影）

集体长绳比赛：绳影婆娑，跳姿灵动，长绳在空中划出一道道绚烂的彩虹。摇绳的队员专注有力，与跳绳选手默契配合。细长的绳索连接了班级中的每个同学，挥舞的长绳传递着团结的力量，每位参与者都心怀为集体争光的信念。

趣味运动赛：在五、六年级的拔河比赛中，选手们咬紧牙关，汇聚力量，感悟到团结之力；在三、四年级的篮球运球比赛中，选手们遵守规则，发挥技能，更好地领略了运动的独特魅力；在一、二年级的“赶小猪”比赛中，选手们你追我赶，感受到运动的欢愉。

足球绕杆赛：这是体育节的高潮之一，选手们斗志昂扬，带球动作如行云流水，将课堂上学到的足球技艺一一展现。

每一年的体育节上，学生们展现了积极向上的精神风貌，拼搏奋斗、乐享运动，畅游在欢乐的体育海洋中。这场运动盛宴不仅锻炼了身体，培养了乐观向上的心理品质，更点燃了每位学子对阳光未来的热切期许。

（二）绿荫逐梦，“爸”气十足（杭州市西湖小学亲子足球赛纪实）

都说最好的亲子教育不光有陪伴，还有亲身示范。看，西湖小学的校园里，学生们在凳子上排排坐，眼睛盯着球场，充满自豪和仰慕。热爱足球的爸爸们披挂上场，点亮梦想，舞动青春。他们用饱满的热情奏响春天里最热烈、最纯粹的爱的交响曲。比赛中，爸爸们拼尽全力，依旧是年少时的模样。欢呼声和掌声响彻球场，激励着爸爸们坚持和拼搏。这和谐友爱的一幕幕，以足球为媒介，串联起一个个热爱这项运动的家庭。获得“最佳金手套奖”的学生爸爸在赛后发表感言：“足球运动充斥着激烈的对抗。比赛中汗流浃背、摔倒扭伤、乏累抽筋是经常会发生的事情，但我们坚韧不屈的意志、逆境坚持的精神，一定会影响到孩子。这次比赛，本队球门没有失守，靠的是队员们精诚团结、严密配合。期待我们西湖小学的‘爸爸足球赛’能一直延续，让我们孩子的身体素质能更棒、更强。”这项赛事为校园足球文化赋予新的内涵与价值，为校园足球竞技彰显新的榜样和精神，为家校同盟携手共进开启崭新的篇章，更为学生的健康成长打下良好基础。

（三）暖心晚托，筑梦童年（杭州市定山小学体育运动类课程简介）

“轮的魅力——轮滑”课程简介：“行云流水，陆地飞行，感受轮滑，放飞身心！”轮滑是一项感受乐趣、增强体质、健全人格、磨砺意志的运动。学生在从摔跟头到滑行自如的过程中，磨炼了意志、增强了自信，更培养了永不言弃的体育精神。

“快乐篮球”课程简介：篮球运动是一项对抗性较强的运动，深受青少年喜爱。针对小学生，开展体适能训练、篮球基本功训练等活动，让学生享受篮球运动的同时，发展学生的跑跳投能力、平衡能力和全身感官协调能力，提高学生的自信。

“中华武术”课程简介：中华武术源远流长，既有悠久的历史，又有广泛的群众基础，是中华民族在长期劳动、生活与斗争中逐步积累和发展起来的一项宝贵文化遗产。中华武术是以技击动作为主要内容，以套路和格斗为运动形式，注重内外兼修，具有民族文化特色的中国传统体育项目。其内容丰富多彩，形式多样，风格独特，既能增强体质、防身自卫、锻炼意志，又集竞技性、娱乐观赏性、社会性于一体。

乒乓球课程简介：乒乓球是我国的国球，该项运动注重眼手协调，可以增强身体协调性，能缓解眼睛疲劳，改善视力。课程致力于提升学生对乒乓球的兴趣，注重培养学生养成良好的运动习惯，促进学生终身发展。

四、以美润心，和谐心悦

美育是基础教育的重要组成部分，对于培养学生全面发展具有重要作用和深远意义。近年来，随着中小学教育体制机制改革的不断推进，美育愈发得到社会各界人士的广泛关注和重视。校园美育课、家庭亲子绘画、美术馆研学课……一系列普及性强、形式多样、内容丰富、积极向上的美育实践活动遍地开花，极大提升了学生的文化理解、审美感知、艺术表现、创意实践等核心素养。可以说，置身于“五育”并举的大环境下，以美育人、以文化人，实施学校美育浸润行动，广泛开展普及性强、形式多样、内容丰富、积极向上的美育实践活动，积极发挥美育丰富精神、温润心灵的作用，能让学生真正认识美、欣赏美、创造美。

实施学校美育浸润行动，不仅是一种知识的传递、技能的传授，同样也是一种心灵的滋养、情感的陶冶。学生在一场场艺术活动中沉浸式地欣赏和创作，抒发了情感，陶冶了情操，感受到更多美的存在；丰富了艺术知识，表达了思想观点，积累了更多生活经验；相互交流，激发了想象力和创造力，提升了艺术思维能力。用美育涵养“美丽心灵”，让广大学生在关注美、发现美、欣赏美的艺术活动中涵养永不放弃、积极进取的人生态度；以美育浸润学生、教师、学校，关乎学生人格的养成、灵魂的塑造，更推动着中华优秀传统文化创造性转化、创新性发展。

以杭州市学军小学教育集团某班毕业季活动为例，在活动中，学生借着美的理想和美的品格，向家庭、向学校、向老师、向同学表达感恩之情。

（一）歌曲颂校，声留情

毕业典礼对于毕业生来说是一项非常有意义的活动，是一个展示自己的舞台。毕业典礼全程由学生编排和主持，每班自创毕业歌，人人参与大合唱。学生们还会邀请老师一起合作，在舞台上再一次感受老师的温情，表达自己的感谢和留恋。整个会场，歌声余音绕梁，舞姿刚柔并济，琴声行云流水，鼓点气势恢宏，学生们唱出感恩，唱出青春和梦想。

（二）手册赠友，文留情

毕业季必不可少的就是同学间互赠纪念册。学校提倡用自制手账的形式来表达情感，用最美丽的绘画和最深情的文字，给小学生活画上句号，这样的一本纪念册独一无二。

（三）作品赠师，图留情

心有多大，舞台就有多大。每个毕业生对母校和老师都有一份满满的感恩之情，他们用不同的方式表达自己的谢意。毕业班自主举办了毕业生书画展，校园长廊上每一幅画画的都是六年来记忆最深刻的老师的笑脸，每一幅字都凝聚了毕业生对老师和对学校的爱。

（四）借视频，传温暖

毕业前夕，温习老师动听的“十句话语”。师生共同观看班级回忆视频，学生在小书签上写下小学期间老师给予的最激励自己的话、最难忘的话，亲手送给老师。

（五）借诗歌，传敬意

古往今来，文人墨客借诗抒情。每个学生选择一位老师，为他/她写一首诗，风格、主题不限，写好后配乐或者配画送给老师，也可以当面朗诵给老师听，让诗歌留下最深的师生情谊。

（六）借书信，传恩情

六年来，一直陪伴在学生身边，伴其健康成长的是老师。青春期的学生在毕业之时，给老师写一封感谢信，感谢老师多年来的谆谆教诲，以表达自己的感恩之心，是非常必要的。

美育浸润心灵，艺术点亮生活。美育关乎学生的快乐幸福，关乎国家民族的未来，需要从学校教育到社会教育、家庭教育的整体美育环境和美育共识。全面实施学校美育浸润行动，将美育延伸到校园的每一个角落，相信学生们一定能更好地茁壮成长，成就更加丰富和饱满的人生。

五、以劳健心，和谐心励

新时代形成“以劳育人”的新局面，培育、发展学生的核心素养，将“劳动意识”写入“社会参与的实践创新”素养板块中，把劳动教育纳入培养社会主义建设者和接班人的总体要求。无论是学校劳动教育还是家庭劳动教育，在“劳动价值观”的培育上应当涵盖三个方面：一是让学生认识到劳动和劳动者的神圣、光荣；二是劳动创造财富，不劳而获、少劳多得可耻；三是要让学生意识到热爱劳动、参加劳动才能实现个人的健康成长，不愿劳动、不爱劳动则会阻碍个人的全面发展。丰富、拓展劳动教育实施途径，让学生动手实践、出力流汗，磨炼意志和品质，养成劳动习惯，珍惜劳动成果和幸福生活。基于此认识，西湖区多所学校主导的劳动教育旨在培养美好的劳动情感，养成良好的劳动习惯，创新以劳育心的育人路径。

以杭州市翠苑第二小学为例，该校的“杉宝育宝”行动，通过种植养殖劳动培养学生的生命意识，学生在种植养殖活动中通过记录、比较和绘图等了解了生命成长的全过程，体会了生物旺盛蓬勃的生命力，使探究能力得到发展，科学精神得到提升。

（一）一育：阳台菜园，精心育苗中敬畏生命

1.护航成长——体味生命不易

持之以恒的育苗行动能提升学生的生命认识。教师组织学生在学校开辟的阳台菜园种植各类蔬果植物，由学生制订“植物成长护航计划”，主要活动内容包括：

（1）拔草除虫。杂草和虫害是植物生长的“敌人”，会影响植株正常生长，甚至导致其死亡。安排学生定时、定员到阳台菜园拔杂草、捉虫、施肥等，在劳碌中体会生命不易，形成爱惜生命的意识。

（2）按需浇水。学生摸索制作出不同时节、不同天气的浇水表，定时给植株浇水。这个过程让学生感受到生物生长的规律性，明白了遵循规律的重要性。

（3）酵素施肥。学生用自己制作的蔬果酵素给植物施肥。酵素来源于生命，又能让新生命更好地生长，学生由此对生命的周期和循环有了更加深刻的认识。

2. 记录结构——体认生命智慧

学生在种植的过程中要进行观察和记录，才会有属于自己的发现和惊喜。教师指导学生用文字、图画或照片、视频等方式记录下植物的生长情况和自己的措施，引导学生观察植物的结构，如叶片交叠生长、攀缘茎上长有根等，让学生发现植物结构的独特性，感受植物的生命智慧。学生通过与植物的亲密接触，发现了生命的生长智慧，形成了对生命的尊重。

3. 分析数据——体会生机勃勃

获取并分析数据是科学探究的重要能力。学生不光要观察，还要充分利用在科学课上学习的方法，定期进行植株高度、叶片数量等的测量和记录。数据更能说明生命的成长，学生对数据进行比较，能更加直观地了解生长速度，感受生命世界的勃勃生机。

【绿豆种植实验数据记录】

第一天，我准备好种植篮，铺上两层餐巾纸，浸透水，撒上几十粒比较饱满的绿豆，绿豆事先在水中浸泡八个小时。

第二天，绿豆变大，颜色变浅，许多绿豆种皮胀破，露出嫩白色的胚根。

第三天，胚根继续生长，露出紫红色的子叶。

第四天，子叶加速生长，有了两三厘米长的红色的茎。

第五天，豆皮开始脱落，嫩绿的子叶伸展开了，茎有五六厘米长。

第六天，茎上白下红，子叶有八九厘米，更大更绿了。

第七天，茎疯狂生长到十二三厘米，叶子舒展开来，生机勃勃。

然而，生命的生长并不是时刻都有明显的变化，比如，植物在生命中后期会出现植株生长缓慢等现象，这正是学生思考生命智慧的最佳时机。将这些情况详尽记录，学生在数据对比中可以了解植物的生命特点。

（二）二育：孵化温室，耐心育卵中热爱生命

单纯的种植活动并不能让学生获得全面的生命教育，因此学校结合三、四年级的科学教材，在陶苑科技馆开辟出一块空间用以孵化小鸡和蚕卵等，受到全校师生的欢迎。这些活动对于长期生活在城市的学生是新鲜而富有挑战性的。下面以小鸡孵化为例介绍实践过程。

1. 种蛋取名——平等对待生命

学生通过学习知道，受精卵才能孵化出新的生命。所以孵化小鸡的第一项任务就是寻找受精的种蛋。学生主动行动起来，从农村老家或者养殖场等地方找来种蛋。为了持续激发学生的责任感，带来种蛋的学生享有取名权，可以为以后孵出的小鸡取一个自己喜欢的名字。“金毛”“霸王”等别称充满童趣，也有的学生用自己的名字为小鸡命名。在这个过程中，学生像对待“人”一样对待种蛋，也意味着他们已经知道种蛋就是一个生命。

2. 摸索条件——用心呵护生命

在小鸡的自然孵化过程中，母鸡会进行翻蛋等操作，使温度和湿度适宜。人工孵蛋则需要人为模拟孵化条件，即由教师和学生一起摸索小鸡孵化的最佳条件。学校购买了孵化箱，内置温度、湿度显示器，学生定期观察记录，并进行调节和控制。此外，安排学生定时翻蛋，让种蛋均匀受热，以帮助孵化。在这个过程中，学生呵护生命的天性被激发，小鸡也成了他们日思夜想的“伙伴”。

3. 主题研究——科学认识生命

孵化小鸡的工作非常复杂，不仅是对学生，对教师也是很有挑战性的。其中，“照蛋”是最有挑战性和技术性的工作，目的是鉴别种蛋的孵化情况，以便及时剔除不能孵化的蛋。在孵化的过程中有很多值得探究的内容。教师组织学生在摸索中开展相关的主题探究，探究的问题可以由学生自己提出来，师生共同制定方案，一起探究。其中“小鸡的寿命有多长”这个问题引出了关于小鸡生命权利话题的热烈讨论。学生在主题探究中对生命有了更为深刻的理解。

（三）三育：菌包基地，全心育菇中领悟生命

1. 延伸时空——扩展生命场地

菌包养殖需要潮湿、阴暗的环境，陶苑科技馆并不是一个理想的场所，因此教师发动学生开展家庭养殖。学生为让菌包更好地生长绞尽脑汁，他们充分利用家庭资源，把菌包放置在卫生间、花房、平台等场所。养殖场地的延展让学生有了更多的时间和机会与菌菇接触，使观察更细致，感受更深刻。

2. 展示评价——扩大生命影响

菌包的养殖场地主要在学生家中，所以大家难以实时、高效地交流养殖情况。利用信息技术的便捷特点，许多学生选择在社交平台图文并茂地发布菌包的生长情况，同时为其他同学发布的养殖图文点赞和评价，互动效果更强。

3. 学科综合——扩充生命价值

学校还将“杉宝育宝”活动与语文、数学、综合实践等其他学科的教学活动相结合，实现活动效能最大化，学生对生命价值的认识也更加深刻。比如，与语文课结合，写一篇有关生命的作文，亲身体验让学生更能言之有物；与综合实践课结合，用自己种植的蔬菜、菌菇炒一盘菜或将种植的成果“义卖”，把自己收获的成果变成一片爱心，捐赠给学校的“爱心基金”，让孩子们充分感受到收获的快乐。

西湖区教育局在推进“五育并举，融合育心”的行动中，坚持区校贯通，完善全面培养的教育体系，加快构建区校一体，打造有效载体，营造浓厚氛围，将心育纳入人才培养的全过程；坚持遵循学生身心发展规律和教育规律，把解决学生心理问题与解决学生成才发展实际问题相结合。

第三节 心育课程

2020—2023年，西湖区学校心理辅导个案的数量是18951个，其中线下咨询个案12218个，线上咨询个案6733个。这些数据背后是每个学校专/兼职心理健康教师的辛勤付出，他们关注学校需要辅导的心理问题学生，有效维护学生的心理安全。同时，这些数据的背后也折射出当前学校心理健康教育的专业性、发展性趋向越来越显著，一方面，不断涌现的危机学生与严重心理问题学生需要更加专业的辅导，另一方面，只有营造好整个学校的心育生态，才能从根本上有效减少心理问题学生的出现，并给予学生心灵的力量。西湖区大力推动中小学心理健康教师专职化，严格落实每两周一节的心理辅导活动课，积极探索心理辅导式班会课、融合式青春健康课的落地，开展丰富多元的心理健康活动周和活动月，基于“专家进校园”指导各校开展丰富有趣的心理活动，取得初步成效。

一、基础课程：心理辅导活动课

杭州师范大学心理学教授刘宣文曾指出，心理辅导活动课是辅导员根据学生的身心发展特点和社会需要，依据团体动力学原理，有目的、有计划地增进学生有效适应和健全人格发展的一种辅导形式。由此可见，心理辅导活动课具有发展性、活动性与全员性的特点，它以学生成长需要为目标，起到教育、预防与发展的作用，关注全体学生的健康与人格发展。西湖区教育局坚持课程育人的理念，确保学校开足心理辅导活动课，上好心理辅导活动课，以名师工作室为载体展开课程研讨，探索西湖样式的心育课程。

（一）落实心理辅导活动课

西湖区教育局从制定政策、建立团队、监督评估、宣传普及等方面确保学校开足、开齐心理辅导活动课。

1. 制定明确的政策和计划

近年来，西湖区教育局密集发文推动学生心理健康体系建设，每一次的发文都明确要求各学校落实两周一节的心理辅导活动课。同时，要求学校制定明确的心理健康教育政策和计划，明确心理辅导活动课的目标、内容、形式等，并将其纳入学校的教学计划和年度工作计划中。

2. 建立专业的心理辅导专/兼职团队

西湖区教育局明确要求所有学校建立由专/兼职心理健康教师组成的心理教研组，中学心理健康教师由专业的心理咨询师或心理学教师担任，他们具备相关的专业知识和技能，能够为学生提供有效的心理辅导服务。小学心理健康教师根据实际情况，可以适当兼职，但不从事主要学科的教学工作。同时，扩大中小学兼职心理健康教师规模，各学校可选聘具有心理健康教育经历和专业资质（持“省B证”及以上等级证书）的优秀教师担任兼职心理健康教师，原则上每个年级配置一名。

3. 加强监督和评估

西湖区学生成长支持中心每学期通过教学督导、区心理健康教研员入校调研等形式加强对学校落实心理辅导活动课的监督和评估，及时发现问题并进行改进。区教育局将心理辅导活动课的落实纳入年度考核，推动学校开足、开齐、开好心理辅导活动课。

4. 加强宣传和普及

每学期开学，西湖区教育局即召开两个与心理健康教育相关的集中会议，一个是心理健康教育专题会议，另一个是育人工作专项会议。每个会议上，教育局领导与专家都会就心理辅导活动课的重要意义开展宣传和教育，促进课程的落地。

（二）上好心理辅导活动课

学校要上好心理辅导活动课，仅仅依靠心理健康教师的个人努力是远远不够的，还需要区域统筹推进心理辅导课的设计与演绎，做到有标准、有范式。

“有标准”指的是心理课程有统一规范的课标。目前，我国并没有统一的心理健康教育课程标准，但浙江省教育厅历来重视心理健康教育课程的建设，于2019年正式发布《浙江省中小学心理健康教育课程标准（试用稿）》。2022年3月，《浙江省中小学心理健康教育课程标准》（以下简称“《标准》”）完成修订、重审并正式出版。《标准》以提高学生的心理健康素养为主旨，以中小学生的心理发展为主线，围绕学会学习、健康生活两大核心素养，以社会适应、学习心理、情绪管理、人际交往、自我意识、生涯规划六个板块设计课程内容。《标准》融入积极心理品质培养，重在发展品质，充分体现“积极预防”的重要作用。《标准》清晰搭建了浙江省中小学心理健康教育课程内容框架，该指导框架明确了从小学到高中12个年级学生的辅导序列，有效解决了以往同一辅导内容在小学、初中、高中重复进行的问题，让不同学段的心理健康教师在辅导过程中有的放矢。

“有范式”指的是心理课程有统一规范的教材。目前西湖区教育局贯彻《学生心理健康教育指南》的精神，实现中小学生心理健康教育教材全覆盖，区域内学生人手一本心理健康教材。教材以北京师范大学边玉芳、中国人民大学俞国良、浙江省教育科学研究院方展画分别主编的三套《心理健康》为主，三位主编均为中国知名心理学教授，长期从事心理辅导活动的研究与实践，教材编排符合学生的发展认知与发展需要。专业教师可以参考教材的主题选择与设计活动，也可以直接选用里面的内容进行课堂演绎。

（三）探索西湖区心理辅导活动课范式

西湖区教育局建立分层分类、长短期相结合的学校心理健康教育名师培育体系，实施工作室领衔人“心育名师”培养工程。区域内的陈琦名师工作室以心理辅导活动课的设计与演绎为研究目标，定期开展课程研讨，聚焦学生成长的核心问题。例如，在青春期教育的课程探索上，陈琦名师工作室成立三年来，独立开展青春期教育课程教学研讨活动7次，联合教研活动4次，个案研讨与其他青春期活动6次。工作室在探索实践中，逐渐明晰青春期教育课程的主题：了解并接纳青春期生理变化、了解并接纳青春期心理特质、自我意识觉醒及与父母关系的处理、性情感的调适、性行为与保护等。在此基础上，陈琦名师工作室联合中国陶行知研究会青春期教育专业委员会王红美工作室开发了15节中小学青春期教育课，具体见表2-3-1。

表2-3-1　青春期教育课

序号	适用年级	课题	主题
1	5—7年级	诠释青春，邀约健康	青春期生理
2	5—7年级	男女有别	
3	6—7年级	拔节的声音	
4	6—7年级	识别性骚扰，你我共成长	性保护
5	7—8年级	多想让您懂我	自我意识觉醒及与父母关系的处理
6	7—8年级	我的平凡父母	
7	7—8年级	怦然心动	性情感调适
8	7—8年级	爱要怎么说出口	
9	7—8年级	与心动同行	
10	7—8年级	青春拒绝流言	
11	8—9年级	追爱行动	
12	8—9年级	握不住的沙	同伴关系
13	8—9年级	爱我本来的样子	自我成长
14	8—9年级	学会爱的表达	性行为与保护
15	7—9年级	社会性别ABC	社会性别

工作室领衔人陈琦老师还开展了《讲论练：初中性教育课三结合模式的教学实践》课题的研究，总结出在教学中，青春期知识以讲解为主要策略，价值观引领以讨论为主要策略，青春期技能以演练为主要策略。同时，以“讲论”“讲练”“讲论练”三种模式为架构，开展多途径讲解、多形式讨论、多层次演练的策略研究，最终指向探索青春期教育课教学新方法。

二、拓展课程：心理辅导式班会课

心理辅导式班会课是一种将心理辅导技巧和理念融入班会课的新型教育模式，班主任根据学生的身心发展特点和班级需要，以心理辅导课的理念与活动方式，解决学生成长问题，解决班级发展问题，引领班级共同的价值取向。

在当前的教育背景下，班主任是开展学生心理健康教育的重要力量。一方面，班级是学校管理的最核心单位，班主任是班级的核心人物，与学生接触时间最多，关系最密切，影响力最大，他们可以利用班会课进行心理辅导活动课的拓展。另一方面，当前小学阶段还无法实现心理健康教师专职化，部分心理辅导活动课仍然依托于班主任的设计与演绎。因此，西湖区教育局高度重视班主任心理辅导式班会课的推进与建设，依托班主任培训、公开课展示等途径推动相关理念与实践的落地，初步形成“五步走”的心理辅导式班会课样态，具体见表 2-3-2。

表2-3-2 西湖区中小学心理辅导式班会课样态（以黄铭“我的平凡父母”为例）

步骤	阶段	目的	具体活动
1	热身	营造氛围，建立信任、活跃的关系	活动——纸言片语：请学生挑选1张最能反映和父母关系的卡片并说明理由，营造氛围

续表

步骤	阶段	目的	具体活动
2	引出话题	通过头脑风暴、案例分析等进入话题情景，鼓励学生分享自己的经历、感受和想法，引导其他同学进行倾听和反馈，形成积极的互动和交流	听音频《爸爸妈妈怎么了》，了解父母遇到的中年困境：身体机能下降，工作压力和强度大，上有老下有小，教育孩子有心无力等
3	思考辩论	关键在于内容演绎的讨论性与两难性，尽可能反映真实社会，教师可以运用倾听、同理、澄清等心理辅导技巧，帮助学生更好地表达自己，理解他人	活动——家庭公车：在公交车行驶过程中，学生不断体验家长遇到的困境，并做出自己的选择，选择的过程需要说明理由并真实体验矛盾，例如，当父母受到领导责难时，选择解释和道歉的学生需要模拟父母去解释和道歉，体验强烈的感情
4	价值引领	结合之前的活动与讨论，再次明确主题，不强迫但有积极的引导	通过填写“对父母的了解”调查问卷与计算养育子女的成本，明白父母的不容易，我们身为子女也需要感恩
5	结尾升华	结束前，对课堂上学生的表现进行总结、反思，肯定学生的努力和进步，升华主题	请学生分享本节课的感受与收获，在学生总结的基础上进行升华和小结：我们的父母也是普通人，需要我们多一分理解和接纳

三、特色课程：融合式青春健康课

2022年，健康杭州建设领导小组印发《2022年健康杭州建设考核实施方案和考核评分细则》，要求各学校按照融合式青春健康课——“成长之道”青春健康课的授课内容和课时要求进行系统培训，小学不少于5课时，初中不少于6课时，高中（职高）不少于4课时。

西湖区教育局高度重视并积极推动此项工作的落地，选拔国家级青春健康师资陈琦副校长担任区心理健康教研员，专门分管区域青春健康工作的开展与推进。

西湖区教育局重视考核，但更重视学生的发展与需要。“成长之道”青春健康课程之所以要大力推进与落实，主要基于以下四点。首先是基于当前学生的发展需要：青少年青春健康问题频发，他们的成长需要指导，每一次的“青春健康进校园”活动都极受欢迎。其次是基于“成长之道”的理念与方法：人生技能培训、参与式方法、同伴教育贯穿教材，贯穿活动，它是有效的、科学的、有趣的。再次是因为它可以更好地推进学校青春健康教育的发展，促进学生的健康发展。最后才是基于健康杭州的考核。

推进与落实“成长之道”青春健康课程面临着三大问题。第一个问题，谁来上课。学校可以依托的主力是心理健康教师和班主任。第二个问题，什么时间上课。可以在心理辅导活动课（两周一节）或班会课（一周一节）时开展。第三个问题，是否真正在上课。“成长之道”的内容由一个一个的活动构成，与学科课程有区别；教师们觉得难上，还担心有些内容讲了会引来学生、家长的质疑。

面对这些问题，西湖区教育局给出了答案。区教育局与区计划生育协会牵头，组织成立16个“成长之道”省级示范课程研讨组，每个小组由3—4人组成，研究设计了包括小学、初中、高中各阶段的具有特色的青春健康校本教案及课件，课程主要依托心理健康教师的力量推广到每个学校，纳入区域学校年末考核体系，课程活动记录要求上传到“浙里青春健康”平台。课程内容以“成长之道”的理念与活动为骨架，充分考虑学校领导和家长的接受度，结合学生发展的规律，融入学校的教育体系之中。为小学5—6年级开发了迎接青春期、人际交往、拒绝性骚扰、远离毒品4课时的内容；为初中7—8年级开发了青春期保健、人际交往、拒绝性骚扰和性侵害、预防性传播疾病、预防艾滋病病毒感染、远离毒品、计划未来7课时的内容；为高中（职高）1—2年级开发了社会性别、性行为与决定、预防意外怀孕、人生规划4课时的内容。

以“成长之道”高中课程“性行为与决定”为例，具体的课程设计理念与思路如下：本节课共包含三个活动：活动25 问题讨论——婚前性行为；活动26案例分析——小X的决定；活动27角色扮演——做决定。活动25聚焦于是否能发生婚前性行为的讨论，没有情景感，时间不需要45分钟，小结的内容未必能在这一个讨论中全部呈现。活动26聚焦于做决定的过程，案例比较简单且直接切入主题，没有情感的铺垫，时间不需要45分钟。活动27聚焦于做决定与拒绝的能力，内容较多，需要60分钟时间，超过一节课的容量，且在高一、高二讲授该内容会有一些敏感。设计小组对这三个活动进行了增减与整合，以“小X的决定”案例为主体，增添情节与关键节点的问题讨论，让学生自然融入课堂，激发讨论兴趣，将健康、安全、负责任地做决定等意识贯穿整节课。同时删除“拒绝性行为”的模拟演练，避免引来不必要的尴尬。

【“成长之道”青春健康课课例】

学会爱的表达——性行为与决定

一、教学理念和背景

进入青春期，因为性发育的成熟，学生的性意识逐渐觉醒，他们会对异性产生好奇甚至好感。面对这份感情，有人采用转移注意力的方法，有人选择默默关注，也有人选择表白并建立恋爱关系。在恋爱关系中，双方会选择一些表达爱的方式，如互相帮助、一起学习，也可能会有一些亲密举动，如拥抱、接吻，甚至发生性行为。未成年人的身心发育还未健全，过早发生性行为会产生一系列的不良后果，如身体受损、心理压力过大、诱发各种妇科疾病等。一旦保护措施不到位，可能还会出现怀孕、生育等情况。所以，在这个年龄段，学生能合理面对自己的感情，学会保护自己，筑好青春期的“三道防火墙”非常有意义，也很重要。

二、教学目标

知识目标：知道青春期的“三道防火墙”。

技能目标：学会如何理智思考和智慧决定。

价值观目标：感悟美好的感情应该用美好的方式来维持，在交往中体验自尊、自爱的力量。

三、活动对象：高一学生

四、预计课时：1课时

五、活动方式：讲授法、讨论法

六、活动准备：多媒体

七、活动过程

用课件呈现课堂约定：积极参与、真诚分享、倾听与尊重。

（一）暖身活动：真心话大冒险

介绍游戏规则：游戏失败的同学，需要接受挑战。回答问题时一定要保证真实性，不可以说谎。

1.如果有异性总是请你帮忙，找你聊天，你会认为他/她对你有好感吗？

2.你有暗恋或者明恋的人吗？

3.如果你有一个恋人，某周末他/她邀请你单独去他/她家做作业，你会去吗？

【学生参与活动，真实回答问题，教师总结并引出话题。】

（二）爱情的选择

1.“爱”的开始。

小L是班级的班长，各方面都很优秀。他对班里的同学小X很有好感。他喜欢小X的聪明、善良和美丽，一直在寻找各种机会接近小X。小X是一个非常活泼、热情的女孩，每当小L需要帮助时，她会像对待其他同学一样热情地帮助他。小L觉得和小X在一起很开心。一天小L写了一封非常动人的情书悄悄塞给小X，表达了对她的好感，希望可以成为男女朋友。

你觉得小X会同意吗？为什么？

【学生思考并回答，教师总结提炼学生的回答。】

2.“爱”的发展。

小X同意了小L的追求，两人互相欣赏，志趣相投，学习成绩也维持得不错。平日，两人会相约在周末去看书、看电影、逛公园。随着感情的升温，两人从相敬如宾到牵手、拥抱，也尝试着在公园和影院接吻。周六，父母不在家，小L给小X发信息，邀请小X到他家一起学习。

小组讨论：小X要去吗？为什么？可能会发生什么？至少得出一种可能性，并填入表格（见表2-3-3）。

讨论时间：3分钟。

表2-3-3　小组讨论结果

可能会怎么做	为什么	可能的结果

【学生分享观点，教师总结提炼。】

3.“爱”的决定。

小X觉得小L只是希望能和她一起学习和相处，平时也很尊重她，自己这么大了，去男朋友家玩没有问题，就欣然赴约了。在小L房间，两人做完了作业。后来，两人接吻，小L比以往都激动，向她提出了性要求，并对她说：“小X，相信我，我爱你，我会对你负责的。”

你觉得小X会同意吗？为什么？

【学生思考并分享观点，教师在学生分享的基础上进行引导，分析大家的选择。】

4.“爱”的后续。

小X觉得两人是真心相爱，就同意了，因为是临时起意，小L没有戴安全套，事后小X觉得自己在安全期，也没有采取紧急避孕措施。

小L和小X的故事会如何发展呢？

【请学生畅想，教师总结。】

5.“爱”的结果。

小X没有怀孕。后来，小L与小X又发生了几次性行为，两人关系越来越亲密。现在小X惶恐不安，因为她的经期已经推迟超过一周了，经过试纸检测，她发现自己怀孕了。作为一名中学生，小X决定瞒着父母、老师去小诊所接受人工流产手术。这件事情所带来的身心伤害，让两人后悔不已。

假如时光倒流，大家觉得他们两人有哪些更好的选择？

【教师先请学生进行分享和表达，再总结青春期“三道防火墙”（见表2-3-4）。】

表2-3-4 青春期“三道防火墙”

第一道	第二道	第三道
避免边缘性行为，不单独在封闭的空间，不接受强烈的性刺激，不过早发生性行为。	面对异性朋友发出“性邀请”或提出“性要求”，学会拒绝，做负责任的决定。	避免怀孕，怀孕了学会向家长、老师求助，了解终止妊娠的方法。

注意：充分尊重每个学生的思考，不评判任何一种，但进行积极引导，对于学生选择不开始恋爱、不发生边缘性行为、不发生性行为、做好避孕措施等观点均作出总结与提炼。

（三）爱可以如何表达

交往中，两人一直在做选择，但他们的选择并不成熟。其实每个选择都有其理由，这时候就要学会分析每种选择的利和弊，最后做出审慎、负责任的决定。你觉得在做决定的过程中要关注什么呢？

【请学生思考并发言，教师总结。】

1.清楚自己面临什么问题。

2.尽可能全面地了解与之有关的情况。

3.可能的选择有哪些。

4.权衡各项选择的利弊。

5.最终作出决定。

6.坚定自己的选择并采取行动。

（四）教师总结

现实中，很多恋人选择用性行为来表达“爱”，最终做出对自己和他人都不负责任的决定。其实爱的表达可以很丰富与多元，《爱的五种语言》告诉我们，肯定的语言、精心的时刻、接受礼物、服务的行动、身体的接触都可以表达爱。爱留给懂得爱自己的人。

四、学校心育活动

在学校开展心理健康活动具有多重意义：给学生提供释放压力的平台，帮助学生缓解情绪；给学生提供展示才能的舞台，帮助学生提升自我成就感；指导学生正确认识自我、处理人际关系、学会管理情绪，从而更好地适应环境，发挥个人潜能……西湖区教育局大力推动学校积极开展各具特色的心理健康活动，以活动促进师生的心理健康发展。

（一）心理广播

学校在组织心理活动的过程中，普遍会采用心理广播的形式。该形式具有成本低、耗时少、传播快、覆盖范围广、隐私性强等优点，不仅可以传递正确的心理健康知识，帮助学生了解心理问题的原因和应对方法，还可以提供心理咨询服务、宣传学校的心理活动，帮助学生建立健康的心态，提高他们的心理素质，促进他们的全面发展。但心理广播对内容的要求很高，一旦内容不科学，价值观不正确，就极易引发不良的影响。因此，西湖区教育局主动规范与推动此项工作，通过举办西湖区中小学心理健康教育广播稿征文活动，提升我区中小学心理广播的科学性、时效性和针对性，营造向善向上的校园氛围，全面推进心理健康科普教育。

各学校对该活动大力支持，纷纷贡献智慧的成果，他们自行选题，角度新颖，体现心理健康的理念，符合广播稿的要求。各学校上交的广播稿形式多样，有故事、小品、散文、诗歌等，内容具有趣味性、故事性、典型性，多角度引导学生正确处理学习压力、同伴关系、亲子关系，缓解考试焦虑，珍爱生命，提高抗挫折的能力等。获奖的广播稿分享给所有学校，各校都有了一份高质量、高匹配的广播稿合集。

【心理广播稿示例】

西湖区优秀心理广播稿《我觉得我很没用》

各位同学：

大家好。

欢迎收听本期心理广播。在“哈哈屋心语信箱”里，我收到了这样一张纸条：当我爸爸给我布置课外作业的时候，我总是做不好，觉得自己很没用。这样的感受相信不是只有这位同学有过，听到这个感受，可能会勾起很多同学的回忆，引起共鸣。所以今天的广播，与其说是给这位同学的回信，不如说是跟大家一起针对“学习让我感到很没用”这个话题进行交流。

首先，感谢你的信任，把自己的真实感受表达给我听。我很关心你的感受，也希望能做点什么帮助到你。大家都会遇到让人难过、悲伤甚至愤怒的事情，把自己的心里话告诉别人，向别人敞开心扉，才能找到解开心结的钥匙，让自己不再被消极的感受侵扰。

看到你的留言，我是这样理解的：一是有些课外作业对你来说有点难，二是做不好时会觉得自己很没用。是这样的吗？经常做不好，让自己看不到希望，是会令自己难受的一件事。甚至觉得自己没有用，更是让人有些心疼。

不过，消极情绪并不是只会让人难受和消沉，它也有其积极的意义。看到过这样一则视频：有一个人，发现别人肩膀上都有一个恐惧小人，恐惧增强时，小人变大。有人当众演讲时，恐惧小人大到超过了主人，把演讲者拉下了讲台。而他很庆幸自己肩膀上没有恐惧小人。有次他过马路，路口没有信号灯，车来车往，有人肩上的恐惧小人增大，停下脚步不再上前。而没有恐惧小人的他，抬脚就往对面走，结果一辆车把他撞倒，他随后被送进了医院。医生医治好了他的腿，又带来了几个恐惧小人，放在他的肩头。你从这个故事中听出了什么道理呢？是的，恐惧这个感受虽然让人不舒服，但也有积极的意义，有了它，我们才能学会谨慎做事。

当你觉得自己不够好的时候，从心底来说，其实你是希望自己变得更好，希望自己能够有能力解决更多的难题。你是多么努力上进的孩子啊。孩子，如果把握好这股积极的力量，尝试做出努力，想办法解决问题，你就会让自己慢慢地能解更多的题，能做更多的事。你试着这样想，会不会觉得心情好一点了呢？

你留言说你“经常”不会做题目，请你去数一数，有几次作业是不会做的？每次有几道题是不会做的？去除努力想一想应该能写出来的题，不会的题目算得上“经常”出现吗？很多人在这个时候也许就会微微一笑，好像也并不是“经常”这样。所以有时候我们跟自己的感受“较真儿”，会发现有些感受未必是事实，我们会无意识地放大自己的不良感受。

再来看看你不会做的题，你说的都是课外作业。请你自己去看看，这是不是意味着你可能确实还没有掌握好这些知识点？没有掌握的知识点哪些是课内要求掌握的？哪些是课外拓展的？有些题目的知识点还没有掌握，并不是自己没用，而是还需要不断学习，慢慢掌握。更何况有些还可能是课外的、要求更高的拓展知识点呢！了解了这些情况，你是不是感觉心情更好一点了呢？

弄清楚了自己的情绪，就可以来关注事情本身了。

你很想让自己的能力有更大的提升，能够解答更多的题，那怎样做可以帮助自己慢慢进步，达到目标呢？我想应该从以下两方面着手：

第一，努力解好每一道题。遇到问题那是必然的，每次遇到问题的时候，都把精力放在努力尝试解决问题上，实在做不出来，能够积极寻求老师、同学、家长的帮助，把一个个困难解决掉，能力就一点点地积累起来了。问题也就变成了自己成长的养料。

第二，不要轻易否定自己。要有积极的思维，要肯定自己的上进，肯定自己为之付出的努力，暂时的困难能让我们去想更多的办法，去掌握更高的本领。关注学习的过程，胜过关注结果。

希望今天的广播内容，能够给同学们带来一些思考，给予你们一些帮助。我们下期节目再见！

(二)心理健康活动周/月

心理健康周/月是学校为了加强学生的心理健康教育而设立的一个特殊周/月。在集中的时间里，通过一系列的宣传和教育活动，提高学生的心理健康意识，普及心理健康知识，营造积极向上的校园氛围，培养学生的健康人格和良好的心理素质，构建和谐、稳定的校园环境。西湖区教育局大力推动心理健康活动周/月在校园的开展，明确要求各校每学年至少组织一次并纳入考核，各校也积极参与，成效显著。

以浙江工业大学附属实验学校2023年5—6月的“和谐心悦·心中有爱”主题活动月为例。活动月举行了“我画我心”主题活动：一、二年级是“我画我的微笑”，三、四年级是“我画我的特点”，五、六年级是“我画我的成长”，七年级是“我画我的情绪”，八、九年级是“我画我的环境”。学校还针对各年级学生的特点，组织了不同的观影活动。班主任主持了心理辅导式的班会活动：一、二年级的主题是“认识情绪”，三、四年级的主题是“表达情绪”，五、六年级的主题是“处理消极情绪”，七至九年级的主题是“调节情绪”。另外，还有讲座圈谈、绘画展、影评展等活动，内容丰富，学生非常喜欢。

西湖区还有多所学校，每学期开展一次心理健康活动周/月，已持续20年以上，把心理活动周/月做成了心理健康的品牌项目。以杭州市十三中教育集团为例，表2-3-5所列是他们这些年积极探索的成果。

表2-3-5　杭州市十三中教育集团2019—2023年心理健康活动月主题

活动时间	届次	活动主题
2019年5—6月	第32届	我的目标我设计
2019年11—12月	第33届	让生命充满阳光
2020年5—6月	第34届	我的未来不是梦
2020年11—12月	第35届	我的青春我做主
2021年5—6月	第36届	开发自我潜能，提升生命质量

续表

活动时间	届次	活动主题
2021年11—12月	第37届	走进幸福成长季
2022年5—6月	第38届	悦纳自我，让生命更具弹性
2022年11—12月	第39届	心灵奇旅，遇见青春
2023年5—6月	第40届	走出心灵孤岛，快乐自在我心
2023年11—12月	第41届	追梦青春，心享时光

（三）一校一品

“一校一品”是指每所学校根据自己的办学理念和特色，开发一种独特的、具有代表性的品牌或特色项目。这个概念强调了学校在教育发展过程中的自主性和创新性，旨在鼓励学校根据自身条件和优势，形成独具特色的教育品牌，运用在心理健康活动领域就是鼓励与支持每个学校发展出符合校情的特色心理健康活动。

西湖区教育局鼓励每所学校培育自己的心理健康活动，“一校一品”，部分学校的心理健康品牌活动见表2-3-6。

表2-3-6　西湖区部分学校心理健康品牌活动

序号	学校名称	心理健康品牌活动
1	杭州市翠苑第一小学	解忧杂货铺&糖果屋
2	杭州市文溪小学	“劳”益体，“动”健心赋能项目
3	杭州市留下小学	“阳光天使”心理委员
4	杭州市西湖小学	妈妈哲学圈谈
5	杭州市大禹路小学	聊娃吧
6	杭州市绿城育华学校小学部	午间游戏王国

续表

序号	学校名称	心理健康品牌活动
7	杭州市西子实验学校	心理共情室教师一对一结对辅导学生
8	杭州市西溪中学	家长沙龙每周行
9	杭州市十三中教育集团	心理健康活动月
10	杭州市文溪中学	建设国家级青春健康教育基地
11	杭州市绿城育华学校初中部	心理剧团与MV拍摄
12	杭州市保俶塔申花实验学校	线上“五分钟聊育儿栏目”和线下“家长读书会”
13	杭州市嘉绿苑小学景汇校区	汇汇木工坊，渗透色彩与情绪的关联
14	杭州市嘉绿苑中学	U形理论在亲子关系中的应用
15	杭州市公益中学	教师心灵工作坊
16	杭州市第十五中学	校外专业心理咨询师志愿者进校服务
17	杭州市保俶塔实验学校	音乐治疗与辅导
18	杭州市西湖职业高级中学	青春形象大赛

这些项目从“五育”切入，采用动静结合、线上线下融合的方式帮助学生、家长、教师保持心理健康，既有理论的高度又有实践的坚持。以杭州市公益中学的“教师心灵工作坊”为例，这是学校心理辅导站针对学校教师，尤其是年轻教师推出的心灵成长类培训活动。工作坊利用晚上的时间，由教师自愿报名参加，每期历时近两个月。目前，该校已开展了九期培训，参加培训的教师达200多人次。工作坊的培训形式以活动、分享、讨论为主，注重每位教师的内心感受，通过一些简单的活动，让教师体会到深刻的道理，真正地感受到心理辅导的理念和技巧，深受教师们的喜欢。设立“教师心灵工作坊”是关注教师心理健康的具体表现，是创设校园心理生态环境的一个部分，是提高教师心理素质的一项内容，是促进教师专业化成长学习“菜单”中的一道“菜”。

当前学校的心育课程与心育活动开展有亮点但还不平衡。杭州市学军小学教育集团坚持学科节日活动三十多年，杭州市十三中教育集团坚持心理健康活动月二十多年，但部分学校心育活动的组织与开展尚比较简单，缺少系统规划，缺少品牌意识。区域提炼的五步“心理辅导式班会课”样态，还需进一步落实。西湖区教育局的多年探索已经充分证明心育课程与心育活动在学校心理健康体系中的重要性，后续区教育局将依托专家和教师力量进一步开发心育课程与心育活动，助力全区学校的心育行动。

第四节　家校共育

站在孩子的立场，构筑和谐发展的心育场域；回归孩子的生活，探索和谐运行的家校共育路径。在协同视域下构建学校主导、家庭尽责、社会支持的“和谐心育”场域，打通家庭、学校、社会各领域，实现不同领域之间的有效对接，实现心育目标一致、心育行动协同、心育关系亲密的和谐场域。

一、区域行动驱动家校心育

当前中小学生的心理健康问题备受社会关注。学生心理健康教育问题非常复杂，涉及学校、家庭和社会多个层面，西湖区教育局以学生成长支持中心为中轴，对外联动杭州市儿童青少年心理健康诊疗（促进）中心，对内整合心理健康、家庭教育和特殊教育“三线功能”，对学校和家庭开展“全员、全程、全域”的指导和服务。在西湖区教育局的引领下，区学生成长支持中心开展以“和谐心”为主题的区域行动，旨在增强家庭、学校、社会协同育人共识，积极构建学校、家庭、社会协同育人新格局，明确家庭、学校、社会协同育人责任，完善学校积极主导、家庭主动尽责、社会有效支持的协同育人机制，促进各展优势、密切配合、相互支持，切实增强育人合力，营造良好的家庭教育氛围，共筑学生心理健康防线。

二、营造家校幸福圈

习近平总书记在全国教育大会上指出，办好教育事业，家庭、学校、政府、社会都有责任。党的十九届五中全会提出健全学校、家庭、社会协同育人机制,《中华人民共和国家庭教育促进法》规定建立健全家庭、学校、社会协同育人机制。为贯彻落实党中央协同育人精神，推动区域家庭教育和谐发展，西湖区在每年5月国际家庭日和心理健康日来临之际，定期举办中小学家庭教育宣传周和心理健康月活动。以2023年为例，全区开展了以“和谐心悦·营造家校幸福圈”为主题的中小学家庭教育宣传周暨心理健康月活动。活动涵盖三大主题，围绕“幸福”，促进家校共育。

(一)主题一：幸福成长，做有学习力的家长

为提升家长学习力，充分挖掘“和谐心”专家团资源，开展系列专题讲座，讲座贯穿整个5月，联通东、南、西、北、中五片区学校的所有家长。活动由区学生成长支持中心主办，各片区牵头学校承办，区域内中小学校宣传发动，区域内家长自主申报参加公益学习。主讲内容涵盖青春期教育、学生使用电子产品、亲子沟通等家庭生活中的焦点、难点的相关话题。家长在与心理教育专家面对面交流的过程中更新认知，提升素养，向幸福靠拢。2023年西湖区中小学家庭教育宣传周暨心理健康月活动主题见表2-4-1。

表2-4-1 2023年西湖区中小学家庭教育宣传周暨心理健康月活动主题

时间	承办学校	主题	主讲教师（咨询单位）
5月6日（周六）18：30	杭州市保俶塔申花实验学校（西片区）	拥抱青春期	杭州市医学会儿童青少年心理健康分会
5月17日（周三）18：30	杭州市三墩小学（北片区）	读懂孩子行为背后的诉求	王奕權［杭州市第七人民医院主任医师、杭州市青少年心理健康诊疗（促进）中心执行主任］
5月19日（周五）18：30	杭州市上泗中学（南片区）	挣脱网络沉迷	周杭芳（杭州云谷学校家庭教育指导教师、国家二级心理咨询师）

续表

时间	承办学校	主题	主讲教师（咨询单位）
5月21日（周日） 18：30	杭州市九莲小学 （中片区）	亲子沟通之道	杨华京（国际鼓励咨询导师、正面管教家长导师）
5月24日（周三） 18：30	杭州市保俶塔实验学校（东片区）	家有中考生	孙义农（杭州市学校心理健康教育指导中心原副主任兼办公室主任、浙江省学校心理学专业委员会副主任委员）

（二）主题二：幸福分享，做淡定从容的家长

当前的社会内卷，使很多家长愈发频繁地感到焦虑，家长的焦虑会引发孩子的恐慌和不安，心理健康主题月活动中的“做淡定从容的家长”圈谈活动，旨在通过分享交流，让家长学会应对焦虑，还生活本真、简单的面貌，做一个淡定从容的家长，给予孩子成长的力量。圈谈活动话题见表2-4-2。

表2-4-2　“做淡定从容的家长”圈谈活动话题

“做淡定从容的家长·妈妈”圈谈活动话题	1.请你用三个词语概括“母亲”。
	2.当孩子问“妈妈，什么是爱”，你的回答是什么？
	3.你对孩子说得最多的一句话是什么？
	4.你如何安排下班后的时间？
	5.你如何理解“我是妈妈，也是我自己”这句话？
	6.在“鸡娃”和“鸡自己”中，你会怎么做选择？
	7.你如何理解“妈妈开心，全家开心”这句话？
	8.当了妈妈后，你突然明白的事情或者感悟是什么？请以“谢谢你，_______________”的句式完成表达。

续表

“做淡定从容的家长·爸爸”圈谈活动话题	1.成功是什么?
	2.请你用三个词语概括“父亲”。
	3.父亲与母亲最大的不同是什么?
	4.你如何安排下班后的时间?
	5.你的成长经历中,哪件事对你目前的亲子教育影响深远?
	6.有人说,现代家庭由“一个焦虑的妈妈+一个隐形的爸爸+疲劳的孩子”组成,你认可吗?为什么?
	7.作为父亲,你目前遇到的最大困难是什么?它对你的生活与教育行为有什么影响?
	8.心理学家格尔迪说:“父亲是一种独特的存在,对培养孩子有一种特别的力量。”你觉得这里说的力量是什么?

【妈妈圈谈活动掠影】

妈妈圈谈活动的主题为“MOMSELF:我是妈妈,也是我自己”,该活动由杭州市西湖小学教育集团李海莉副总校长、杭州市文溪小学德育主任叶静姿在杭州市紫萱小学带领来自全区各校的10位妈妈代表共同开展。圈谈时,大家在相仿的经历中深有共鸣感,如独自承担家务、产后抑郁、隔代养育、婆媳关系、家庭与事业的权衡等,大家不定义、不代表、不绑架,每一位妈妈都在问题中进行观点碰撞、智慧分享、情绪释放。

生命由无数的片刻组成,有些片刻她们是“妈妈”,“保护、奉献、温和、坚定、责任、陪伴、照顾”是大家对这一身份的诠释。当被问及“妈妈,什么是爱”,她们的回答是那般动情:“我爱你如你所是,而非如我所愿”“和你一起长大”“小到一日三餐,大到方方面面”“陪你欢喜陪你忧”。有些片刻她们是“自己”,那是因为每个生命都是通向自我的征途,为此,妈妈们在圈谈活动中也为自己找到了后续赋能的方向：平衡关系、终身学习、做好榜样和能量流动。正如纪伯伦在《致我们终将远离的子女》中所说："你是弓，儿女是从你那里射出的箭。弓箭手望着未来之路上的箭靶，他用尽力气将你拉开，使他的箭射得又快又远。怀着快乐的心情，在弓箭手的手中弯曲吧，因为他爱一路飞翔的箭，也爱无比稳定的弓。"每一位家长都很了不起，自己定义自己、塑造自己并且成为自己，愿每一位家长都能看见光、追随光、成为光、散发光，汲取爱的能量，修炼爱的能力，激发家庭活力！

（三）主题三：幸福担当，做主动尽责的家长

在这一主题活动中，主要围绕家庭幸福和学校幸福开展面向家长和教师的"123"行动，旨在通过学习、游戏、阅读等活动让家长和教师都有内生的力量、面对困难的勇气、解决问题的策略。

1. 营造家庭幸福圈"123"行动

（1）一次微课学习。西湖区学生成长支持中心组织区内名师开发、录制了27节面向一至九年级学生家长的"和谐心"家长微课，聚焦"双减"政策实施后家庭教育常见的问题和难点，帮助家长读懂孩子行为背后的诉求，反思自己的教育行为，掌握一些教育方法。在宣传周内陆续将微课推送到家长"钉钉"客户端，助力家长提升获得幸福的能力。

（2）两轮亲子游戏。西湖区学生成长支持中心从"情绪""抗逆""自控""自我效能"等六个维度收集和开发适合家庭活动的亲子游戏，在宣传周内制作成游戏小卡片，通过学校发放给所有家长，旨在通过亲子游戏使家庭关系更亲密，让孩子获得成长的能量。

（3）三篇文本阅读。西湖区教育局家长学校总校于2023年4月开展以"创造良好家庭环境，助力孩子健康成长"为主题的征文活动，得到广大家长的热烈

响应，总校共收到各中小学及幼儿园选送的160余篇征文，评出一等奖征文并编制成电子文档，通过“钉钉”平台推送给区域内的家长，旨在启发家长学习优秀的教育方法，并外化于行。

2. 营造学校幸福圈“123”行动

（1）开展一次复盘行动。要求各校对照《中华人民共和国家庭教育促进法》，组织教师开展一次复盘学习，面向全区班主任开展一次“中小学生心理危机识别与干预”的全员培训，促进班主任以积极的心态、专业的能力开展家庭教育指导。学校领导带头家访，德育导师广泛开展谈心、谈话。

（2）丰富校园两课活动。要求各校上好心理健康课和班队课，严格落实每天的体育活动，给予学生自我调节的能力；进一步丰富校园活动，如校园足球赛、班级亲子阅读会等，让学生在活动中收获幸福，培养积极向上的品格。

（3）落实三张清单行动。要求各校落实、落细浙江省教育厅发布的“中小学心理健康教育学校工作责任清单”“班主任工作任务清单”“专/兼职心理健康教育教师工作任务清单”，对标对表，责任到人，筑牢学生心理健康防线。

三、“家长征文 · 教师论文”双轮驱动亲师成长

西湖区学生成长支持中心面向家长组织举办一年一度的“和谐心”家庭教育征文活动，征文主题紧扣当下热点话题，联系家庭生活实际，该活动旨在引导家长在撰写中学习、反省、提炼，每次活动都得到区域内各中小学的鼎力支持。中心搭建平台，邀请优秀家长代表分享他们的观点和做法，进一步明确家庭是第一课堂、家长是第一任老师的责任意识，培育向上、向善的家庭文化，构建和谐、和睦的家庭关系，为孩子健康成长创造良好的家庭环境。

【家长征文赏析】

《人民日报》曾发文指出，教育好孩子，是父母一生中最重要的事业。无论赚多少钱，取得多大的荣誉，都比不上教育好孩子的荣光。我是一个8岁孩子的妈妈，打从他呱呱坠地，看着这个软绵绵的小人儿，我就了然为人母的责任。《三字经》有言："养不教，父之过。"所以，为人父母，不仅要让孩子吃饱穿暖，更要言传身教，以身作则，给予孩子信任和空间，让孩子在一个积极健康的环境中成长。家庭教育是我们每位家长的必修课。

——《家庭教育——父母的必修课》

在孩子的成长过程中，家庭环境是一个非常重要的外部条件。对于孩子而言，家庭不仅是他/她成长的空间，更是他/她的安全港湾。我们要给孩子一个宽松、和谐、幸福的家庭环境：宽松的家庭环境会让孩子更加自信，使其在家人的包容中建立对自己的信心；和谐的家庭关系让孩子能感受家庭的爱与温暖，使其建立起良好的安全感；幸福的家庭氛围让孩子拥有向上、向善的心灵支撑，使其为身边的人带去积极的力量。作为家长，不仅要创设环境，更要携手并引导孩子，在他/她小小的心灵里播撒积极上进的种子。而对于家庭环境的建设，我坚信"睦、乐、勤"三字能较好地起到指引作用。

——《良好家风"睦·乐·勤"，助孩子三"必"之力》

一棵幼苗要长成参天大树，离不开阳光、雨露、充足的养分，但最离不开的是脚下的那块土地。对于每一位成长中的孩子来说，"那块土地"就是爸爸妈妈，就是他/她生活的家庭。我爱我的孩子，从怀孕那刻起，我首先想到的是给他/她满心的爱，然后是优质的教育。在陪伴孩子成长的道路上，我坚持以“爱”为名，重视孩子的内心和成长，虽然跌跌撞撞，但一直保持前行。

——《以“爱”为名，从“心”出发》

一位优秀的教师要善于把在家庭教育指导过程中遇到的问题提炼成课题，通过研究去解决，最终又将研究成果服务于家长，落实于家庭教育指导。基于此认识，西湖区学生成长支持中心面向区域内的中小学校教师组织一年一度的“和谐心”家庭教育指导论文评比活动，区域搭建平台，教师潜心研究，要求教师站在家庭教育的视角、育人的视角去看问题，多阅读、多观察、多学习家庭教育教学的前沿理念、最新观点与优秀实践，以期达到育人成效。通过家庭教育论文的撰写和课题的研究提升教师的家庭教育指导能力，成为一条切实可行的成长路径。目前，西湖区教师的家庭教育研究涉及领域广、立意深、指导有效，形成了丰硕的科研成果，在全国多个平台分享交流，赢得同行的广泛赞誉。

【教师论文摘要精选】

从基层学校教师家庭教育指导能力的现状剖析来看，现阶段学校、教师在家庭教育的指导上都存在薄弱之处。基于此，笔者提出基于教育现场的走邻互学式推进“成长沙龙场”、走亲连心式推进“冲突问题场”、走友互助式推进“家风实践场”三个研修路径，从帮扶共进、同质共长、扬长共富三个维度切入策略的探寻，以期达到提升教师家庭教育指导学习力、设计力、协作力等能力，助力家庭教育的良性健康发展。

——《基于教育现场的学校教师家庭教育指导能力提升的路径研究》

服务迭代依托“重构管理模式”（Administration）、“探索工作途径”（Approach）、“创新工作实践”（Application）的“3A”推进路径，完成三方面迭代。通过调查发现，目前的家委会存在“观念‘受限’、途径‘狭窄’、实践‘被锁’”等问题，本文在诊断现状的基础上，积极探索家委会推进家庭教育的实践研究，以“3A”推进为路径，通过“理念、架构、聘任”的“三阶”并进，实现服务体系迭代；通过“参与式、协同式、辐射式”的“三式”发展，推进工作途径的迭代；借助“智慧、素养、模式”的“三维”融合，完成工作实践的迭代，最终达到打造家委会新样本，畅通家委会沟通链和提升家委会效能感的目的，切实提升家委会能力。

——《服务迭代：“和谐心”视域下“3A”推进家委会家庭教育的研究》

小学生拥有健康的心理，有利于逐渐提高其情商、智商，为建立正确的世界观、人生观、价值观奠基。班级学生进入三年级后，在情绪与行为等方面出现异常，如适应难、表达难、沟通难等问题。本文试图联结家庭与学校的力量，创立“解忧杂货店”，以教室为“店铺”，学生为“店员”，教师为“店长”，家长为“助理”，通过“思优、写忧、集忧”的常规运营，使学生的忧虑有处解，有人解。学生自营，增强自愈能力；教师帮扶，提高解忧时效；家长联动，保证干预长效。三方合力，力求将班级打造成心理疏导的“核心枢纽”，共建“家校共营，齐头并进”的民主长效机制，帮助孩子及时解决心理问题。

——《基于“家校共营”的小学中段学生心理疏导策略的实践研究》

四、学校行动联动家长心育

在不断推进、完善家庭教育模式的过程中，学校主导的心育行动让教师和家长统一思想，学校服务家长，家长支持学校，不断建构家庭教育指导的新范式，最终目的指向学生的身心健康，为学生的成长保驾护航，以“健康成长”为目标培养具有核心素养的西湖学子。培育学生热爱生活、珍视生命、自尊自信、理性平和、乐观向上的心理品质和不懈奋斗、荣辱不惊、百折不挠的意志品质，促进学生思想道德素质、科学文化素质和身心健康素质协调发展，培养能担当民族复兴大任的时代新人。

（一）聚焦“亲情教育”的学校行动

杭州市公益中学实施“八八行动”心育特色举措，促进亲子良性沟通，以家庭教育为切入点，用行动让每一个公益学子都能在相亲相爱的大家庭中感悟亲情，享受亲情，付出亲情，形成正向的良性循环。以下是学校“我想更懂你”主题活动的主要内容。

夸一夸：感受优点，悦纳对方，从赞美中互相欣赏，从生活的点滴中寻找父母、孩子的优点。改一改：正视自己，最佳亲子，接纳亲子之间互相真诚的建议，成为彼此认同的更好的父母与孩子。读一读：共读书籍，共寻话题，一起在书籍里感受生活，一起拥有仰望星空的慧眼和遨游知识星空的翅膀。唱一唱：特别的爱，唱给您听，用最温暖的声音感恩父母每天一点一滴的付出。拍一拍：陪你长大，陪您变老，翻开相册，全家人一起选一张曾经的亲子照片，摆出同样的姿势来一次“时空交汇”。辩一辩：观点碰撞，理解彼此，孩子、父母各自组队，以“做作业时开着门好还是关着门好”为辩题开展亲子辩论赛。奖一奖：赞您用情，扬您真情，孩子拿起手中的画笔，给父母设计一张专属奖状。秀一秀：为您写诗，为您点赞，写一首小诗，送给父母，孩子和父母是一辈子的好伙伴。亲情是最大的教育资源，亲情更是和谐家庭的最大的生产力。

（二）聚焦“接纳自我”的学校行动

杭州市西湖第一实验学校基于学校健康月活动开展“接纳自我”系列行动，举办心理展览让学生展示内心、看见自我，有助于学生了解心理健康的状态与调节方法，从而更好地应对生活中的挫折与消极情绪。在健康月活动中，学生通过各种途径查找科学、全面的心理健康知识，如心理健康分类、心理疾病种类、心理健康的意义等，挑选能触动自己的部分，精心制作成心理小报，并以“宣讲员”的身份，将自己制作的心理小报展现和讲解给其他学生，在宣讲过程中加深印象，也可以获得同伴间的相互探讨与理解深化。

情绪问题是心理问题最直接的表现方式，我们既有喜、怒、哀、惧等基本情绪，也有更多复杂的情绪，如嫉妒、抑郁等，直面情绪有助于更好地了解自己。学校向学生推荐电影《头脑特攻队》，学生通过观影了解大脑，思考情绪的意义——不是为人们带来困扰，而是让人们表达自己，并向外界传递信号。学校还引导学生撰写情绪征文，学生通过完成“我与情绪”的征文，探索消极情绪出现的原因，剖析日常情绪困扰，并在梳理中明白消极情绪对自己也存在引导作用。在征文活动中，如何调节负面情绪、如何保持积极情绪成了学生乐于探讨的主题。学生通过分享自己调节情绪的方式方法，营造了良好的心理氛围。

（三）聚焦“心灵清单”的学校行动

心理健康教育以积极向上的人生观为指导，通过各项活动的开展，帮助学生树立正确的心理发展观。杭州市文理小学致力开展“心灵氧吧·相‘愈’清单”行动，通过丰富多彩的活动，为学生创设积极正向的心理教育情境，营造温暖阳光的心理成长氛围。

巧设“情绪哈哈镜”，争做情绪“小主人”。低段学生天真好动，兴趣广泛，但情绪不稳定，自制力较弱。为此，杭州市文理小学设置了“情绪哈哈镜”，学生可以通过哈哈镜观察和了解不同情绪的显性面部特征，有助于学生了解自己的情绪，进一步认识自己的内心。

巧用“知心树洞箱”，寻觅烦恼“解忧者”。中段学生的情绪相对稳定，自控能力增强，自我尊重、获得他人尊重的需求较强烈。为此，学校设置了“知心树洞箱”，当学生遇到困难时，可以将自己的烦恼写下来，投进信箱。心理辅导教师会根据学生遇到的问题，给出解决方案，并回复书信。为传递正能量，学校组织了“好心情盲盒”活动，将正能量寄语装进“盲盒”中，学生们可以来抽取盲盒，为自己加油打气！

巧立“个案互助会”，搭建暖心“避风港”。高段学生处于儿童期向青春期过渡的关键时期，自我意识和独立意识迅速发展，但意志仍不够坚定，遇到困难和挫折易灰心，情绪不稳定，心理问题频发，令许多班主任感到棘手。为此，学校定期开展心理健康教育的“个案互助会”，不仅能互相帮忙、出谋划策，还能从彼此的案例中寻求共性、总结经验。

巧用“暖心恳谈·一起聊聊”，搭建友好“教育生态圈”。基于学校教育教学工作实际，用“聊聊”帮助师生和家长脱困解惑。通过干部教师聊一聊、教师学生聊一聊、教师家长聊一聊、教师之间聊一聊、亲子之间聊一聊、同伴之间聊一聊，将学生友好理念融入学校治理，用仁爱之心、关爱之情构建真挚友好、和谐共生的教育生态，以学生成长为圆心，进一步彰显校园人性光辉。

（四）基于“才艺直播间”的学校行动

杭州市转塘小学一月一次的才艺直播是所有学生的舞台，通过展示自己各方面的才能，激发学生进一步学习的动力，同时增强学生的自信和心理韧性。

心语润心田，阳光满校园。为了全面提高学生的心理素质，促进学生的身心健康发展，杭州市转塘小学充分利用“才艺直播间”平台，推出“心语”专栏，邀请教育专家、医学专家、心理学专家及家长们进行多领域的讲座分享，构建起学校、家庭、社会和谐发展的教育生态，全方位、多举措筑牢学生的心理健康防线，助力学生身心健康。

多元融合，护航身心健康发展。在新时代，变化与适应是学生成长发展的主题。种种变化的叠加和交互作用给学生和家长带来了心理适应的挑战，才艺直播间“心语”专栏专门邀请西湖区心理健康教育骨干团队，省、市心理健康名家，教育专家为家长开展系列主题培训，受到了广大家长的欢迎。针对学生的心理问题，栏目组还邀请医学专家开展与压力、焦虑、情绪、沟通、青春期等相关的心理健康讲座。这不仅深化和拓展了医疗、社会、教育融合工作，还为家长和学生提供了心理健康支持。

特殊儿童是一个非常需要关爱的群体，他们往往因为自身与正常儿童的不同而感到自卑和孤独。然而，每个人都有自己的独特之处。学校鼓励这些学生走进“才艺直播间”，他们在“才艺直播间”里通过各种节目，如演唱、绘画、舞蹈等来展示自己的才艺。这不仅可以让他们感受到自己的价值，也可以结交到更多志同道合的朋友。他们可以在一起交流经验，分享快乐，从而得到更多的关爱和支持。让特殊儿童展示自己的才艺可以增强他们的自信心，从而改善他们的心理问题。

（五）聚焦“家庭关系”的学校行动

学会健康地爱孩子、智慧地表达爱、有界限地爱孩子，稳固父、母、孩子一一对应的“最佳家庭关系”。杭州市文三教育集团根据学情、家情、地域等多种情况综合设计了“日常陪伴型”“运动融入型”“文化探索型”“成长体验型”四种活动场域，成为能开展、能参与、有效果的“亲子充电站”。

日常陪伴型，让关爱看得见。学生开展家庭检查，与家长商议每天、每周的高质量陪伴时间；签订专属的陪伴协议书，让孩子“看见”父母的关爱。运动融入型，让陪伴看得见。“亲子充电站”每周开展一次亲子运动，如跑团、爬山团、足球团等，营造一个轻松的氛围，使学生与父母靠得更近，并在持续的运动中培养孩子面对困难的韧劲与勇气。文化探索型，让共进看得见。鼓励家长秀出专长，带领孩子开展文化探索，让孩子在感受新奇的同时，赞叹父母的多才多艺，树立父母就是自己学习榜样的信念，让学生与家长实现共同成长与进步。成长体验型，让共鸣看得见。为帮助亲子双方相互理解，开展成长体验活动，学生与父母互换角色，通过职业体验、家务体验、作业体验等感受对方的生活。通过活动，学生和父母开始理解对方的不易，逐渐产生情感共鸣。

西湖区教育局始终坚持“以爱育爱，爱满西湖”的育人理念，致力构建家庭、学校、社会协同育人新生态，全程呵护儿童青少年的健康成长。在家校携手心育过程中注重提升家庭教育实效，不断创新学校家庭教育指导的形式和内容，规范且科学地制定家长学校、家长接待日、家访等工作制度，提升家庭教育指导工作的针对性；构筑家校协同心育新格局，建立健全教师家庭教育指导的体系，不断推进医教融合、家校社协同，形成全社会共同关心、支持家庭教育和心理健康工作的良好社会氛围。

第三章

家长尽责的心育范式

在全国教育大会上，习近平总书记以“四个第一”的高度明确了家庭教育的重要地位，指出家庭是人生的第一所学校，家长是孩子的第一任老师，要给孩子讲好“人生第一课”，帮助孩子扣好“人生第一粒扣子”。近年来，中小学生的心理问题日益突出，研究显示，小学生90%的心理问题跟家庭教育相关，中学生60%的心理问题跟家庭教育相关。家长不当的育儿观念、心态和方式是导致孩子心理问题的主要因素。西湖区教育局以“和谐心”为载体，通过家长微课、家长沙龙、家长俱乐部、亲子活动等构建家庭教育指导的三维体，缓解家长焦虑，营造和谐亲子关系。家长热情参与、积极反思，育人环境得到重塑。

第一节 “和谐心”家长微课

一位妈妈来到西湖区学生成长支持中心咨询孩子的问题，她说：“我的孩子上小学时充满自信，积极上进。上初中后，孩子开始进入叛逆期，嫌弃家长管得太多，现在八年级了，基本不和我们说话，还总跟我们对着干。我们做家长的也知道叛逆期是每个孩子必经的难关，更是我们家长须渡的‘劫’。但是我们真的不知道该怎么办才好。”还有一位爸爸说：“我家孩子别的都挺好，就是做事情特别磨蹭。有时上学都快要迟到了，她还在磨蹭地洗漱；放学时别人都走了，她还在磨蹭地收拾东西。最可气的是，她在家写作业非常不专注，经常半个小时只写了几个字，遇到不会的题，就愣在那玩玩笔、看看窗外，学习成绩也因此受到很大的影响。老师，我该怎么办？”

在孩子成长的过程中，家长会有很多困惑，涉及生长发育、情绪管理、人际关系等方方面面，他们缺少专业、科学的指导。

“和谐心”家长微课正是在“和谐心”视域下，遵循针对性、层次性、适宜性和需求性原则，设计和开发的课程群，课程对象是一至九年级学生的家长，课程基于家长在家庭教育过程中常见的问题和困惑，旨在提升家长的育儿素养，助力家长更加了解自己的孩子，期望家长能与学校教育合拍，形成育人合力，与孩子共同成长。

一、顶层架构

家庭是学生人生的第一所学校，家庭教育也是学校教育和社会教育的基础，稳定的亲子关系更是教养的根基。引导家长树立正确的教育理念，使家校形成合力是家长学校的工作重点。为突破家长学校办学的传统模式，进一步开发家庭教育资源，拓展教育途径，西湖区教育局积极开展数字家长学校资源建设。基于工作指导和推进的需要，成立由西湖区教育局、西湖区学生成长支持中心和家庭教育专家组成的工作领导小组，发布西湖区数字家长学校资源建设实施方案，落实微课的开发和推送工作。

“和谐心”家长微课通过“给予导向问题→问卷调查→收集问题资源→梳理问题→专家指导”的路径构建，根据年级，围绕生理发展、个性发展、学习能力、社会适应、人际沟通、学法指导六个维度架构面向一至九年级学生家长，旨在解决问题和提升家长素养的课程。将孩子在成长过程中出现的问题通过大数据分析形成问题链，再组织教师开发课程进行解答。微课通过“钉钉”平台按照年级定期推送到每一位家长的电脑端或手机端，方便家长随时学习。同时，“钉钉”后台会记录家长的学习情况，学校可以准确采集家长完成学习情况的信息，并提醒未收看家长进行学习。该课程旨在让家长从问题的根本出发，读懂孩子的需求，提升家长的育儿素养，看到教育的“真相”，与学校合拍合力育人，与孩子共同成长。

“和谐心”家长微课的开发和推送具体有四个步骤，即“收集话题→开发课程→录制微课→推送学习”。第一步是问卷调查，收集话题。基于问题导向，通过网络问卷收集问题资源，整理后征求专家意见，将孩子在成长过程中出现的问题通过大数据分析形成问题链。第二步是归类梳理，开发课程。按照年级，围绕六个维度架构课程，形成贯穿学生整个发展阶段、覆盖全体家长的区域课程体系。第三步是解决问题，录制微课。由西湖区的德育特级教师、“和谐心”导师团成员，以及签约的“和谐心”专家，通过微课的形式进行解答分享，一节微课解决一个问题，时长不超过8分钟，重在指导家长为何做、如何做。第四步是搭建平台，推送学习。微课通过“钉钉”平台点对点定期推送到每一位家长的电脑端或手机端，方便家长随时学习。平台记录家长的学习情况，按照积分颁发三个等级的证书。

二、价值追寻

智能时代，学校主导下的家庭教育指导如何做到回归常态的问题解决模式，成为简便易行且对家长有真实指导作用的教育形式？“和谐心”家长微课正是基于这一思考，以创新的模式来顺应和满足家庭教育的需求。

（一）价值追寻

1.“微”力：打动家长心灵，拒绝被动接受

“和谐心”家长微课作为一种家庭教育指导方式，面向真实的家庭生活和家长遇到的难点问题，给家长思考的空间，使其有情感的共鸣，能够帮助家长澄清认识上的误区。家长微课借助自身的“微”与“课”，承载起对家长在意识和行为上的具体的指导功能，具有主题单一、目标明确、形式新颖、教育实效良好的特点，能引发家长的观念冲击，从而改变个体家庭的教育行为。

2.“实”意：提升家长素养，摒弃落后观念

陈旧落后的教育理念和模式应该被摒弃，“和谐心”家长微课的开发和实施可以引导教师和家长更多地去关注和尝试新的家庭教育理念及模式。在主动教育的实践过程中，促进教师和家长在自我成长的基础上，更好地承担起教育孩子的责任，同时有效应对各种新变化、新要求，接受不同孩子的成长面貌，在具体实践的历练中迸发出教育智慧和教育艺术。

3.“践”行：创新家庭教育模式，改变低效现状

“和谐心”家长微课对重“繁文缛节”的传统家庭教育指导模式进行减负，可以解决传统家庭教育指导耗时长、准备工作复杂的现实问题。低投入、高产出的“和谐心”家长微课，立足于“小”，注重于“精”，围绕一个目标，设计完整且精练的主题，凸显了形式灵活、针对性强的特点，借助网络媒体使家长与教师在自然状态下真诚地交流情感，碰撞出智慧的火花。

（二）理性认识

1.“和谐心”家长微课立足于“小”

抓住微课“短、平、快”特点，以“小”为切入点，发现家庭生活的现实问题，探索家庭教育指导的新方法、新路径，锁定一个小目标，解决一个小问题，提供若干解决问题的小策略。

2.“和谐心”家长微课注重于“精”

从内容、形式、时间、质量等方面对家庭教育指导进行变革，在坚守家庭教育指导的科学导向、激励、凝聚及家长的自我成长等功能的基础上，将指导时间和空间进行有机整合，另辟蹊径追求最精粹的指导效果。

3.“和谐心”家长微课着眼于“远”

家长微课不能把眼光只盯在解决孩子目前的问题上，应以更立体的角度去审视家庭教育的特点，以更长远的眼光去看待孩子个体的全面发展。因此，“和谐心”家长微课基于“以和为贵”“以和为真”“以和为美”“以和为善”的“和”文化精髓，充分考虑指导的正向功能，既关注其显性功能，又着眼其隐性功能。

三、主题提炼

“和谐心”家长微课的主题必定是从真实的家庭空间中提炼的，聚焦于真实生活。真实的家庭生活每时每刻都在发生事件，这些事件有的折射出问题，有的又充满温情和正能量，如何及时捕捉这些发生在家庭生活中的真实事件，并提炼成一个对家长具有教育或者警醒提示作用、具备共性特点的“话题”，这是微课开发的核心问题。

（一）微主题提炼原则

在“和谐心”家长微课主题提炼的过程中，我们需要遵循一些原则，家长微课虽然在布局和规模上不能和传统的家庭教育指导形式，如家长会、家长学校活动等相提并论，但在实施过程中，我们必须在坚持原定原则的基础上，遵循具体而微的三个原则。

1. 遵循“命题小，针对强”原则

针对一个问题、一个现象进行干预，富有自主性和灵活性的同时指向单一目标。如“家庭生活良好习惯的培养”这样的主题泛而广，难以概括具体的教育实操方法，进行“话题”的归类并整合后，我们将其分解为六个维度，即生理发展、个性发展、学习能力、社会适应、人际沟通、学法指导。在六个维度中探寻和发现聚焦问题解决的小命题，在坚持实操高于理论的基础上分享科学的策略和方法。命题小，敦促我们在精简内容上下功夫，在压缩时间上做文章，完成一个小目标，解决一个小问题。

2. 遵循“低投入，高产出”原则

要实现低投入，必须做到“去粉饰”，即不在有限的时间里煽情，不营造浮夸不实的氛围，不开展层层叠叠的活动，基于家庭生活的真实场景，真实地呈现问题，朴实地解决问题。比如，导入时不绕圈、不拖沓、不烦琐，话题展开时有思考、有策略、有理解、有认知，主题总结时力求“画龙点睛”的提升和引领效果。

3. 遵循“整体性，系列化”原则

围绕家庭生活空间的现状及问题，从系统课程的角度设计“和谐心”家长微课的体系架构，这些微课不仅契合家长的问题特征和实际需求，同时系列微主题本身也构成了一个层层推进、螺旋上升的课程体系，对各年级学生在六个维度的认识上的共性问题，进行有计划的系统干预和解决。

（二）微课主题梳理

遵循家长微课主题提炼的原则，面向区域内中小学家长进行教育需求的调研，通过整理分析调研结果，围绕生理发展、个性发展、学习能力、社会适应、人际沟通、学法指导六个维度架构面向一至九年级学生家长，旨在解决问题和提升家长素养的微课主题。西湖区“和谐心”家长微课的主题已确定的有108个，具体见表3-1-1。

表3-1-1　“和谐心”家长微课主题一览表

类别	年级	主题
生理发展	一年级	孩子总是不经意地咬指甲怎么办？ 孩子特别胖怎么办？
	二年级	孩子常常吃个不停怎么办？ 孩子总是揉眼睛怎么办？
	三年级	如何保护孩子的视力？ 孩子坐姿不端正，脊椎出现问题怎么办？
	四年级	如何预防孩子性早熟？ 孩子每天晚上睡得很迟怎么办？
	五年级	如何指导孩子正确看待身体的变化？ 孩子的身高不达标怎么办？
	六年级	如何指导孩子开展性保健？ 孩子不满意自己的形象怎么办？
	七年级	孩子开始讲究穿着，有些衣服穿一次就不愿意再穿了怎么办？ 如何进行青春期孩子的生理卫生指导？
	八年级	父母如何与孩子谈性？ 孩子不敢和异性说话怎么办？
	九年级	如何帮助孩子建立青春健康的形象？ 孩子经常浏览黄色网页怎么办？
个性发展	一年级	怎样培养孩子的专注力？ 孩子总喜欢用暴力解决问题怎么办？

续表

类别	年级	主题
个性发展	二年级	孩子出现过分恐惧怎么办？ 孩子总是丢三落四怎么办？
	三年级	孩子不自信怎么办？ 孩子总是随便拿同学的物品怎么办？
	四年级	孩子遇到困难就哭鼻子怎么办？ 孩子总在家长面前抱怨老师，怎么办？
	五年级	孩子脾气暴躁，难以控制自己怎么办？ 孩子总是说脏话怎么办？
	六年级	孩子考试焦虑怎么办？ 孩子嫌弃父母唠叨怎么办？
	七年级	怎么培养孩子的责任感？ 孩子在学校受到不公正的对待，怎么办？
	八年级	孩子不爱学习，产生厌学情绪，怎么办？ 家长怎么做，孩子更自律？
	九年级	考试之后如何帮助孩子心理“减压”？ 如何应对气候变化引发的情绪波动？
学习能力	一年级	孩子做事拖拉、作业磨蹭怎么办？ 接到老师的“告状”电话怎么办？
	二年级	孩子遇到难题就退缩，不愿意动脑，怎么办？ 如何帮助孩子发展想象力？
	三年级	三年级的孩子要不要报学科类培训班？ 如何抓住关键期培养孩子的学习动力？
	四年级	小学中段孩子的学习，家长要不要陪伴？ 如何让孩子培养勤奋学习的精神？
	五年级	如何引导孩子合理使用电子产品？ 如何营造浓厚的家庭学习氛围？
	六年级	如何引导孩子做时间的主人？ 重大考试失利后，家长如何引导孩子？

续表

类别	年级	主题
学习能力	七年级	孩子很勤奋，但学习成绩上不去，怎么办？ 如何引导孩子在家进行有效的自主学习？
	八年级	孩子遇到难题就用手机搜题怎么办？ 如何指导孩子进行错题集的整理和使用？
	九年级	如何让孩子的中考复习更有效？ 孩子过分追求完美，导致学习效率低，怎么办？
社会适应	一年级	孩子太依赖父母怎么办？ 如何引导孩子喜欢学校、喜欢班级？
	二年级	如何指导孩子做适当的家务？ 孩子被同学取侮辱性绰号怎么办？
	三年级	三年级作业量相对一、二年级大幅增加，怎么办？ 孩子竞选班干部落选怎么办？
	四年级	孩子缺乏规则意识怎么办？ 怎样帮助孩子快速适应长假之后的入学？
	五年级	孩子被“小团体”排斥怎么办？ 孩子犯错却不肯承认错误，怎么办？
	六年级	孩子宅家不愿外出怎么办？ 如何引导孩子抵制网络诱惑？
	七年级	如何帮助孩子更好地适应初中生活？ “双减”政策实施的背景下如何指导孩子合理安排周末？
	八年级	如何引导孩子正确处理男女生交往中的“过密”行为？ 如何引导孩子应对网络暴力？
	九年级	怎样的孩子适合出国学习？ 如何引导孩子对自己的能力和前途“抱有希望”？
人际沟通	一年级	怎样才能让孩子交到好朋友？ 如何引导孩子亲近老师？
	二年级	如何指导孩子处理同学间的纠纷？ 孩子不懂得拒绝怎么办？

续表

类别	年级	主题
人际沟通	三年级	夫妻教育子女观念不一致，经常吵架怎么办？ 如何与孩子谈论死亡？
	四年级	家有二宝，怎样当好父母？ 孩子认为老师不喜欢自己怎么办？
	五年级	如何引导孩子合理宣泄情绪？ 家长和孩子意见不一致的时候，怎么办？
	六年级	如何指导孩子与老师有效沟通？ 孩子和老师顶嘴怎么办？
	七年级	如何与老师进行有效沟通？ 如何应对孩子“说一句顶十句”的情况？
	八年级	如何避免与孩子发生冲突？ 孩子交友不慎怎么办？
	九年级	如何做一位不焦虑的家长？ 孩子不和家长说话怎么办？
学法指导	一年级	怎样让孩子练好“三跳”（跳绳、跳长绳、踢毽子）？ 如何指导孩子整理书包？
	二年级	怎样让孩子爱上阅读？ 如何进行厨房教育？
	三年级	如何指导孩子按时完成作业？ 如何与孩子一起过一个有意义的传统节日？
	四年级	怎样指导孩子合理使用零用钱？ 如何培养孩子的运动习惯？
	五年级	如何指导孩子确立目标、制订计划？ 孩子不愿意参加家务劳动怎么办？
	六年级	如何指导孩子“追星”？ 孩子辜负了家长的信任，怎么办？
	七年级	如何做好初中三年的起始规划？ 如何与孩子一起分析考试成绩？

续表

类别	年级	主题
学法指导	八年级	如何看待孩子学习成绩的起伏变化？ 孩子好面子、害怕输，怎么办？
	九年级	如何引导孩子做好生涯规划？ 孩子对未来迷茫，感到学习无用怎么办？

四、“和谐心”家长微课示例分享

（一）示例一：如何指导孩子按时完成作业

指导人：浙江工业大学附属实验学校　李艳

指导对象：小学三年级学生家长

对很多家长来说，陪伴孩子写作业是一件烦心事。进入小学三年级的孩子，一方面已经养成了一些学习习惯，具备了一定的学习能力；另一方面又面临着学科科目增加、课外作业量增加、作业难度增加等种种挑战，压力陡增。同时，这个时期的孩子在身心发展方面也出现了一些转折。因此，家长应该更加理解孩子，为孩子提供一些帮助，当然，这些帮助如果能够更加科学、合理，那么效果就会更好。

1. 提供良好的学习环境

小学中段孩子的家庭作业多以书面作业为主，需要相对较长的时间和连贯的思考，因此，提供安静无干扰的环境、整洁无杂物的书桌、必备的学习用品就显得尤为重要。

2. 建立和谐的亲子关系

（1）采用恰当的陪伴方式。孩子做家庭作业的时候，家长是否需要陪在旁边？答案因人而异。可以根据家庭和孩子的具体情况灵活调整，不必一概而论。但是，无论是陪还是不陪，家长都应该坚持几条原则：一是多观察，观察孩子的学习状态能够帮助家长发现孩子的困难和困惑，有助于家长随时调整指导策略；二是少干涉，切莫急于纠正作业中的错误、指责孩子完成作业时的态度等；三是多给予实际帮助，比如，看到孩子写作业时卡在某个难点上，问一声“需不需要帮助”；四是少一些说教，在指导孩子作业的过程中，家长不要做一个“唠叨”的人，比如，因孩子不会做某项作业而联想到他/她在学校是否上课不专心，于是边辅导边教育，这样既使孩子的情绪陷入低谷，又打断了他/她刚刚建立起来的学习状态。

（2）不必苛求孩子的作业质量。有些孩子进入小学中段后，书写退步了，这是为什么？其中一部分原因是，小学中段的学科科目比低段明显增加，无论是课内还是课外，书面作业量明显增加，对孩子的作业速度提出更高要求，孩子需要在“追求速度”和“认真仔细”之间寻找一个平衡点。这是一个循序渐进的过程。再者，小学中段的作业难度也上了一级新台阶，因此，家长在指导孩子完成作业的时候，要注意把握尺度，正面引导，不苛刻要求，争取逐步提高。

有的家长会问：“孩子作业做得不认真，或者边做边玩，我不纠正怎么能行呢？”这个问题可以由“制定作业规矩”来解决。

3. 制定科学的作业规矩

相信每一位家长都希望自己的孩子完成作业不拖拉、不磨蹭、书写认真、检查仔细等，这些要求都是正确的，但是提出这些要求的时机却有讲究——在开学初和孩子一起制定科学合理的作业规矩。小学中段的孩子，在家长的指导下应该可以完成这一工作。

这份作业规矩应该是关注细节的，并且是孩子稍作努力就能够做到的，内容可以包含：

（1）每项作业的时间安排。心理学研究发现，小学中段孩子的专注时间从低段的15—20分钟提高到20—30分钟，可根据这一特点和作业的具体情况，隔一段时间进行调整。

（2）完成作业的顺序安排。遵循劳逸结合、兴趣和学科特点相结合的原则。

（3）做作业时的良好习惯要求。确定哪些是能做的事，如自己检查作业、不懂的地方请教工具书；哪些是不能做的事，如不在一个作业时间段里随意走动。

（4）评价执行计划的奖惩办法。分段评价，可以分为“当天执行的情况奖惩”和“一段时间执行的情况奖惩”。

对作业规矩的执行情况是学习习惯培养成功与否的关键，因此孩子每次完成作业后，家长不要把重点放在作业的对错上，而应该放在规矩的执行情况上，对此进行评价和奖惩，强化训练，持之以恒，逐步使孩子养成执行规矩的习惯和能力。在执行过程中还可以利用工具，如计时器、21天习惯养成评价表等。

陪伴孩子成长的过程也是家长自身成长的过程，相信家长们一定能够边学习，边调整，边提升，和孩子一起享受这一段爱的旅程！

（二）示例二：孩子缺乏规则意识怎么办

指导人：杭州市文三街教育集团　金璐娅

指导对象：小学四年级学生家长

1. 亲子双方关于规则意识的立场

【家长的录音】

家长1：我跟孩子约定了规矩，我下班回家前他要把作业基本写好，等我回来检查。结果，每次他总是不能在约定的时间内完成作业。

家长2：我家的孩子答应每天自己整理书包，但是每天早上我都发现他有遗漏的物品。而且他还经常乱放东西，物品用完忘记归位，我只能帮他收拾。

【孩子的录音】

孩子1：我本来是准备先写完作业再去玩的，但是小明找我去打球，我想先玩一会儿再回来写作业也不迟，结果玩着玩着就忘了时间，所以没有按照规定的时间完成作业。

孩子2：妈妈总是让我自己的东西自己收拾归位，可是我爸爸一回到家东西乱摊，不也是妈妈收拾的吗？

2. 缺乏规则意识的原因

家长的问题：

（1）高高在上，缺乏参与。很多时候家长只是订立规则，并没有和孩子说清楚订立的目的、意义，以及不遵守的后果。很多规则是家长单方面提出的要求，并没有考虑孩子的自我需求和心理，在一开始就埋下了隐患。在执行规则的过程中，很多家长也只是扮演权威控制的角色，缺少指导与参与。

（2）条目太多，奖惩不力。有些家长给孩子订立了学习、生活、行为举止各方面的规则，条目太多，缺乏合理性和针对性，而且经常是出现什么问题提出什么规则，缺乏整体性，没有重点，难以约束和引导孩子。

孩子的问题：

（1）缺乏认同，排斥抵制。有些孩子认为规则是约束自己自由的枷锁，是父母强加的要求。

（2）草率答应，不知后果。有些孩子不重视规则，只是随口答应，不知道规则的意义，更不知道不遵守规则会有什么后果，违反规则的成本较低。

（3）易受诱惑、自控力弱。虽然四年级的孩子已有一定的自控力，养成了一些学习习惯，但自控力仍比较弱，再加上周边的诱惑太多，孩子易受他人影响。

另外，在规则执行的过程中，对于规则的达成度缺乏及时的跟进、评价和反馈，使得规则的落实难以持续。

3. 建立规则意识的策略

要让孩子具有安全感、秩序感，感受到公平和正义，家长不能靠权威、控制和威胁来管理孩子，唯有借助规则，让规则这双无形的手，助力孩子成长。

（1）明确规则，合适必要。

①内容要合适明确：根据孩子所处的阶段和现有的能力来制定必要的规则，提出合适的要求，并从学业发展、社会交往、卫生运动、行为举止等方面细化。

②制定过程有参与：适当给予一定的协商权利，比如，以家庭民主会的形式协商表决，使规则的制定过程具有一定的仪式感，体现出规则的重要性。同时，让孩子亲身参与能深化实施规则的主人翁意识。

③知晓一定的后果：实施规则前，家长要对规则的重要性及不遵守规则所产生的后果进行一定的引导，但不是说教、威胁、吓唬、强制和压迫。家长可以借助一些情境的迁移让孩子想象并进行后果预判。比如，孩子早上喜欢赖床，制定规则时即可让孩子想象和思考：如果公交车司机也拖拉，会造成什么后果？通过类似情境的角色体验，让孩子自觉知晓不遵守规则的后果。

（2）坚持遵守，共同参与。

①先明确角色：家长不仅仅是规则的制定者，也是规则的参与者，需要参与体验，参与监督，以身作则。父母过于放纵孩子，或者自己先行破坏规则，会让孩子的内心产生困惑和迷茫，产生不安全感和不确定感，影响他/她的健康发展。

②借助妙招：

第一招：下挑战书。

挑战书

今天我与妈妈订立了这条规则：________________。

本月内，我一定遵守，否则打扫卫生间一周。

挑战人：____________

时间：____________

挑战书

今天我与爸爸约定遵守这条规则：______________。

挑战失败的人请对方吃一顿大餐。

挑战人：____________

时间：____________

利用类似的挑战形式，满足孩子的自尊需要，激发他/她的斗志，可增强遵守规则的持续性。

第二招：写便签提醒。在家中一些醒目的位置张贴类似的温馨提示，可对孩子起到提醒作用。

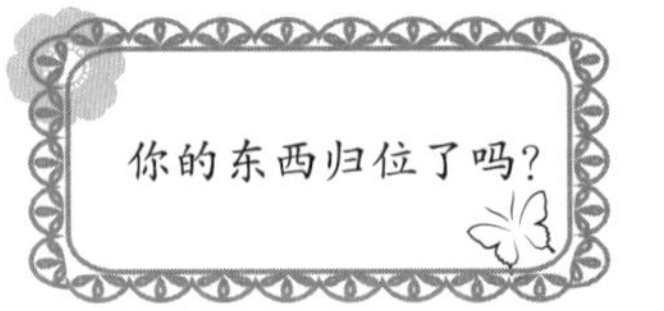

③一起参与活动：很多规则的遵守需要孩子的坚持，家长可以利用一些看似和规则无关的活动来培养孩子的耐性和责任感。比如亲子一起跑步打卡、一起阅读分享、一起互设闹钟早起等，设置一些孩子乐于参与或者感兴趣的活动，在活动中交织规则意识，有趣又能提升遵守规则的自控力。

（3）监督反馈，协商修改。

①制定评价，量化行为。针对某项规则制定评价标准，对孩子的行为进行量化评价，激发孩子遵守规则的热情和毅力。规则评价表样表见表3-1-2。

表3-1-2 （　　　　　　　　）规则评价表

时间	（　）月（　）日		（　）月（　）日		每周一评价		每月一评价	
类别	自评	家长评	自评	家长评	自评	家长评	自评	家长评
3星								
2星								
1星								

②定时反馈，及时奖惩。既要强化正向引导，也要树立一定的后果意识，用奖惩的方式形成一定的违规成本，帮助规则意识的建立和持续。

③适时调整，不断完善。孩子有时难以坚持可能是因为规则不适合新的情况，这点需要家长的关注和重视，并加强沟通。有些规则在执行的过程中，可以根据实际情况，通过协商进行修改和完善。

（4）内化无痕，成为修养。

①反思内化：制定和实施规则，是为了让孩子最终将规则内化为一种习惯，形成自律的能力，不再依靠他人的监督和评判，能自我反思和评价。可借助自我反思单（见表3-1-3）让孩子及时修正自己的行为，完善和升级规则。

表3-1-3 规则实施的自我反思单

规则内容		( )月 ( )日	( )月 ( )日	( )月 ( )日	( )月 ( )日	( )月 ( )日
遵守规则的结果	遵守规则给我带来什么?					
	我在遵守规则的过程中，最大的困难是什么?					
需要改进的部分	我需要改进哪些行为?					
	规则需要改进哪些部分?					

②分享进步：每周家庭可以评选自律小达人，孩子通过分享自己的规则宣言和坚持遵守规则的妙招，增强成就感，形成自我发展的持续动力。也可以和周围社区的同学、小伙伴一起交流分享，在分享中取长补短，不断进步。

我是自律小达人

金点子分享：

我在＿＿＿＿＿＿＿＿这条规则的实行中找到了帮助我坚持的好方法：＿＿＿＿＿＿＿＿。

分享人：＿＿＿＿＿＿

五、结语

孩子像一株葡萄的嫩芽，规则就好比架子，让它的藤蔓有方向地不断攀缘、生长，最后才能枝繁叶茂、果实晶莹。让我们一起为孩子树好规则的“支架”，陪伴他/她成长。阳光雨露也好，暴雨狂风也罢，在规则的实施和遵守中，陪孩子品味规则的“甜美果实”。

家庭生活是不断发现、生成和实现的过程，同时又伴随着超越和自我革新，这必然会产生矛盾和冲突。通过架构“和谐心”家长微课程系统提升家长家庭教育水平，课程内容基于家庭教育过程中常见的问题和困惑，通过泛在学习的方式持续不断地提升家长的教育素养，助力家长更加了解自己的孩子，期望家长能与学校教育合拍，形成育人合力，与孩子共同成长。

第二节 “和谐心”沙龙

2020年10月的一个上午，某学校一名学生离开教室后去向不明。行政人员、安保人员、教师迅速展开地毯式搜寻，大家最后在地下室体艺中心的一个角落里找到了该学生。她缩在墙角，一声不吭，手上拿着一个小刀片，心情沉郁。通过事后与学生的交流，心理健康教师了解到这名学生的基本情况：该生是一名随迁子女，一个月前转入该校八年级学习，对新的学校非常不适应；该生的家庭关系也比较紧张，父母关系不佳，母亲又比较强势，情绪时常失控，亲子之间时常爆发冲突，学生的自尊与自信心都很脆弱……面对该生的情况，学校高度重视，马上与家长取得了联系。但家长一方面觉得学校没有照顾好孩子，另一方面又觉得孩子是假装的，其实没有问题。

班主任推荐这名学生的母亲参加学校组织的区域心理活动——“和谐心”家长沙龙。沙龙活动连续开展了一周时间，包含理解青春期、亲子关系、沟通技巧、情绪管理、自我成长五个主题。该生的母亲参加完一系列活动后给班主任发来了感谢信息：“非常感谢您推荐我参加这次活动，每次上课，我都有醍醐灌顶的感觉，这次学习让我真正读懂了孩子内心的痛苦，问题其实都是出在我们家长的身上……”

一、“和谐心”沙龙概述

（一）理念与背景

上述案例在学校并不少见，教师总会接触到各种各样的学生，有的学生情绪控制能力差，有的学生不知道如何与同学友好相处，有的学生缺乏自信，有的学生沉迷手机……要解决学生日益突出的心理问题，重点不在学校而在家庭。家庭是学生最早接触和长期生活的环境，对学生的性格形成、情绪管理、价值观塑造等方面具有深远的影响。家庭氛围、父母的教养方式、家庭成员之间的关系等都会对学生的心理健康产生直接的影响。一个充满关爱和支持的家庭环境有助于培养学生的自信、积极性和适应能力，而一个缺乏沟通、矛盾冲突频繁的家庭则可能导致学生出现焦虑、抑郁等心理问题。所以，家庭中夫妻之间的和谐、亲子之间的和谐、每个人自我心态的和谐，是解决学生心理问题的切入点。

在指导家长的过程中，学校往往会采用认知改变的方法进行培训，即举办家长讲座，这种方式效率高、培训范围广，但讲座通常是一个单向的信息传递过程，家长只是被动地接受信息，很难真正理解和掌握知识，更难以将其转化为实际行动。因此，即使家长在听讲座时有所感触，也很难将这些感触应用到实际生活中，缺乏具体的实践步骤和方法。而心理沙龙则有所不同，它通常在一个舒适、和谐的环境中进行，让家长感到放松，可以自由地表达自己的情感和情绪，宣泄内心的压力和不快，从而让参与的家长更愿意分享自己的经历和感受。心理沙龙常以小团体的形式开展，有利于家长之间的交流和互动，增加彼此的了解和信任，导师还可以对家长遇到的困境进行针对性分析与辅导，开展个性化指导，从而真正有效地促进家长的成长。

（二）概念与逻辑

“和谐心”家长沙龙是以沙龙为主要形式，以和谐为主要目标，面向家长成长的心理健康和家庭教育活动组织。西湖区的“和谐心”沙龙课程主要有以下几类：“你我和开始”“亲子和沟通”“自我和心态”“夫妻和关系”“家校和携手”，其中重点在于“亲子和沟通”，关键在于“自我和心态”。

1. 你我和开始

这是系列课程的开端，在整个体系中起到打开局面、设定规则、建立信任关系、引发家长自我反思的重要作用。在课程实施的过程中，通过热身活动活跃氛围，利用冥想、案例、游戏等引导家长反思自己是否存在过高要求，直击家长的初心，让家长明白与孩子的沟通方法是需要学习的，且要从改变自己开始。

2. 亲子和沟通

家长要改变，首先需要读懂孩子，明白孩子处于人生的哪个阶段，有哪些特点，又有哪些需求。例如，青春期意味着孩子自我意识和性意识的觉醒，所以家长要懂得尊重孩子的独立人格，学会适当地放手，学会沟通的技巧，从而更好地建立亲子关系。

3. 自我和心态

我是怎样的人？我的行为模式是如何形成的，又是如何影响我待人处世的？我的情绪管理能力如何？当引导家长思考“你认为自己的想法对吗”，大部分家长都认为自己此刻的想法是对的，事实上很多时候自己的想法未必都是对的，但自己往往不知道。心态是我们能量的过滤器，心态决定家庭生活的大部分事情，而这需要我们正确全面地认识自己。

4. 夫妻和关系

婚姻就像一家“情感银行”，需要夫妻双方不断存入“爱、信任、理解、赞美、认可、关心、肯定”，避免一次又一次的摩擦与冲突、抱怨与指责。父爱则母静，母静则子安，子安则家和，家和万事兴。稳定而良好的夫妻关系是送给孩子最好的礼物。

5. 家校和携手

通过家校合育模式的构想，引导家长在育人目标、育人行动、育人理念上与学校合拍，让家校有效沟通成为携手共进的关键点，明确无论是教师还是家长都是为了孩子更好地成长，家校携手、同频共振才能获得育人的最高效率。

（三）现用模式

“和谐心”家长沙龙课程创设至今已经历了三个阶段的发展。第一个阶段是项目的初创阶段，2015年8月，西湖区第一期“家和万事兴”家长课程启动，自此开始了以打造“和谐心家园”为目标的健康育人实践探索。这个阶段，“和谐心”讲师团的讲师人数不足10人，大家一起研讨打磨沙龙课程，主要在区内选择两三所学校作为试点，经费没有保障，属于探索阶段。第二个阶段，课程的内容相对比较成熟，但没有太大的选择余地，讲师人数不多，但人人都会讲授不同的主题内容，授课范围也拓展到区内的多所学校，经费有所保障，属于巩固阶段。第三个阶段，西湖区教育局将沙龙课程作为重点项目来进行培育，有专项经费支持，考虑到家长出行方便和学段差异，按照地理位置将全区学校分为“东、南、西、北、中”五个片区，按中学和小学分别组织，每个学期每个片区组织三期沙龙，提升沙龙的频次、针对性和有效性。区内所有学校都可以向片区的负责人进行沙龙项目的申报，沙龙举办的时间、主题由学校负责人和片区负责人共同商定，项目涉及的经费均由区教育局负责。

“和谐心”沙龙的培训是系列的，它以沙龙的方式进行，是参与式与体验式的，每期只招30人左右，每期设定5—6个专题。

“和谐心”沙龙的培训时间一般是5天，安排在第一周的周三到周五、第二周的周一和周二，或者是第一周的周四和周五、第二周的周一到周三，也可以是某一周的周一到周五。这样的安排能使家长持续参与，效果比较理想，周末休息时方便家长消化所学；弊端是学习强度大，家长会比较累。具体采用什么时间模式，根据各承办学校的实际情况进行个性化处理，关键是让家长尽可能全程参加，保证学习效果。

二、“和谐心”沙龙的课程设计

“和谐心”沙龙的课程从五个类别进行设计构建，除第一节的主题固定为“破冰”，其他主题可以自由选择，一方面时间更加自由，另一方面也适应各学校的不同需求。因为家长沙龙课程聚焦问题解决，所以课程内容就要围绕不同年龄段学生的特点与教育难点来设置，另外，不同学校的学情也不一样，家长遇到的问题也会有所区别，这就需要更有针对性地编排课程。如某片区“和谐心”家长沙龙为小学段和初中段学生的家长设计了不同的课程，具体见表3-2-1和表3-2-2。

表3-2-1 小学段学生家长沙龙课程

日期	课程名称	专家
6月18日（周四）	打开心门，幸福出发	洪珏莹
6月19日（周五）	营造良好家庭氛围	张　皓
6月22日（周一）	做一个动态的家长	宣金烨
6月23日（周二）	你的语言有魔力	葛亚飞
6月24日（周三）	做孩子生命中有影响力的父母	周春飞

表3-2-2 初中段学生家长沙龙课程

日期	课程名称	专家
6月4日（周四）	改变自己	谢联平
6月5日（周五）	越有界限越自由	李诗颖
6月8日（周一）	关于游戏这件事	周杭芳
6月9日（周二）	自我情绪管理	陈　琦
6月10日（周三）	家校直通车	方志鑫

开设适合不同学校的个性化课程，对课程的内容、质量及授课教师提出了更高的要求，为此，西湖区教育局组织了一支30人的“和谐心”沙龙讲师团。讲师团以区心理健康教育和家长学校骨干成员为基础，加上省、市有关专家组成，

既有从事各阶段基础教育的心育名师和德育名师，又有校外的青春期教育、心理健康教育专家，这些专家都有丰富的教育教学经验，在不同的领域有各自擅长的专业。根据五个主题的架构，每位专家将自己准备好的课程内容上报并形成课程菜单（见表3-2-3）供区内各所学校选择。西湖区教育局定期组织课程研讨，对课程的内容与形式进行再加工与优化。

表3-2-3　西湖区“和谐心”沙龙课程菜单

序号	主题	课程名称	专家
1	你我和开始（破冰）	改变自己	谢联平
2		认识自己，认识孩子	周杭芳
3		孩子，你、我、他	孙　飒
4		破冰与成长	傅之敏
5		怎样做父母？	张　皓
6		打开心门，幸福出发	洪珏莹
7		成长自己	平凤花
8	亲子和沟通	提升亲子关系的密钥	岳　鸿
9		怎么说，孩子才会听	陈　琦
10		青春期“练爱”	朱妙芬
11		青春期的孩子你懂吗？	孙　飒
12		爱·沟通·幸福	孙　飒
13		学会倾听，关爱心灵	张　皓
14		从心沟通	方志鑫
15		让爱充满智慧	杨晓凤
16		青春期≠麻烦期	张语娇
17		正面引领，用爱伴随	何铭之
18		爱之三部曲	沈佳丽
19		解码青春期	周春飞
20		拥抱小刺猬	陆菲芸

续表

序号	主题	课程名称	专家
21	亲子和沟通	家有“神兽”，也可母慈子孝	孙志君
22		听懂孩子，读懂自己	金文婧
23		玫瑰人生，家长同行	杨　名
24		你的语言有魔力	葛亚飞
25		听懂青春的声音	顾若晨
26		有效沟通	平凤花
27		好好说话，有效沟通	王　彬
28		正面管教，一起成长	俞　颖
29	自我和心态	活出喜悦幸福的人生	岳　鸿
30		自我情绪管理	陈　琦
31		我也很重要	朱妙芬
32		我幸福吗？	孙　飒
33		我是谁？我一生的目标是什么？	张　皓
34		认识自己	方志鑫
35		情绪的力量	方志鑫
36		发现自己	杨晓凤
37		心中的小孩	于李丽
38		孩子的人生理想课	曹志勇
39		做一个动态的家长	宣金烨
40		个案与心灵体验活动	傅之敏
41	家庭和相处	夫妻相处的艺术	黄克华
42		男人来自火星，女人来自金星	周杭芳
43		让孩子安心做孩子	孙志君
44		五行与家庭教育	傅之敏
45		越有界限越自由	李诗颖

续表

序号	主题	课程名称	专家
46	家庭和相处	营造良好家庭氛围	张　皓
47		做孩子生命中有影响力的父母	周春飞
48	家校和携手	携手共进，培育未来	周杭芳
49		为了孩子	孙　飒
50		人生中伴随孩子共同成长	张　皓
51		手拉手，共成长	方志鑫
52		家校直通车	方志鑫
53		与青春和解	陆菲芸
54		关于游戏这件事	周杭芳

三、“和谐心”沙龙的具体实例

“和谐心”沙龙是一个规范而系统的课程体系，有一套成熟、规范的流程。具体以西湖区某中学承办的家长沙龙为例加以说明。

（一）课前准备

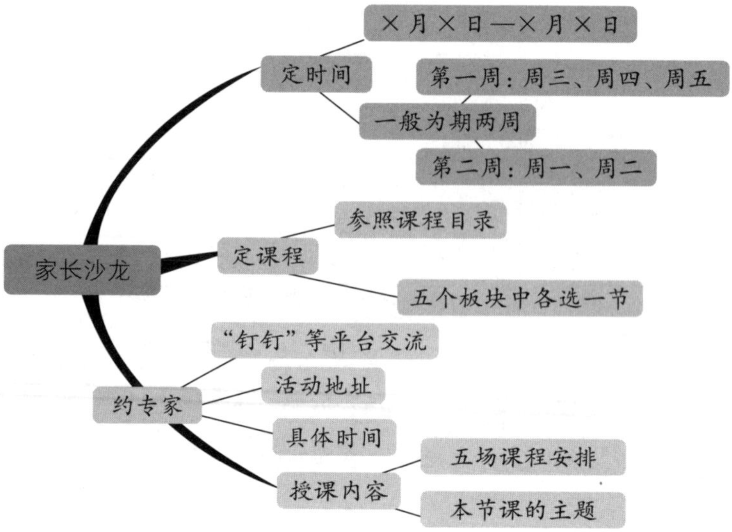

（二）组织报名

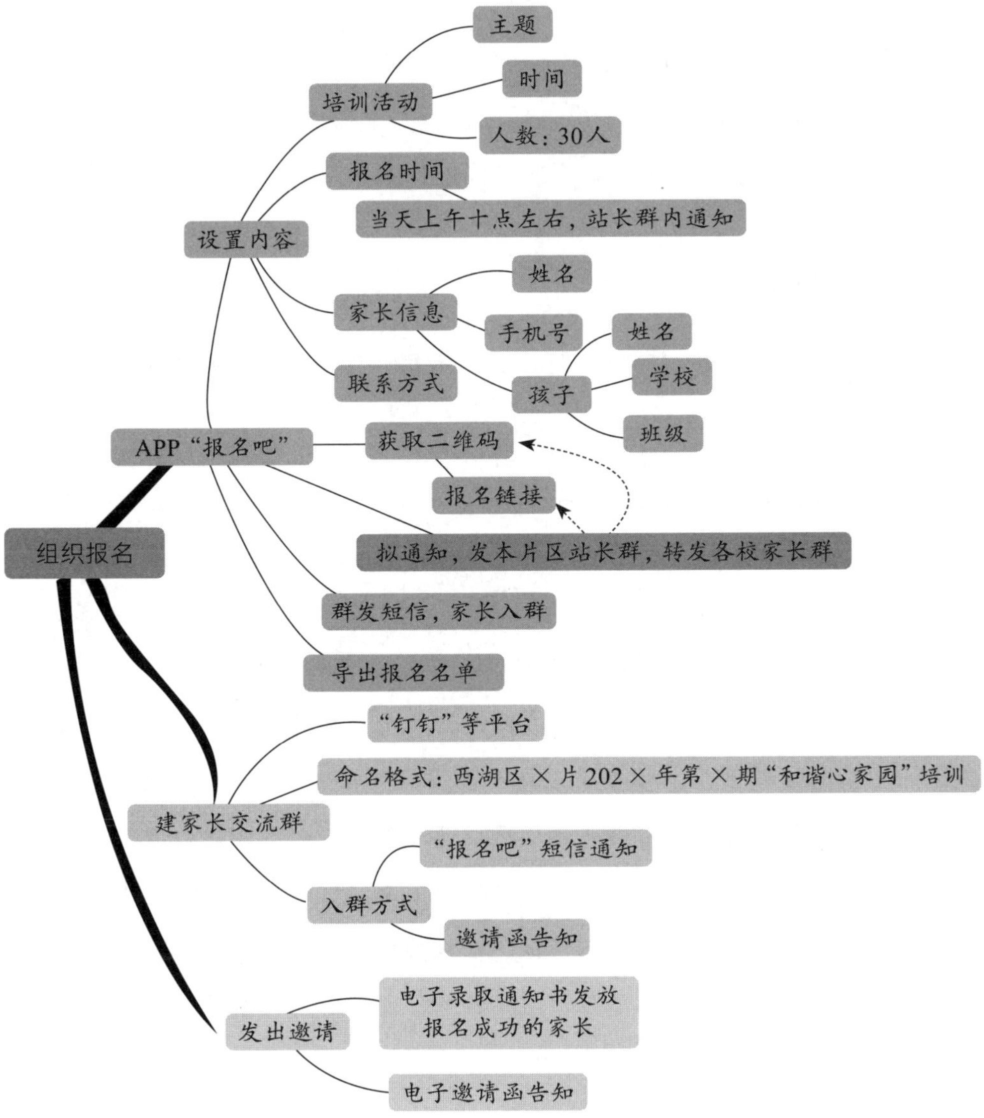

组织报名
APP“报名吧”
设置内容
培训活动
主题
时间
人数：30人
报名时间
当天上午十点左右，站长群内通知
家长信息
姓名
手机号
孩子
姓名
学校
班级
联系方式
获取二维码
报名链接
拟通知，发本片区站长群，转发各校家长群
群发短信，家长入群
导出报名名单
建家长交流群
“钉钉”等平台
命名格式：西湖区×片202×年第×期“和谐心家园”培训
入群方式
“报名吧”短信通知
邀请函告知
发出邀请
电子录取通知书发放报名成功的家长
电子邀请函告知

(三)招募培训家长

家长沙龙学员由两部分组成：第一部分是自主报名的学生家长，家长在某个时间段内报名，组织方以公开、公平、公正的方式分配名额，获得名额的学员由学校发放电子录取通知书；第二部分是承办学校希望邀请的学生家长，学校以发放“和谐心家园”电子邀请函的方式进行定点邀请。

【报名通知示例】

关于举行中小学“和谐心家园”家长沙龙的通知

各中小学：

家庭教育在儿童青少年健康成长中的作用愈来愈大，也愈来愈被社会各界和广大家长所重视。在如何科学育儿的问题上有些家长感到无助、焦虑，缺乏正确的方法。为切实有效地帮助这些家长，使他们了解孩子的身心发展规律、掌握富有实效性的方法和措施，从而建立和谐的家庭生态，在西湖区教育局和西湖区学生成长支持中心的组织下，本学期将继续开展以“和谐心家园”为主题的系列家长培训。此培训活动在西湖区已开展多年，以西湖区心理健康骨干团队为基础，邀请省、市心理健康名家，对家长开展以亲子沟通为主题的系列培训，并以轻松、开放的沙龙方式进行，体现培训的主题性，强调家长的参与性与体验性，受到了广大家长的欢迎。现将有关事项通知如下：

一、培训对象：西湖区三墩(北)片区中小学家长。

二、培训时间和地点

培训时间：10月27日—11月2日，双休日除外，每晚6:30—8:30

培训地点：杭州市××中学

三、师资介绍

10月27日　改变自己　讲师：平凤花

平凤花，浙江师范大学心理系专业毕业，杭州市省府路小学心理辅导站站长、西湖区心理健康教育大组成员。10年心理健康教师和10年班主任经历，让她对学生的成长历程、习惯培养、亲子沟通等有独到见解，被评为西湖区优秀班主任。所研究心理课题成果获西湖区一等奖，论文、心理案例、优质课在省、市、区多次获奖。

10月28日　如何读懂青春期孩子　讲师：张语娇

张语娇，国家二级心理咨询师，杭州市第十五中学教育集团心理辅导站站长、家庭教育指导站站长，区教坛新秀、优秀教师，杭州市青春健康教育师资。毕业于浙江师范大学应用心理学专业，从事心理健康工作近10年，善于倾听、帮助孩子们解决青春期的困惑。

10月29日　为什么孩子爱手机不爱你　讲师：孙志君

孙志君，国家二级心理咨询师，西湖区心理健康教育教坛新秀，杭州市保俶塔实验学校申花校区心理辅导站站长、首席资源教师，媒体热议的“试卷放大”教师。所研究的心理课题成果曾获浙江省“三优成果”二等奖，多次应邀在省、市、区授课及开展讲座。参与沙盘游戏治疗、儿童游戏治疗、家庭系统治疗等工作坊，致力于帮助更多的家庭与孩子。

11月1日　爱之三部曲　讲师：沈佳丽

沈佳丽，国家二级心理咨询师、“省A证”教师、杭州市教坛新秀、杭州市翠苑中学心理辅导站站长，多篇论文在市、区论文评比中获得一、二等奖。作为一名心理健康教师，沈老师希望自己是一面镜子，学生可以通过她更好地了解自己，更顺利地度过青春期，为今后的美好生活奠定基础。

11月2日　手拉手，共成长　讲师：方志鑫

方志鑫，杭州市保椒塔验学校心理辅导站站长、浙江省心理健康认证督导师、高级教师、杭州市教坛新秀、杭州市优秀指导教师、西湖区心育名师。多年担任班主任、年级组长、学校心理辅导站站长，个案咨询经验丰富，重点研究方向是音乐和心理学相结合的音乐心理治疗、系统式家庭治疗，以及结构性沙盘研究。

四、培训说明

1.每期招收学员30名左右，以家长自愿为原则。本期自主报名时间自10月16日晚8点开始，先到先得。

2.报名录取后，须坚持该期5次培训，中途不换人，不迟到、不早退，态度认真、积极。第五次培训需要邀请孩子一起参与。

3.本培训班不向家长收取任何费用，也无任何广告。

4.培训期间请注意安全，绿色出行。

杭州市西湖区学生成长支持中心

二〇二〇年十月

（四）正式上课

第一天：平凤花老师讲“改变自己”。平老师首先带领家长们互相认识，分享各自对活动的期待或诉求，使家长们消除陌生感和紧张感；引导家长们了解团体规范，创设舒适安全的活动环境。“破冰”结束后，平老师接着带领家长们参与“你说我画”活动：老师用语言描述一个几何图形，让家长根据描述将图形画出来。因为缺少沟通，家长发现自己理解的图形与老师所述存在较大差别。平老师由此引导家长认识到沟通不畅的背后不一定是孩子的问题，也可能是双方站在了不同的立场看问题。然后，平老师又带领家长们完成问卷调查，先请家长对比孩子能做到的和自己能做到的是否一致，再请家长畅谈感受或想法。

家长在活动中领悟到：我们做不到的却要求孩子做到，这是过度要求了；我们能做到就一定要求孩子做到，这并不合理；我们觉得自己要求不高，但孩子却感觉相反，这背后往往是我们心口不一。随后，平老师分析了亲子对话的案例，让家长看到倾听的重要性；带领家长体验冥想活动，感受正确信念的重要性。最后，平老师帮助家长找回教育的初心：一切为了孩子的身心健康而不是成绩。

第二天：张语娇老师讲“如何读懂青春期孩子”。张老师结合学生的身心特点，全面而科学地讲解了青春期对孩子成长的意义。张老师认为，青春期并不等于“麻烦期”，对待青春期孩子不仅需要一定的方式和方法，还需要家长的转变、理解和支持。首先，张老师向家长们展示了青春期孩子的一些典型心态，家长们都发现，和小学时期相比，孩子们在青春期确实有了很大的变化。然后，张老师从生理、思维、情感、个性、亲子关系等方面介绍了青春期孩子正在经历的变化和表现。最后，张老师向家长们介绍了有效沟通的方式和方法，并且从增强孩子的归属感、自主感和胜任感等方面提供了一些建议，尤其提醒家长们要接纳孩子的情感和感受，注意说话的语气和表达，不带评价地和孩子交流，用鼓励和表扬引导孩子的积极行为。家长们在课堂上听得非常认真，纷纷表态回家后就立即行动起来，为孩子们即将到来的青春期做好准备。

第三天：孙志君老师讲“为什么孩子爱手机不爱你”。孙老师围绕家长们关心和头疼的孩子超预期使用手机的问题，设置了活动与讨论，启发家长们转变思维，理解孩子，寻找突破口以解决这一难题。首先，孙老师调查了家长们对孩子超预期使用手机的态度，提出家长们可以通过改变自己的信念或想法，从而帮助孩子控制手机使用时间。然后，孙老师对孩子超预期使用手机的机制和原理进行了讲解，家长们了解到原来孩子喜欢玩手机、沉迷于上网是因为孩子在生活中的一些需求得不到满足，才会在网络中寻求慰藉。因此，想要改善孩子超预期使用手机的问题，就需要开发其他健康的方式来满足孩子的需求。最后，孙老师对如何培养良好的亲子关系提出建议，如采用合适的沟通方式、多鼓励、少评价、描述事件本身等。家长们在学习与活动中获益匪浅。

第四天：沈佳丽老师讲“爱之三部曲”。沈老师的课从“爱”引入，以“爱”贯穿，帮助家长掌握与孩子沟通的方法、了解“陪伴”的要求、掌握修复亲子关系的行为技巧。首先，沈老师带领家长初识“爱”——快速对“爱”进行联想并小组分享。分享案例，引出思考：我们怎样才能把爱传递给孩子呢？接着，沈老师带领家长学会“爱”，她通过场景想象，让家长们实践：看到孩子把脏衣服、脏袜子丢在客厅里，将家里弄得乱七八糟，你会怎么说？家长们参与之后，沈老师介绍非暴力沟通的方式——观察、感受、需要、请求。她指出，观察描述的时候，要以事实为依据，描述孩子的行为，不要上升到人格；表达感受要用“我信息”，不用“你信息”；提出请求时要从正面提出具体的做法。当然，理论学习与实践往往有差距，沈老师采用角色扮演的教学形式，现场邀请家长进行角色扮演，其他小组进行点评，内化学习。最后，沈老师指导家长表达“爱”，她细致地介绍了联结式陪伴的方法：①真正读懂孩子的需求；②参与到孩子的活动中去；③对孩子给予积极的回应；④注意感情的投入。家长在活动中既学习了理论知识，又训练和掌握了技能与技巧。

第五天：方志鑫老师讲“手拉手，共成长”。该课作为整期沙龙课程的收尾，要求家长带着孩子一起参加，最终超过三分之二的学生参与了课程。方老师首先带领大家一起参与热身活动——气球搭档，学生与家长头顶气球，玩得不亦乐乎。接着，在音乐声中，大家一起进入第一篇章——体味亲情，学生与家长观看日常生活的图片，体会亲情带来的温馨与温暖。然后，方老师以活动开启第二篇章——爱的陪伴，学生被要求蒙上眼睛，走一段陌生的路，行进到一半时，家长来到孩子身边，带着孩子走完了全程。活动后，无论是孩子还是家长都有很多感触，明白了陪伴就是一个人孤单无助时的默默守护。而后，方老师用案例引入第三篇章——爱的碰撞，她请同学和家长来分享亲子之间的矛盾与冲突，引导大家看到每个冲突背后都是家长与孩子不同的需求，因此大家需要换位思考、将心比心。最后，在冥想过程中，孩子与家长流下了眼泪，大家共同守护一份感情，以沟通传递爱，共同维护家的情感。

（五）课后作业与课程反馈

在上课过程中，主持人引导参与的家长写下活动的收获并分享至活动群、班级群，这同样是一种学习，也是一种学习的传递。在本次活动中，有家长写道："孩子非物体，所属不归你；天地间唯一，他属他自己。尊重是第一，打骂无道理；失败不生气，尽量多鼓励。切莫乱攀比，沟通要和气；学会多倾听，换位心不急。生活重点滴，事事当注意；扪心问自己，不足在哪里？"

全部课程结束后，主持人带着家长们对所有课程进行民主评议，请家长们打分评价每一节课，说一说有哪些优点，又有哪些意见和建议。最终，组织单位将评价与建议整理后反馈给主讲教师，以便主讲教师自我调整，不断精进课程内容，给家长带来更高效的指导。

课程结束一周内，组织学校通过媒体平台全面报道本期沙龙活动，用于品牌的推广与学校的宣传，也将沙龙活动推荐给更多有需要的家长，促进他们的参与和成长。

【课后调查示例】

2020年××中学"和谐心家园"家长沙龙调查问卷

各位家长，首先恭喜你完成本轮培训，收获了成长。为了使我们的课程团队更好地成长，使上课内容与方式精益求精，也为了梳理自己的收获，请你花5—10分钟，完成此调查问卷，请真实坦诚地表达，谢谢！

1.对于本次培训沙龙的整体安排，你的评价是？

○ 满意

○ 较满意

○ 不满意

2. 对于第一堂平凤花老师的课“改变自己”，你的整体评价是？

○ 好

○ 较好

○ 一般

3. 你对“改变自己”课程的活动内容与形式，有什么意见与建议？

____

4. 对于第二堂张语娇老师的课“如何读懂青春期孩子”，你的评价是？

○ 好

○ 较好

○ 一般

5. 你对“如何读懂青春期孩子”课程的活动内容与形式，有什么意见与建议？

____

6. 对于第三堂孙志君老师的课“为什么孩子爱手机不爱你”，你的评价是？

○好

○较好

○一般

7. 你对“为什么孩子爱手机不爱你”课程的活动内容与形式，有什么意见与建议？

____

8.对于第四堂沈佳丽老师的课“爱之三部曲”，你的评价是？

○好

○较好

○一般

9.你对“爱之三部曲”课程的活动内容与形式，有什么意见与建议？

____

10.对于第五堂方志鑫老师的课“手拉手，共成长”，你的评价是？

○好

○较好

○一般

11.你对“手拉手，共成长”课程的活动内容与形式，有什么意见与建议？

____

12.最后，你还想对组织方、老师，以及自己说点什么？

____

西湖区“和谐心”沙龙开展9年来，已组织了200期以上的培训，参与家长达30000多人次，基本覆盖所有中小学，家长收获良多，品牌效应凸显。有一位妈妈在接受央视《奋斗》栏目采访时，讲到西湖区“和谐心”家长沙龙给予她和孩子的影响，不仅改善了家庭氛围，还成就了她的事业。但是，我们也清晰地看到在区域推进过程中显现的问题与短板：不同学校的执行力度与落实情况参差不齐，需要进一步管理与完善。后续，西湖区教育局将立足基础，开拓创新，继续推进“和谐心”沙龙向前、深入发展。

第三节 “和谐心”俱乐部

孩子正在劲头十足地玩手机，嘴巴里不时发出各种声音，眼神时而激动、时而愤怒……此时，家长王女士走过来提醒：“还有五分钟。”孩子没有理睬，继续投入“战斗”。五分钟后，家长提醒：“时间到了，手机拿来。”“再玩五分钟！”“时间到了。”“这局还没有结束，让我玩完这局，马上就好，马上就好！”半小时后，家长怒火中烧，抢走手机，孩子也一脸愤怒，空气中充满火药味。

最后，王女士控制住愤怒的情绪，离开了孩子房间，算是给这场“战争”降了温度。作为当事人的王女士事后回忆：“当时真的很生气，孩子一碰到学习就各种懒散拖拉，一碰到手机和游戏就劲头十足，关键是一玩起来总是这样，一拖再拖，一催再催。”同时，她也提出了自己的困惑，自己也算是一个比较认真、爱学习的家长，平时也经常看书，参加一些亲子教育的讲座和活动，自认为有很大的成长，但不知为什么遇到孩子学习和游戏的冲突，还是特别容易上火，孩子的状况好像也没有根本性的好转。

一、“和谐心”俱乐部概述

（一）理念与背景

上述案例中的王女士是参加过西湖区“和谐心”沙龙的一位家长，而她遇到的情况和问题并不少见。上文提到的“和谐心”沙龙为家长提供了一系列综合性极强的家庭教育培训，课程内容多、主题广，既有系统性又有灵活性，家长参与后往往有很大的震撼与收获。但是“和谐心”沙龙也存在着一些短板。

每个家庭教育问题的解决都是一个高度个性化的过程，因为每个家庭的环境、文化背景和需求都各不相同，而“和谐心”沙龙活动和课程是针对某个年龄段学生与家长的共性问题来设计与实施的，因此无法完全满足每个家庭的具体需求。

亲子沟通技巧的培养不是一蹴而就的，一两次课程往往难以涵盖所有系统而全面的内容。例如，家长在某次沙龙中了解并接触了教练技术，因为时间的原因只能掌握基本原理与知识，但教练技术的内涵非常丰富，包含有效的聆听、区分、发问、回应、设定目标、建立信任关系、提供反馈、促进自我发展等，家长非常希望能获得更加全面而深入的系统知识。

家长在学习了家庭教育的新理念和技巧后，往往会用于具体实践，但这并不是一件容易的事情。对于非专业的家长而言，他们一方面需要足够的时间和空间来将其运用于实践中，另一方面还需要在实践中获得专家的指导和修正，以帮助自身更好地理解和运用所学知识，同时也能够在实践过程中及时纠正错误，避免走入误区。

“和谐心”俱乐部应运而生，它根据某类家庭或者家长的具体需求，制订针对性的教育计划，为他们提供个性化的辅导和支持，帮助他们解决在家庭教育过程中遇到的具体问题。

（二）概念与逻辑

“和谐心”俱乐部也是以沙龙为主要形式，以和谐为主要目标，面向家长成长的专题式心理健康和家庭教育活动组织，跟“和谐心”沙龙比，具有对象同质性和课程专题式的特征。

1. 同质性对象

“和谐心”俱乐部的成员大多具有相似的背景、需求和目标，有助于更有针对性地辅导，以及建立更强的归属感，成员更容易相互理解和支持。

2. 专题式课程

因为聚焦于某类群体,"和谐心"俱乐部采用专题式课程,围绕一个核心主题来组织培训内容,强调内容的整合性和深度,旨在通过深入探讨一个主题,使家长能够获得更全面、更深入的理解和应用。根据内容与活动形式,课程大致分为以下三类。

(1)陪伴式课程。俱乐部活动采用陪伴的方式,为参与者提供一个安全、舒适的环境,让他们围绕一个主题共同学习、成长。一般组织者会确定一个与心理健康、成长或发展相关的主题,如理解青春期、自我认知、压力应对等,确保主题具有普遍性和共鸣性,能够引起参与者的兴趣和关注。继而根据主题设计一系列的学习、活动和互动环节,这些环节一般是有固定模式的,方便大家形成仪式感,如家长读书会活动,成员按照一定的频率共读一本书,大家一起读、说、悟、分享等。为了促进参与者的持续学习和成长,组织者设立相应的打卡机制,要求参与者在活动期间每天或每周完成一定的学习任务,并通过打卡记录自己的学习进度和成果,同时也形成相互监督和激励的氛围。

(2)技术式课程。俱乐部活动围绕一种心理或者家庭教育技术展开,深化参与者对该技术的理解,并促进他们的实践应用。组织者首先选择一种易操作、实用性强的心理技术,如正念、教练技术、焦点解决等。然后通过俱乐部活动系统介绍这种技术的基本概念、原理、应用范围、操作步骤和方法,包括相关的理论知识和实践技巧。接着组织者设计一些小组练习或角色扮演活动,让参与者在实际情境中运用所学技术,并提供及时的反馈和建议,帮助参与者改进。之后,组织者鼓励参与者分享他们的体验、感受和学习成果,帮助组织者了解参与者的掌握程度,以便提供进一步的指导。最后,活动结束时,组织者留下一些练习作业,便于参与者日常的实践与巩固。值得注意的是,以上的活动流程并不是固定不变的,组织者会根据需要灵活调整。

(3)综合式课程。综合式课程相比于之前的两种模式,显得更加复杂,它可能是针对某个同质群体设计的各种类型的课程,如多孩家庭的养育;也可能是针对群体设计的某个专项主题的课程，如家长的情绪管理。综合式课程的活动形式灵活多变，可能有理论学习，如指定相关阅读材料或研究资料，让参与者在活动前或活动中进行自学；可能有活动体验，如根据沙龙主题设计互动游戏，让参与者在轻松愉快的氛围中学习和掌握相关知识与技能；也可能有技术实践，如设计角色扮演或模拟场景，让参与者在实际操作中体验和学习。

（三）现用模式

西湖区“和谐心”俱乐部自2020年创设伊始，就形成了一些明确的要求，它的培训是成系列的，每学期开展4—6次活动，以俱乐部的方式进行，是参与式与体验式的，人员每期招募15—20人，同一期内不换人，要求全程参加。根据招募对象与活动场地的不同，“和谐心”俱乐部经历了三个阶段的发展演变。第一个阶段，组织者以自己所在的学校为活动点，从参加过“和谐心”沙龙的家长群体中招募俱乐部成员；第二个阶段，组织者以自己所在的学校为活动点，从学校周边区域招募家长成为俱乐部成员，在招募过程中，学校的心理健康教师与班主任把招募信息发送给每位家长；第三个阶段，组织者以西湖区学生成长支持中心为活动点，从全区招募家长成为俱乐部成员。

“和谐心”俱乐部的培训时间是非常灵活的，均由组织者根据课程的内容与形式来组织。有的俱乐部选择在两周内完成所有课程，有的俱乐部选择每周固定的时间进行一次活动，有的俱乐部每半个月开展一次活动，有的俱乐部选择在工作日的晚上组织活动。

二、“和谐心”俱乐部内容

（一）“和谐心”俱乐部申报

“和谐心”俱乐部的申报采用个体主题申报与区域审核相结合的方法，俱乐部负责人可以填写项目申报书，并提交到区学生成长支持中心，项目通过审核后可根据时间组织相关内容与培训。申报项目的教师为区内资深心理健康教师或高级家庭教育指导教师，一般一学期可以申报一个俱乐部项目，项目涉及的经费均由区教育局负责。

【“和谐心”俱乐部申报表示例】

表3-3-1　西湖区“和谐心”俱乐部申报表

项目主题	多孩家庭子女教育俱乐部				
项目负责人	傅之敏	**活动地点**	杭州市文溪中学	**活动人数**	30
课程目标	构建多孩家庭和谐关系，完善家庭系统关系，如夫妻关系、亲子关系、多孩关系以及祖辈养育的界限，旨在让孩子成为最好的自己。				
活动具体安排	第一次：5月9日18:30—20:30　爱的源头 1.催眠放松（志愿者） 2.夫妻关系对孩子的影响 3.爱的功课 第二次：5月23日18:30—20:30　爱的平衡 1.催眠放松（志愿者） 2.二孩视频和活动体验 3.家庭成员关系演绎 4.餐桌对于家庭关系的呈现 第三次：5月30日18:30—20:30　爱的智慧 1.催眠放松（志愿者） 2.五行天赋的了解与尊重 第四次：6月6日18:30—20:30　爱的空间 1.催眠放松（志愿者） 2.活动演绎 3.祖辈养护的界限 第五次：6月13日18:30—20:30　爱的成长 1.现场个案分析 2.家庭关系演绎				

续表

项目负责人简介	傅之敏，从业21年的心理健康教师，坚持家校融合理念，创办家长心理沙龙，累计举办家长沙龙400多场，受益家长达2万余人次，负责个案1000多个，收到家长感悟20多万字。 傅老师成立了西湖区心理健康教育工作室，是杭州市心理健康先进工作个人、浙江省“最美教师”候选人、西湖区“事业家庭兼顾型”先进个人，获得浙江省“三育人”岗位建功二等奖。她努力构建和谐的家庭亲子关系，在家校之间架起了一座共同关心学生成长的桥梁，相关工作曾被杭州少儿频道、浙江经济广播电台、《都市快报》、《西湖报》报道。

（二）“和谐心”俱乐部课程导向

“和谐心”俱乐部目前的课程内容有三种导向。

1. 教师擅长的领域

作为专业领域的教师，其专业能力值得信任，但各自擅长的领域是有区别的，有的教师擅长组织活动，有的教师擅长个案，有的教师对于青春期教育有深度研究，有的教师则对沙盘游戏有自己的独到见解。因此，第一类课程是组织教师以自己擅长的领域作为俱乐部的主题内容，带动参与者的成长。

2. 教师研究的领域

有的教师在工作中会遇到自己感兴趣的研究主题和领域，如绘本在亲子教育中的应用；有的教师在工作中可能会遇到一些困境，如家校如何合力帮助注意力缺陷的孩子。组织俱乐部的教师往往会基于自己的研究兴趣和工作需求，开发一些俱乐部的课程，带领相应的家长群体成长。

3. 区域突破的领域

区域在总结学校教育教学现象与问题的过程中，发现全区学生、家长、教师遇到的共性问题。例如，学生的电子产品成瘾问题、亲子冲突带来的危机问题、休学在家学生数量不断攀升的问题等，区域鼓励和组织俱乐部教师结合区域的共性问题设计课程，带领相应的群体更好地成长。

教师自主申报的俱乐部主题往往具有个性化特点，而区域推荐的俱乐部主题则聚焦教育的困难点和薄弱点，以2023年为例，西湖区学生成长支持中心推荐了以下俱乐部主题：休学在家学生/家长的赋能俱乐部、抑郁学生/家长的赋能俱乐部、网络成瘾学生的戒断俱乐部、非自杀性自残学生的成长俱乐部、心理危机学生的家长成长俱乐部、教师心理解压俱乐部。俱乐部负责人可根据推荐并结合自己擅长的领域申报俱乐部主题。

（三）“和谐心”俱乐部课程主题

我区目前开发的三类“和谐心”俱乐部课程主题达到18个，详见表3-3-2。

表3-3-2 西湖区“和谐心”家长俱乐部课程主题

序号	主持人	课程类型	课程主题
1	张仁美	陪伴式课程	优势养育家长俱乐部
2	李海莉		给她力量·妈妈圈谈
3	薛盼盼		相约周四读书会
4	张语娇	技术式课程	焦点解决父母训练营
5	张　皓		让父母成为孩子的心理教练
6	张　皓		U形理论下的家庭教育
7	方志鑫		青春期沟通之道
8	赵艺红		如何说，孩子才会听
9	杨晓凤		如何做好幼小衔接工作
10	曹志勇	综合式课程	全职妈妈成长团体
11	周春飞		自驱型成长——做有力量的父母
12	傅之敏		多孩家庭俱乐部
13	陈　琦		家长心灵成长之旅
14	陈　琦		焦虑妈妈的情绪管理之旅

续表

序号	主持人	课程类型	课程主题
15	沈佳丽	综合式课程	培养内心强大的孩子——成长型父母俱乐部
16	沈佳丽		亲子关系的重建俱乐部
17	金文婧		智慧养育，提升孩子专注力
18	张　皓		情绪压力处理工作坊

“和谐心”俱乐部的每节课程都由负责人精心准备，内容丰富且专业，家长在参与过程中非常投入，收获颇丰。

【陪伴式课程示例】

相约周四读书会

薛盼盼

家长读书会的活动次数可多可少，一般来说会以一个主题或者一本图书作为核心来设计与组织读书活动。

每周一，家长志愿者发布本周读书会的通知，明确时间和计划阅读的图书的起始页码。在读书会正式开始前30分钟，家长志愿者再次通知并做好提醒。首先，主持人带领参与的家长一起阅读图书，请每位家长领读10分钟。然后，主持人邀请事先确定的分享者上台发言，分享者可以根据自己的阅读体验和心得，结合主题进行阐述，可以分享书中的精彩段落，讲述自己的理解和感悟，也可以结合自己的育儿经历，讲述阅读如何影响了自己的教育方式或家庭关系，等等。

在分享的过程中，主持人和其他家长可以随时提问或发表自己的观点，与分享者进行互动交流。这种互动不仅可以增强读书会的趣味性，也能够深化家长们对主题的理解。

分享环节结束后，主持人会引导大家进行小组讨论。家长们可以根据自己的兴趣和观点，选择不同的小组进行讨论。在小组内，家长们可以进一步探讨主题，分享自己的见解和经验，也可以向其他家长请教问题或寻求建议。

最后，主持人总结今天的读书会，强调主题的重要性和意义，鼓励家长们将所学运用到实际生活中，同时预告下一次读书会的主题和时间，让家长们产生期待。

【技术式课程示例】

让父母成为孩子的心理教练

张　皓

本次家长俱乐部活动有六次课程，主要围绕心理教练技术展开。

首先，参加培训的家长需要掌握知识，包括“心理教练”的概念——“教练就是释放人们的内在潜能，使他们有最佳的表现”“心理教练就是陪伴重要的人物去他/她想去的地方”。家长还需要掌握心理教练三要素、心理教练助人模式五项特征、心理教练的核心理念，以及进化教练的四大原则等内容。

其次，家长还需要转变观念，在孩子成长的过程中，家长总控制不住想要“教”孩子一些自认为是经验之谈的“知识”，希望能让他们少走弯路。但家长不是老师，也不是专家，传授的知识并不一定正确。家长要做的是帮助孩子做好自己，帮助孩子找到天赋所在。

最后，家长要学习技能并不断实践。家长需要掌握一些实用的心理教练技巧，然后进行现场指导，培训的组织者对参与者的表现进行评价和建议，对提出的问题给予解答。之后，大家一起思考制定孩子的教育方案，并分享、讨论、实践方案。

【综合式课程示例】

自驱型成长——做有力量的父母

周春飞

本课程一共有五次活动，从孩子、家长、家庭三个视角综合构建课程内容，在一个多月里，家长们互相学习，陪伴成长。

从孩子的视角看，家长要了解孩子的人格底色——信任感、自主性、主动性。具有信任感的孩子敢于憧憬，富有理想，有强烈的未来定向；自主性发展良好的孩子勇于探索世界，能和环境建立丰富的连接；主动性的发展为孩子将来成为一个有责任感、有创造力的人奠定了基础。要奠定良好的人格底色，需要父母提高自我的感受力，学会倾听、学会共情、学会保持。

从家长的视角看，家长需要分享在养育孩子过程中面临的挑战，体会在父母角色中的感受，思考教育孩子的方法来源，探寻自我父母角色的定位和期待，学会“蹲下来”看看孩子的世界。家长还需要通过对压力和大脑系统的学习，掌握当今孩子容易焦虑和抑郁的原因，并学会设定有边界的自由，提高孩子的自主感；调整家庭氛围，提高孩子的安全感；做顾问型父母，增强孩子的信任感。

从家庭的视角看，家长通过“动物家庭图活动”，以绘画、分享、展示的形式厘清家庭成员的关系和角色，明确家庭的核心关系是夫妻关系，而爱孩子最好的方式就是爱另一半，每个人养育孩子的理念中或许都藏着一个童年的自己。家长需要通过成长采访卡，了解彼此的成长背景，探寻不同教育理念背后的原因，互相妥协、平衡，使教育理念达成一定程度的统一。

三、“和谐心”俱乐部组织

（一）组织报名

俱乐部负责人拟好报名通知后，区域负责人将相关内容通过两条途径推荐给区内家长：一条是通过参加过“和谐心”沙龙的家长组建的交流平台，一条是由五个片区负责人先转发给片区内所有的学校心理健康教师，再由心理健康教师转发至班主任，然后通过班级家长群公告，最终由家长自己决定是否报名参加。

【报名通知示例】

西湖区“和谐心”俱乐部主题活动之优势养育课程报名通知

为贯彻落实党中央协同育人精神，推动区域家庭教育和谐发展，西湖区以“和谐心悦·营造家校幸福圈 ”为主题，积极构建学校、家庭、社会协同育人新格局。本活动为西湖区“和谐心”活动的重要组成部分，由杭州市大禹路小学甲来路校区承办，现将安排与报名须知公布如下：

一、活动主题

优势养育：如何发掘孩子的优势，不吼不叫让孩子自主学习？

二、活动形式

本次主题共由四场子活动组成。

三、活动时间（见表3-3-3）

表3-3-3 活动时间表

类型	时间	主题
团队见面会	12月1日（周五） 18:30—20:30	解析自己的养育风格

续表

类型	时间	主题
案例连线图	12月15日（周五） 18:30—20:30	解析自家孩子的优势力
自主驱动轮	12月22日（周五） 18:30—20:30	借力使力，找准使力点
幸福一家人	12月29日（周五） 18:30—20:30	关系营造，维持幸福力

四、活动地点

杭州市大禹路小学甲来路校区

五、具体安排

1.引领教师：张仁美

张仁美，心理学本科毕业，教育管理硕士，国家二级心理咨询师，高级家庭教育指导师，西湖区“和谐心”团队成员。曾获浙江省资源教师基本功大赛一等奖；浙江省校园心理剧大赛二等奖；杭州市资源教师基本功大赛一等奖；杭州市心理健康教育骨干教师技能大赛一等奖。获得西湖区教坛新秀、西湖区优秀班主任、西湖区师德示范教师等荣誉。

2.报名对象：西湖区小学生家长。

3.活动介绍：我们知道每个孩子都是独一无二的，每个孩子也都有着自己的优势，作为家长，我们应观察、了解并理解、欣赏孩子的优势，借力助力，让孩子从内心发生改变，实现用最少的精力成就更自主的孩子的梦想。

4.具体报名流程：

（1）名额有限，请先确认上述四场活动是否都能参加。

（2）请用“钉钉”扫描二维码参与报名，二维码报名通道将于11月24日（周五）10：00开放。

（3）活动名额：活动人数限20人。报名成功后，活动负责人会联系您安排后续事项。

5. 奖励形式：完成四次活动的家长将获得结业证书。

西湖区学生成长支持中心

杭州市大禹路小学甲来路校区

2023年11月22日

（二）课程展开

1. 第一次课程：团队见面会，解析养育风格

透过游戏看见孩子。张仁美老师通过热身游戏“动物进化之石头、剪刀、布”引入主题，让家长们切实体会到孩子的学习历程充满了各种可控和不可控的因素，同样的努力，成长历程不一定一样，也许一帆风顺，也许屡战屡败。这些情况，都会极大地影响孩子的学习动力，形成一定程度的学习压力。简单的“动物进化之石头、剪刀、布”游戏，给家长们带来了极大的震撼，让家长们意识到学会从孩子的角度理解问题是一个迫切的议题，看到孩子情绪背后的需求成为当下的重要命题。借助“动物对对碰”游戏，家长们冷静分析并了解亲子目前的相处状态和家长的养育风格。张老师从正面管教的维度，为家长详细讲述了各种养育风格的利弊及相关养育风格可能对孩子未来产生的影响等，从而让家长适当调整养育风格，温柔而坚定地陪伴孩子成长。当天活动结束后，家长们还领取了相应的亲子操练作业，让本节课的学习效果达到最大化。

2. 第二次课程：案例连线图，解析优势力

张老师对家长们亲子操练的情况进行复盘，鼓励和引导并举，深挖家长的养育痛点，并将痛点连根拔除。家长每完成一次案例连线复盘，就能收获在场其他参与者的赞许和鼓励。通过这样的复盘和及时鼓励环节，家长切身感受到

反思和鼓励给自己带来的动力，使家长开启向内生长。因为获得发自内心的肯定是自我成长动力的源泉，我们要做的，不是点评和评判，而是对孩子的信任和鼓励。接着是“情绪调节器”环节，通过“情绪温度计”“情绪送信员”等活动，让家长们明白问题永远都是成长的机会，我们需要无条件地接纳孩子的情绪，有条件地处理孩子的行为。张老师还分享了如何用启发式提问的方法和孩子进行沟通，从而让孩子认识到自己的行为存在的问题，并找到合适的处理方法。本节课重点讲解了五大优势力：进取力、引领力、分析力、探索力和社交力。通过深入浅出的“动物故事会”，解析各家孩子的优势力。不同的优势力，有各自的长处和短板，然而每个孩子都是独一无二的，找准优势，才能更好地激发孩子的内驱力，因为没有不当的行为，只有未被掌控的技能。同样，当天活动结束后，家长们领取了相应的亲子操练作业，和孩子一起分析、找到孩子的优势力，让家长从优势力的角度重新观察孩子，也为下节课的学习做好铺垫。

3. 第三次课程：自主驱动轮，找准使力点

知己知彼，才能更好地陪伴和引领孩子。有了第一、二次的铺垫，在第三次课程上，张老师和家长们一起分析各个优势力的孩子最反感的事情和话语，并讨论了帮助不同优势力的孩子激发内驱力的最佳策略。本次课程以“松鼠和大树”的游戏引入，让家长切身感受到紧张、压力、抵触等情绪。家长时常会有这样的体验：感觉自己已经尽力了，想尽办法不被占据位置，但是竞争无处不在。其实孩子们在学习上也是一样。耶克斯—多德森定律提到了压力的倒U形曲线，压力太大或者太小都不适合学习内驱力的发挥，中等程度的压力才是最合适的。但是每个孩子的抗压能力不一样，家长不能用别人的孩子的抗压能力去评价自己的孩子。接着，张老师带领家长根据孩子的优势力进行分组，一起讨论本组孩子的优势力，从“最讨厌听到的话”“内驱力关键词”“提升内驱力的方法”“沟通话术”四个维度分别解析五大优势力，让家长们不仅知道自家孩子的优势力，更知道如何有的放矢，让沟通效果达到最优化。为了让所学更具实践意义，本节课的最后一个环节是“优势沟通剧场”，家长们根据孩子具有的不同优势力，开启自编、自导、自演的优势沟通表演，让所学有所模拟、有所输出，最终融入实践，创建属于每个孩子的独一无二的自主驱动轮，使其学会自主学习。

4. 第四次课程：幸福一家人，维持幸福力

2023年12月29日进行本期俱乐部的最后一次课程，在2024年开启之前，本次课的意义和作用重大。第一环节中，通过20问“我是谁”，家长们逐步从对自己的社会标签“我”走向内在的深层“我”，意识到“我”不仅是家长、配偶等社会角色，我更是“我自己”，树立起边界意识，把握好“依赖感”的尺度，让“我”成为“我自己”，开启“我自己”的2024年；第二环节“进步KISS复盘（一种科学的项目复盘方法）”，是对本期学习和成长的总结，从保持、改进、开始和停止四个方面进行2023年的进一步复盘，帮助个人持续学习和改进；第三环节“成长在路上”，家长们带着“自己”，带着复盘成果，获得维持幸福力的法宝，拟定新一年的育儿和自我成长的目标和计划，心有优势力，带着内驱力，维持幸福力，迎接崭新的2024年。

（三）课程反馈与总结

西湖区“和谐心”俱乐部主题活动之优势养育课程历时1个月，从2023年12月1日至12月29日，课程共分为四次集中的线下讲座，并建有“钉钉”学习群，在线跟进。每次线下讲座后，有及时的电子问卷调查。最后一次讲座结束后，组织者对俱乐部学员填写的纸质问卷，进行了数据分析和反馈。

本次课程共收到21张有效问卷，均来自本期“和谐心”俱乐部学员。问卷共设五道题，家长的回答情况表明家长的满意率为100%。从家长的反馈中可知，家长的提升主要在于能更好地看待自己和孩子，更好地调整自己的情绪，接纳孩子，了解孩子的需求，同时，多数家长能将这一提升效果辐射至家庭其他成员。此外，家长学会了如何与孩子沟通，掌握了实用的对话技巧和表达方式，在家庭中运用并取得良好的效果。家长普遍反映孩子都发生了较大的变化，自主

学习意识和能力增强了，心态积极了，能够理解父母了，更懂事了，亲子关系也更和谐融洽。后续，家长制订了新一年的计划和目标，并对课程提出了诚恳的建议，有效促进俱乐部的成长。

相比于“和谐心”沙龙，“和谐心”俱乐部相对年轻，实践与探索的经验有待进一步积累，目前仍存在一些短板。例如，俱乐部的类型还不够丰富，主题选择余地不大，组织教师不多，课程的设计也相对粗糙。俱乐部的具体课程与内容没有太多的创新性，与俱乐部成员的匹配度尤其是个性化还很不足，专业性与深度还有待提升。目前俱乐部的项目与区域心理健康、家庭教育的重难点问题联系还不够紧密，后续西湖区教育局将依托区学生成长支持中心，加大对俱乐部项目的规划与指导，有机融合，共同助力西湖区教育高质量发展，破解心理健康教育的困境。

第四节 “和谐心”亲子项目

西湖区学生成长支持中心面向区域开设心理热线，接受所有家长与学生的咨询并予以辅导，部分陷入困境的家长会进一步预约周六的面对面辅导。但周六当天，常出现这样的场景：父亲或者母亲单方来到辅导中心接受咨询，作为当事人的孩子却并没有前来，家长表示孩子不愿意来。

在与很多家长的交流中，他们也常常提到这样的情况，与孩子的沟通很困难。有个家长很疑惑地问：“现在孩子一听到我说话，就不吭声，让他一起出去吃个饭、看个电影都不愿意，情愿独自待在房间里，这是为什么？”

一、“和谐心”亲子项目概述

（一）理念与背景

为什么孩子不愿意和父母沟通与交流了？因为在孩子眼中，父母只会教育批评他/她，只会和他/她谈学习，他们已经不信任父母了。但孩子是成长中的孩子，家长也是成长中的家长，家庭成员之间如何突破关系的壁垒与冰点，重塑信任，还需要更多的思考与实践。

“和谐心”沙龙与俱乐部通过体验与觉察的方式让家长深入感受与思考，将所学运用到家庭之中，但参与培训的对象往往只有家长一个人，这就存在一定的弊端。首先，孩子不参与，他们的情绪就很难释放，孩子与家长没有互动起来，家长就很难直接、深入地了解孩子的内心世界，很难产生情感的互动；其次，缺少了现场的直接反馈，课程可能显得单调乏味，缺乏实际指导意义；

最后，没有孩子的参与，课程可能过于关注家长视角，而忽视了孩子的实际需求和感受，家长可能无法全面理解孩子的真实问题，导致家庭教育的效果不尽如人意。

“和谐心”亲子项目因此而生，亲子共同参加的家庭教育活动有效弥补了前文提到的缺陷，具有多方面的优势：第一，亲子共同参加教育活动，为家长和孩子提供了更多的互动机会，家长和孩子可以增进了解和信任，建立更加紧密的关系，有助于孩子形成健康的心理状态，更好地应对生活中的挑战；第二，家庭教育活动课程往往涵盖了多个领域的知识和技能，如道德情操、语言表达、体育健康、动脑动手等，通过亲子共同参与，孩子可以在家长的引导下，接触到更广泛的知识领域，提升自己的综合素质，同时，家长也可以在参与过程中，不断更新自己的教育观念和方法，提升自己的教育水平；第三，这些活动往往与学校教育紧密结合，为家长和学校提供了一个良好的沟通平台，通过参与课程，家长可以更加深入地了解学校的教育理念和教学方式，从而更好地配合学校的教育工作，另外，学校也可以通过课程了解家长的需求和期望，进一步优化教育资源配置；第四，亲子共同参加家庭教育活动，有助于营造一种积极向上的家庭氛围，在这种氛围中，家长和孩子可以相互学习、相互支持，共同追求进步和成长，有助于培养孩子的自信心和责任感，促进孩子的全面发展。

（二）概念与特征

“和谐心”亲子项目，以和谐为最终目标，要求家庭成员共同参与，通过活动的形式推进，具有系统性、趣味性，项目循序渐进，在亲密亲子关系、家庭关系的同时，让孩子在一个丰富的、安全的、自由的、富有教育意义的环境里成长，让孩子获得终身成长的内驱力。

“和谐心”亲子项目具有活动性、游戏性、多元化、生命感的特征。

“和谐心”亲子项目强调活动性和游戏性，通过设计丰富多彩的游戏活动，让父子（女）之间、母子（女）之间、家庭成员之间的爱意流淌，建立起家庭成员之间的亲密连接，引导家长了解孩子，引导孩子理解家长，处理好彼此的关系，在欢声笑语中激活成长的内驱力。

“和谐心”亲子项目强调生命感和生活性，与孩子的生活联结，使其在探寻生活自理、生活自立、生活自信的过程中达成生命自由，获得内生的力量，引导家长正确且智慧地陪伴孩子成长。

“和谐心”亲子项目强调丰富性和多元化，通过丰富多彩的内容和父母在家庭生活中对其的延伸，促进孩子阅读、运动、实践、探索、社会交往等多项能力的全面均衡发展。家长以成长的心态理解孩子、帮助孩子，孩子则养成终身成长的心态。

（三）实施策略

“和谐心”亲子项目的实施是一个系统性的过程，主要分为学校与区域两个层级考虑。

学校需要明确亲子项目的定位和目标。学校对亲子项目的内容，所需的人力、物力、资源和需求等进行自我评估和分析，明确可开发项目的内容和目标。学校积极与家长沟通，了解他们的需求和期望，以便更好地调整项目内容和形式，形成家校合力。在项目实施过程中，学校可以邀请相关领域的专家和能手提供指导和支持。为了确保亲子项目的实施效果，学校定期进行项目评估，收集家长和孩子的反馈意见，及时发现和改进项目中的不足和问题。

从区域角度而言，项目具有如下意义：

1. 组织研讨，内容调控

区域组织同类型亲子项目，形成研讨群落，群落成员间进行思维碰撞、思路整理、自我反思，对项目内容进行宏观和微观的思考、传承与发展的思考。

2. 分享交流，借鉴生发

将在开发和实施亲子项目的过程中所获得的经验进行分享与交流，为其他学校提供可参考、可借鉴的新路径。

3. 专题研讨，打造项目

专题研讨，优化亲子项目内容，助推项目成形，打造贴近生活的亲子项目。

4. 调研提升，提升影响

调研提升，专家团队介入孵化全程，通过任务驱动使内容更丰富，通过检测驱动使过程更精致，通过品牌推广使项目更有影响力。

二、"和谐心"亲子项目设计与内容

"和谐心"亲子项目的设计包含三个维度，既有家庭自发组织的亲子游戏，又有学校设计的亲子项目，还有区域组织的亲子课程。"和谐心"亲子项目的内容涵盖"五育"和心理健康教育等多个领域，以满足孩子的全面发展需求。项目内容框架如图3-4-1所示。

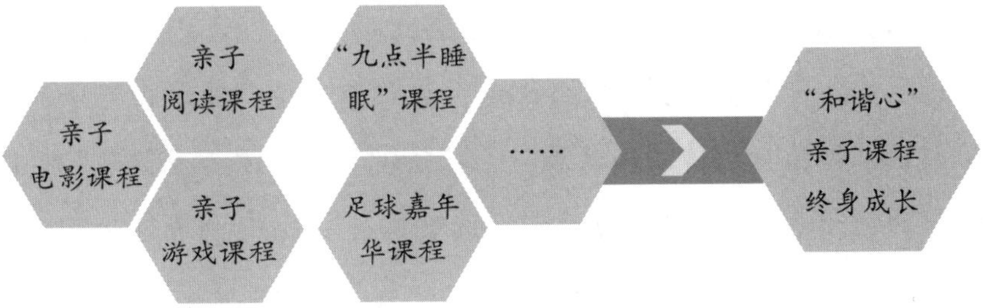

图3-4-1 "和谐心"亲子项目内容框架

（一）家庭亲子游戏

"和谐心"亲子项目的设计有一部分依托家庭自发的力量，家长在适当的鼓励与引导下积极开拓游戏项目，具有一些独特的优点。首先，家庭亲子游戏更具个性化和灵活性。每个家庭都有其独特的教育理念和方式，家长可以根据孩子的兴趣、性格和成长需求，量身定制适合的游戏。这样的游戏更能满足孩子的个性化需求，有助于激发孩子的积极性和参与度。同时，家庭亲子游戏的时间、地点和方式都可以根据家庭的实际情况灵活调整，更加便捷。其次，家庭亲子游戏有助于建立更亲密的亲子关系。在家庭游戏中，家长可以全身心地投入与孩子的互动中，让孩子感受到父母的关爱和陪伴，有助于孩子形成健康的情感基础，增强他们的安全感和归属感。再者，家庭亲子游戏更强调情感交流和互动。在游戏中，家长可以与孩子分享快乐、解决问题、共同成长，这种互动有助于增进彼此的了解，增加彼此的信任，促进家庭和谐。最后，家庭亲子游戏有助于增强家庭凝聚力。在游戏中，家庭成员共同参与、相互合作，为了共同的目标而努力，这种团结合作的精神有助于增强家庭的凝聚力。同时，游戏中的快乐时光也能成为家庭成员之间美好的回忆，增进彼此之间的感情。

【家庭自发组织的亲子游戏示例：自我的每一面】

游戏过程：爸爸妈妈与孩子一起做一份情绪表格，在上面写出各种情绪词语，如生气、愤怒、开心、兴奋等。然后请爸爸妈妈其中一人当裁判，由孩子比画情绪表格上的情绪，让另一位家长来猜；再交换一下，由家长比画情绪，让孩子来猜。看看在两分钟的时间内，谁猜对的情绪词语最多。对猜对多的一方给予奖励，对猜对少的给予小惩罚（可自行设定奖励或惩罚方式）。再请爸爸或妈妈采访孩子，了解他/她是通过哪些方法发现家长比画的情绪的。比如是通过面部表情、肢体语言、语气语调，还是通过眼神、说话内容等。最后，请孩子说一说在平时的生活中准确识别他人情绪的重要性及原因。

游戏价值：引导孩子管理自己的情绪，增进家庭感情。

（二）校本亲子项目

“和谐心”亲子项目的设计还有一部分依托学校的力量，这样可以充分利用学校的资源和优势，为家长和孩子提供一个更丰富多彩、有针对性的互动体验。

首先，项目紧密结合学校的教育理念和教学计划，确保活动与学校教育的连贯性和互补性。其次，项目往往根据学校的课程设置，设计与之相关的亲子活动。例如，语文课的亲子阅读、体育课的球类运动等，让家长和孩子一起参与到学校教育中来。再次，项目可以充分利用学校设施，如体育场馆、实验室、图书馆等，开展各类活动。最后，项目能够将各种力量融合起来，学校教师可以担任亲子项目的指导老师，利用他们的专业知识和教学经验，为家长和孩子提供有针对性的指导和帮助，家长委员会可以共同策划、组织和管理项目，确保家长的积极参与和活动的顺利进行。各个学校可将自身的传统优势项目与亲子项目融合，达到共创共赢的局面。目前，我区中小学积极推进，开发了多个系统的亲子项目，举例如下。

“百草翠苑”亲子项目：亲子合作寻找身边的中草药，认识中草药，了解中草药植物的特征等；通过诵“百草儿歌”、绘“百草漫画”，进一步了解了中草药；亲子合作在自家阳台种植中草药，建设“阳台百草园”；“相约大自然，开拓百草园”，学校利用社区资源开辟种植基地。

“九点半睡眠”项目：家校合作保障孩子的睡眠时间，提升睡眠质量，加强并优化孩子的睡眠管理，探索科学有效的睡眠管理方法。结合学校实际，项目包括私人定制的“星星睡眠计划”、电子手环评估、“西湖生物钟”等。

“爱阅读”亲子项目：让阅读成为亲子沟通的桥梁，一起共读一本书，体悟阅读的乐趣，感受美妙的相处瞬间，让书中的故事在家庭生活中延续。课程包括妈妈读书会、一起去图书馆、读经典学榜样等。

“足球嘉年华”项目：丰富校园足球文化，促进亲子关系的和谐美好，增添不一样的色彩。项目包括足球亲子游戏：两人三足运球接力、默契搭档、双人合作带球、“螃蟹背西瓜”等，家长和孩子一起感受足球游戏的乐趣，通过分组对抗赛体验团结合作的魅力。

【学校设计的亲子项目示例】

杭州市九莲小学“爱阅读”亲子项目

杭州市九莲小学的这一项目以读书为主题，建立了“妈妈读书会”团体。“妈妈读书会”鼓励妈妈们带领孩子定期开展读书分享活动，增强孩子们爱看书、看好书的阅读氛围，同时妈妈们作为组织者也进行读书体悟的分享，以自身的行动来带领孩子们成长。

以40个学生的班级为例，全班学生在班主任的组织下，根据学生住址的远近和学生的兴趣爱好分为5—6支队伍，每支队伍5—8名学生，在妈妈的带领下围绕“阅读”开展亲子课程活动，每学期提前做好活动计划，撰写活动方案，及时分享活动过程，做好活动总结，真正开展好亲子成长课程。

【案例举隅】四年级（4）班“妈妈读书会”学期计划

“好读书、读好书、读书好”——“妈妈读书会”活动计划

一、具体活动安排与规则

1.每晚睡前读书半小时（建议大声朗读十分钟），每周完成“语文课外阅读记录卡”的记录，下周一上交给小队长评价并存档。

2.每周末把精彩的朗读视频分享到班级群。

3.每个月末进行阅读评比，并给予相应的奖励。

4.本学期，家长和孩子共读《窗边的小豆豆》，举行一次班级读书交流会。

二、阅读评比标准及奖励办法

1.每个月阅读2—3本课外书并完成“语文课外阅读卡”的学生，获得“阅读小能手奖状”。

2.每个月阅读4—5本课外书并完成“语文课外阅读卡”的学生，获得“阅读小学士奖状”。

3.每个月阅读6—7本课外书并完成“语文课外阅读卡”的学生，获得“阅读小硕士奖状”。

4.每个月阅读8本以上课外书并完成“语文课外阅读卡”的学生，获得“阅读小博士奖状”。

5.期末进行阅读大比拼，根据本学期阅读获奖情况进行表彰和奖励，评选出本学期“最佳阅读之星”。

（三）区域亲子课程

“和谐心”亲子项目还包括一些区域开发的亲子课程，这类课程具有专业性和系统性，授课教师拥有丰富的教育经验和资源，能够根据儿童青少年的年龄和发展阶段，提供科学、系统的教育内容和方法，有助于孩子们在课程中得到全面的发展，提升各项能力。这类课程通常面向区域内的多个家庭，为孩子们提供一个更广阔的社交平台。孩子们可以结识更多的同龄伙伴，学习如何与他人相处、合作和分享。同时，家长之间也可以互相交流育儿经验，增进彼此的了解和友谊。这类课程还具有灵活性和可选择性，不同的区域可以根据当地的文化、资源和需求，设计出各具特色的亲子课程。家长可以根据孩子的兴趣和需求，选择合适的课程参加，有助于满足不同家庭和孩子的个性化需求。

【区域组织的亲子课程示例】

西湖区“电影沙龙”亲子课程

“电影沙龙”亲子课程是由一场一场的电影赏析构成的，电影的主题均与教育、心理有关。通过家长与孩子共同欣赏一部影片，引发情感的触动。请家长与孩子对影片的内容和片段，主要围绕看到的、感受到的、与自己相关的启发与收获进行点评，进而对一些核心的观点进行思考、提炼与思辨，从而达到双方互相理解，求同存异，增进感情的目的。

以《小孩不笨》为例，观影结束后，大家就以下十个话题进行了观点分享与探讨：

1.影片中的国彬妈妈认为学习至上、文凭至上，你怎么看？成绩与未来是不是绑定的？

2.影片中，国彬妈妈喜欢用体罚的形式来教育，适当的体罚是不是更有利于孩子的成长？度在哪里？

3.家长给孩子最大的财富是什么？是衣食无忧、潜能开发，还是幸福自由的美好童年？

4.对于影片中的老师，你有何评价？

5.在经济富裕的情况下，什么都很容易得到，那么奋斗的意义又在哪里？

6.家长的价值观一直在影响着孩子，但家长的价值观一定是正确的吗？

7.影片中的老板，在同一件事中，对待不同的人的反应截然不同，为什么？这对你有什么启发？

8.影片塑造了一个焦虑的妈妈和一个对孩子放任自流的爸爸，你想到了什么？

9.国彬妈妈最后得了重大疾病，和她的日常情绪的关系是什么？

10.家到底是什么？

三、“和谐心”亲子项目具体实例

以杭州市西湖小学的“美好生物钟”亲子项目为例，学校抓住晚餐后的闲暇和每日的睡眠时间，打造“生物钟”系列项目。学校采用家校联动的亲子互动模式，设置“18:30心流时间”，形成良好的家教生态；“21:30筑梦时间”，保障学生每日十小时的睡眠时长。两个项目彼此独立，又相互依托，通过整体实施，聚集智慧，聚焦健康，聚力成长，促进学生全面发展、健康幸福。

（一）“18：30心流时间”

“心流时间”是以学生的发展视角看学生，提倡在放学后的课余时间中利用一个小时的时间，让学生专注于某个项目。在自主发展的心流过程中学生能够有乐趣而自发、忘我地快乐成长，实现“人人发展，个个成才”。

1.黄金地图

心流实践“黄金地图”基于学生真实心流情景，分学段、分技能达成，具有主题性、层次性，对标国家最新义务教育课程方案和课程标准，以提升学生的观念、能力、习惯和品质、精神等核心素养为目标，按照年级设置不同的心流实践内容，让其在力所能及的范围内实现“他驱”到“自驱”的转变，具体见表3-4-1。

表3-4-1 “18:30心流时间”黄金地图核心内容

设计策略	策略要点
建构心流时间模型	知“心流”，建“心库”。首先，要了解能力与挑战之间的关系要相对平衡。任务要有挑战性，同时自身已具备的技能足够应对。当任务难度过低时，会感到厌烦或无聊；当任务难度过高时，则会感到焦虑。其次，要知行合一，集中注意力运用技巧，不能分散注意力来做其他的事情。最后，完成当前的任务要有明确的目标，且能够得到及时反馈
全面剖析心流场域	明“现实”，树“理想”。俗话说：“知己知彼，百战百胜。”为此，需要对和心流时间产生链接的场域进行全面剖析，包括心流自己、心流孩子、心流家庭三大核心场域元素。比如，通过“左一半、右一半”的自绘图像来剖析让自己产生心流的途径有哪些，自己擅长的、热爱的领域有哪些

续表

设计策略	策略要点
探寻心流关卡秘籍	知“关卡”，指“核心”。进入心流状态的关键是去甲肾上腺素和多巴胺这两种化学物质处在恰到好处的水平。去甲肾上腺素让人变得警觉，多巴胺让人产生兴趣。为此，需要制造一点紧张感，给平静加点刺激。也可以创造些新奇感受，给平淡加点作料，如做一点小改变、使用积极的期待、保持幽默，以此来探寻心流关卡

（1）拟心流清单，知晓挑战系数。向上挑战和争取进阶的时候才会产生心流，所以学生必须了解自己的实际能力，以及将要投入的事情是一个可达成的挑战，列出清单，知晓挑战的难度系数。

（2）通心流路线，明晰心流路径。在心流产生的过程中，纵轴是挑战难度，横轴是技巧。学生需要全面了解自己、确定自主发展目标，如果感到无趣，则要提升挑战难度；相反，如果感到焦虑，则需要提升技巧。

（3）知心流关卡，指向心流核心。围绕心流三大关卡，从能力着手，紧扣“生活小当家”心流核心；从创新着手，紧扣“创意小达人”心流核心；从有爱着手，紧扣“家庭小帮手”心流核心。

2. 心流场馆

心流场馆根据学段特点给予学生帮助和针对性指导。“18:30心流时间”项目的主阵地在家庭，利用专题课程帮助学生掌握必要的程序、方法、要领等，并借助家长学校加强对家长的培训，以督促实施，为其指点迷津，让每一个学生在心流场馆中施展特长，最后以“生活技能大比拼”验收成果。三大类型心流场馆及其特色见表3-4-2。

表3-4-2　三大类型心流场馆及其特色

心流场馆	场馆特色
心流发展馆	深度体验，召唤厉害的自己。在心流发展馆中，强调的是“面向独特的自己、落实全面的教育、保障全程的成长”。学生需要在多种实践体验中找到自己所擅长的、热爱的项目，并有意向将其发展成为自己独一无二的“利器”

续表

心流场馆	场馆特色
心流自驱馆	人人发展，参与开放型体验。自律是自我驱动，就像给人安装了一台永动机。学生在心流自驱馆中，可以产生良好的控制感，有助于获得更健康的身体、更积极的情绪感受、更强大的自控力、更好的学业成绩，增强自我效能感
心流家庭馆	言传身教，打造心流家庭。童年时期所受的家庭影响能决定一个人体验心流的难易，为此在心流家庭馆中，需要从以下五个特点着手打造：清晰、重视、选择、投入和挑战。这五个家庭环境特点有助于产生最优体验的家庭心流场馆

（1）自驱：深度学习，增发展性知识。学生可以用音乐、阅读、实践或者绘画等方式作为媒介，在这个过程中亲身经历故事、发展审美体验，将校内所学与校外实践相联系，召唤出厉害的自己。

（2）伴学：人人发展，做个性化设计。秉承“人人发展，个个成才”的初心，学生可在心流时间中开展开放型的实践体验活动，感受不同的实践方式，发展综合能力，见证多方面的最佳的自己。

（3）亲子：言传身教，创“和谐心”家风。孩子从最初自我服务到后来能服务家人，家长更要教会孩子生活的技能，培养孩子的责任感。让孩子从爱小家做起，未来有责任爱大家，营造和谐的家风。

（二）“21:30筑梦时间”

睡眠对促进中小学生大脑发育、骨骼生长、视力保护、身心健康和提高学习能力与效率等至关重要。为此学校打造“21:30筑梦时间”，倡导学生在21:30左右睡觉，保障每日至少十小时的睡眠时长。

1. 三方共谋划：完善“21:30筑梦时间”项目设计

借“三方会谈”模式让学校、家长、学生关注健康睡眠的重要性，并且由三方共同参与“21:30筑梦时间”项目的设计，统一思想认识，打造“学校、家庭、学生”一体化场域，建构校内和校外自律实践场域的连接通道，建立多元自律的实践样态，多方协同，各扬特色，扩充自律教育场域的时空形态。具体项目设计见表3-4-3。

表3-4-3　三方共谋“21:30筑梦时间”项目设计

设计策略	策略要点
学校：顶层设计	多方调查，掌握数据。从学生的睡眠时间、睡眠环境、睡眠质量、重视睡眠情况等方面进行多方调查，以此掌握可观测的学生真实睡眠数据。通过对数据进行整理与分析，学校初步拟定“21:30筑梦时间”方案
	宣传教育，协同育人。把科学睡眠宣传教育纳入课程教学体系、教师培训内容和家校协同育人机制，通过体育与健康课程、心理健康教育、班团队活动、科普讲座以及家长学校等多种途径，大力普及科学睡眠知识，提高教师思想认识，教育学生养成良好睡眠卫生习惯，引导家长重视并做好孩子的睡眠管理
家长：共谋协商	召开专题家委会议，商讨方案。通过家长学校先组织校级家委会成员召开“21:30筑梦时间”专题家委会议，首先听取校方对该项目的方案解读，随后以年级组为单位形成研讨小组，以头脑风暴式的方法协商、论证并完善“21:30筑梦时间”项目方案
	召开班级家长会议，达成家校共识，指导家长如何营造温馨舒适的生活就寝环境，确保学生身心放松、按时安静就寝，并科学监督学生睡眠情况，及时了解学生睡眠动态
学生：共议同绘	站在学生视角，聆听学生心声。学生是“21:30筑梦时间”项目实施的主体，为此，学生也要参与其中并表达自己的想法，让学生站在同龄人的视角提前预知方案的操作性、趣味性，从学生的角度再次完善方案，确保活动有效落地实践、开展
	制订计划，养成习惯。指导家长和学生根据实际情况制定“健康每一天”作息时间表并形成“睡眠计划”，以此提高学生的生活内驱力、自主控制力和时间管理能力

（1）安静·温度·规律：氛围感营造睡眠环境。从睡眠的整体环境出发，首先确保睡眠环境是安静的、温馨的；其次，确保睡眠环境温度适宜，科学研究表明房间温度在20℃～25℃时身体感觉最舒服也最适合入睡。

（2）光线·床品·香氛：视、嗅觉刺激浅表层。从视觉、嗅觉层面考虑，调节室内灯光强弱，挑选棉质的床品以及适合孩子的香氛、精油，打造温馨、舒适的就寝环境，从而刺激大脑浅表层，帮助孩子入睡。

（3）放松·冥想·降噪：感知觉浸润肌理。从感知觉、听觉考虑，多以冥想训练为主，可以自主练习冥想，也可以聆听自然类、乐器类的轻柔音乐，放缓身心节奏，从而浸润身体肌理，帮助孩子入睡。

2. 全面实施：开展“21:30筑梦时间”项目实施

小学期间，学校和家庭是学生主要的学习和生活场所，也是自律实践的主要场域。因此，开展家校联动模式，帮助学生强化积极的自律观念，通过“21:30筑梦时间”项目的推进，帮助学生养成良好的睡眠习惯，学校和教师需要不断探索家校携手的新模式，合力监督“21:30筑梦时间”项目的有效实施。具体实施内容见表3-4-4。

表3-4-4 “21:30筑梦时间”项目实施内容

实施方面	具体开展内容
共同倡导	“21:30筑梦时间”项目启动仪式。随着“全面发展，健康幸福，提高社会适应性”的教育理念日益深入人心，家长学校聚焦学生的长远发展，将“9月30日”确定为“筑梦日”，并于当天开展了项目启动仪式。特别邀请教育局领导、街道领导、学生、教师、家长代表共同见证
及时熔断	迭代认知，形成作业“共识点”。2021年9月，学校校本研修借助项目化形式围绕作业功能与价值、不同阶段作业的功能与特点、项目化学习作业推进关键等主题对“双减”政策实施背景下的作业进行了系列讨论、完整定义，迭代作业育人认知。 个别情况，弹性处理。个别学生经努力后到就寝时间仍未完成作业的，家长应督促按时就寝不熬夜；教师有针对性地帮助学生分析原因，加强学业辅导，必要时可调整作业内容和作业量
动态关注	量身定制“加减时光”菜单。“减”坐着不动的时间，如玩游戏时间、枯燥的刷题时间、过量的培训班时间、家长过度保护的时间以及协助做事的时间。相反，“加”亲子锻炼时间、按计划表执行的时间、学生自由成长的时间。还要增加鼓励学生说出想法的时间和机会，给学生自主选择的时间和机会，参加挑战性活动的时间和机会等

（1）提高“健康睡眠”认知，保质量。通过教师、家长、学生三个维度共同开展“21:30筑梦时间”活动，直面学生睡眠时间不够的问题，合力保障十小时睡眠时长。以“21:30左右睡觉”为重心，突破学生们的睡眠之“困”，守护学生美好的童年，助力学生身心发展。

（2）保证“健康睡眠”时间，卡节点。以教研组为单位落实“双减”政策，细化教学目标，分层设计作业，把握作业育人功能，严控书面作业质量，创新作业类型方式，提高作业设计质量，做到提质减负，确保每天的书面作业时间不超过一小时，完善晚间作业21:00熔断机制。

（3）提供“加减时光”菜单，多样本。为学生家长提供多样的计划样本供参考学习，如根据不同特质提供不同样本的“加减时光”菜单、五种时间规划表等，帮助学生个体制订自己的睡眠计划，按时进行睡眠情况记录，及时调整，引导学生个性化地制订私人睡眠计划。

“和谐心”亲子项目要求家庭成员共同参与，通过游戏活动的形式推进，具有系统性、趣味性。在亲密亲子关系、家庭关系的同时，让孩子在一个丰富的、安全的、富有教育意义的环境中成长，让孩子获得终身成长的内驱力。“和谐心”亲子项目的实践在各所学校落地开花，姹紫嫣红，馥郁芬芳。家长热情参与，增进了亲子感情，提升了对学校的信任。后续，西湖区教育局将立足基础，加强指导，推动亲子项目百花齐放，也将努力探索区域主导的亲子项目，为西湖教育更高质量发展助力。

第四章 社会支持的心育范式

儿童青少年正处于个体生长发育和发展的重要时期，情感和认知还不健全，出现一些小问题很正常，但这些小问题没有得到及时和妥善的处理往往就会引发大问题，影响其健康成长。儿童青少年心理健康问题是个复杂的系统问题，涉及的因素很多，既有儿童青少年自身的能力问题，也有学校和家庭的教育问题，还有社会环境的问题，所以儿童青少年心理健康工作需要全社会的力量共同参与。西湖区教育局以学生成长支持中心为中轴，整合心理健康、家庭教育和特殊教育三线功能，对外依托杭州市儿童青少年心理健康诊疗(促进)中心，联动西湖区卫生健康局、民政局、妇联、关工委等区级部门，进一步凝聚心育合力，打造以学生成长支持中心为核心、以学校和家庭为主体、以政府部门和医院为辅助的心育共同体，积极探索心理危机多跨协同机制。医教结合，部门联动，全程呵护儿童青少年的心理健康。

第一节 政府主导，部门协同

学生心理健康工作是一个复杂的系统工程，光靠教育部门和学校的力量远远不够，需要多部门、多维度的联动支持。2023年教育部等十七部门联合印发的《全面加强和改进新时代学生心理健康工作专项行动计划（2023—2025年）》明确指出，健全多部门联动和学校、家庭、社会协同育人机制，聚焦影响学生心理健康的核心要素、关键领域和重点环节，补短板、强弱项，系统强化学生心理健康工作。卫生健康部门要加强儿童医院、精神专科医院和妇幼保健机构儿童心理咨询及专科门诊建设，完善医疗卫生机构儿童青少年心理健康服务标准规范，加强综合监管。民政、卫生健康、共青团和少先队、妇联等部门要协同搭建社区心理服务平台，支持专业社工、志愿者等开展儿童青少年心理健康服务。对设有咨询热线的精神卫生医疗机构、12345政务服务便民热线（含12320公共卫生热线）及共青团12355青少年服务热线等的工作人员开展儿童青少年心理健康知识培训，提供专业化服务，向儿童青少年广泛宣传热线电话，鼓励有需要时拨打热线进行咨询或求助。教育是西湖区的金名片，西湖区教育局在区委教育工作领导小组的领导下，积极开展部门联动，营造西湖区教育良好生态，助力儿童青少年健康成长。

一、部门协同的现实困境

学生心理健康工作是个系统工程，需要全社会力量的参与，当下协同育人已成为社会共识，备受国家政府的重视。但由于协同机制和内容等方面的不足，部门协同的深度推进仍存在诸多现实困难。

（一）协同机制不畅，条块分割

当前，政府对学生心理健康工作十分重视，但其主导作用还不突出。领导小组联席会议的价值还没能凸显，教育、卫生健康和妇联等部门还存在工作独立、分散，呈现多头管理、职责不明、沟通不畅的局面。缺乏统筹家庭教育、学校教育、社会教育的顶层设计和组织治理机构，难以统筹和整合家庭、学校、社会三方资源，难以形成多跨协同的区域协同育人合力。

（二）协同定位不清，权责不明

家庭、学校、社会三大教育实施主体，分工不明确，各自为政的现象依然存在。家庭教育定位模糊，忽视生活教育和家庭建设；学校教育存在认知泛化、负担过重的问题；社会教育还未找到有效参与育人活动的现实途径，缺位较多，流于形式，难以实现资源、信息等的协同共享。权责不明局限了各自优势的发挥，因此难以形成优势互补的协同育人格局。

（三）协同专业不强、缺乏实效

心理健康教师、社区卫生服务中心工作者、志愿者等指导者的心理健康教育和家庭教育指导能力不均衡，缺乏统一的专业标准，整体缺乏专业性。对各部门、各主体协同开展心理健康工作的过程管理和结果评价不足，内部各育人主体缺乏自我监督和主体之间的互相监督。

二、部门协同的体系设计

学生心理健康问题涉及方方面面，教育部门首先需要提升学校心理健康教育的质量，营造健康安全的校园环境；卫生健康部门全力支持问题学生的转介和干预，让学校和家庭面对问题学生有托底保障；妇联和关工委要积极开展家庭教育指导，提升家长科学育儿和有效陪伴的能力，从而建立和谐的家庭教育生态；文明办和科协要积极宣传健康教育，缓解家长的教育焦虑，营造和谐的教育生态。在我们看来，部门协同育人是否有实效，关键看政府。当下部门协同遭遇重重困境，需要从全域视角来设计和建立政府主导、部门协同、资源共享、合力共建的协同育人体系，以求突围。

这几年西湖区委、区政府非常重视学生心理健康工作，多次开会研究学生心理健康工作的推进，从全域视角建立起政府主导、部门协同、资源共享、合力共建的心理健康社会服务体系。通过创立联片会商、清单落实、隐患排查、智慧治理等工作机制，探索建立区域、部门、学校和家庭协同推进的工作格局，更好地驱动家庭、学校、社会（含部门、医院和高校）等心理健康教育实施主体之间的协同互动。

（一）层级式组织治理

以区委教育工作领导小组为载体，明确区委、区政府领导下的协同育人三级管理层级，打破部门壁垒，建立协同育人联络制度，搭建组织架构，确定各部门的职能和具体任务。

（二）平台式资源整合

以西湖区学生成长支持中心服务平台为载体，汇聚家庭、学校、社会、医院、政府各方资源，共建共享线上线下课程、热线咨询和周末的面对面辅导，以平台建设推动协同体系构建。

（三）联动式参与模式

以“责任清单”机制探索多元主体协同参与模式，在实践中探索学生心理健康工作的家校联动、家社联动、校社联动、医教联动等不同协同方式的参与模式，实现协同体系实践创新。

三、部门协同的实施策略

《全面加强和改进新时代学生心理健康工作专项行动计划（2023—2025年）》明确要求加强家庭教育指导服务，指出妇联、教育、关工委等部门要组织办好家长学校或网上家庭教育指导平台，推动社区家庭教育指导服务站点建设，引导家长关注孩子心理健康，树立科学养育观念，尊重孩子心理发展规律，理性确定孩子成长预期，积极开展亲子活动，保障孩子充足睡眠，防止沉迷网络或游戏。文明办要指导推动地方加强未成年人心理健康成长辅导中心建设，拓展服务内容，增强服务能力。关工委要组织发挥广大“五老”（老干部、老战士、老专家、老教师、老模范）优势作用，推动“五老”工作室建设，关注未成年人心理健康教育。同时要求规范开展科普宣传，科协、教育、卫生健康等部门要充分利用广播、电视、网络等媒体平台和渠道，广泛开展学生心理健康知识和预防心理问题的科普。

（一）创建任务清单

在学生心理健康工作上，教育行政部门需要主动作为，也需要同级部门的协同支持，而部门协同的关键是要打破部门壁垒，需要在区委、区政府的领导下，建立协同机制，明确各部门的职责。近年来，西湖区委、区政府深入实施社会治理现代化建设“六和工程”，形成“政府全力主导、教育部门主动推进、相关单位全面配合、专业机构全程引领、社会力量全力支持”的心理健康联防联动机制，进一步落实学生心理健康服务体系建设。2020年6月，西湖区委办公室和区政府办公室联合印发《关于进一步深化平安校园建设的实施方案》，明确区教育局、区卫生健康局、区妇联和团区委等各方协同要求，让各部门的协同有章可循，避免互相推诿。

1. 印发“西湖区中小学生心理健康工作任务清单”

以学校为单位，以家庭为基础，以部门、镇街和社区为依托，有机结合，互相促进，形成良性互动，构建全方位、开放式、立体化的区域关爱格局。各部门工作任务清单见表4-1-1。

表4-1-1 西湖区中小学生心理健康工作任务清单

任务	工作内容	责任单位
着力建设专业师资	1.推进学校师生心理健康工作，把师生的心理健康教育纳入全区的社会心理服务体系建设专业队伍培训内容中，推进社会-校园-家庭心理健康工作。 2.各校至少应有一位专职/兼职心理健康教育教师，并组建3—5人的心理教研团队；通过培训整体提高教师的心理健康教育的工作水平。 3.初高中学校配齐专职心理健康教师，落实专职教师享受班主任待遇。 4.积极和高校、医院进行合作，外聘省市心理健康和家庭教育的专家组建专家团队，建立学校和家庭的支持体系	牵头单位： 区教育局 其他责任单位： 区委政法委 区委编办 区财政局 区卫健局
全员排摸掌握底数	1.每年全员家访一次，了解并掌握学生的家庭现状。每年两次心理筛查，建立学生心理健康档案，对危机学生进行有效干预。纳入干预的学生信息要及时通知监护人，落实监护人职责，及时矫正和转介治疗。 2.构建西湖区“医教结合”学生心理咨询转介平台试点，提前发现隐患苗头，尽早干预转介。利用省、市精神专科医院的优势，对重点学生进行面对面咨询指导心理服务，帮助有心理需求的家庭和学生。 3.社区、部门联动掌握家庭成员涉毒、涉赌、企业经营不善等不稳定因素，实施数据共享，关心帮助家庭度过困难	牵头单位： 区教育局 其他责任单位： 区卫健局 区公安分局 区市场监督管理局 各乡镇、街道
实施定期定人预警	1.根据危机事件发生的时段和人群分析，建立学校心理危机干预预警机制定期预警。在新学期开学前后，春季3—5月，重大考试前后进行重点时段预警；对筛查有重大心理障碍、家庭发生重大变故、性格孤僻且行为异常和有严重心理疾病的学生进行重点人群预警，数据共享，联合预防。 2.对重点预警时段和预警人群，各部门要宣传教育、走访联动。 3.对家长涉及严重精神障碍者等特殊人群，及时和学校建立联系。 4.对于不配合的家长要及时干预	牵头单位： 区教育局 其他责任单位： 区卫健局 区委宣传部（网信办） 区公安分局 各乡镇、街道

续表

任务	工作内容	责任单位
夯实家庭教育机制	1.完善社会、学校、家庭三位一体的德育网络，弘扬传统“和合”文化，加强社会公德、职业道德、家庭美德建设，推进社会心理服务进校园、进社区，充分发展公共心理健康宣传。加强并规范学校家庭教育指导工作，促进学校教育和家庭教育的沟通与合作，充分利用“西湖区青春健康教育基地”加强青春健康教育。规范开展成长热线、家长沙龙等“和谐心”系列工作。 2.加强新婚家庭的生育和育儿培训，关注老年培训，指导好隔代教育，构建和谐家庭教育生态。 3.强化辖区中小学开展“一法一条例”（《中华人民共和国精神卫生法》和《杭州市精神卫生条例》）宣传，协调心理健康相关专家进行专题讲座宣教，提高学生的心理健康教育水平	牵头单位： 区妇联 其他责任单位： 区教育局 区卫健局 区委宣传部 区民政局 团区委 各乡镇、街道
深化育人模式改革	1.坚持发展素质教育，全面优化质量，制订区域学生发展质量评价标准。认真落实《浙江省中小学生减负工作实施方案》，深化义务教育课程改革，通过变革教学方式、调整评价体制等途径进一步减轻过重的学业负担。 2.整体规划中小学心理健康教育课程，通过心理健康团辅课等形式系统开展认识自我、生命教育、人际交往和情绪调试等方面的教育。 3.加强正确教育理念的宣传，构建和谐的教育环境	牵头单位： 区教育局 其他责任单位： 区委宣传部（网信办） 区卫健局

2.建立各部门协同育人落实的保障机制

坚持责任落实与考核推动相结合的保障机制，在梳理中查漏补缺，在问题中研判治理，在制度中强化担当，在协同中统筹综效，高度重视学生心理健康工作。

（1）加强组织领导，压实主体责任。将学生心理健康工作纳入“六和”工作体系和西湖区社会心理服务体系，区委、区政府成立工作小组和工作专班，专班设在教育局，各部门和镇街要安排专人负责协调工作。教育局要强化主管责任、落实学校主体责任，通过回头看的方式查漏补缺，做好工作中的“加减乘除”，以确保将学生生命健康放在首位。

（2）坚持目标导向，强化考核推动。要加强部门联动考核，确保各项工作落到实处；教育局优化学生全面发展的评价方式，将学校心理健康工作情况纳入学校发展性评价、学校办学效益效能考核中，列入专题调研和专项督导；各部门、乡镇街道和教育局定期召开会议交流工作情况，发现群体性心理问题等特殊情况必须及时通报，并规范处理。

（3）实施群防联控，加强部门协同。统筹全区的力量，积极参与学校心理健康工作，各部门和乡镇街道要加强工作协调和落实并形成合力，积极做好规定动作。各学校要成立学校疫情心理防护和危机干预领导小组，加强分析研判、落实主体责任；卫生健康局协调省、市精神专科医院和教育局互通心理疾病学生就诊信息，组织专业力量指导学校开展学生心理健康工作；各镇街积极开展社会心理体系建设工作，重点对学生家庭开展心理疏导，和学校一起指导动员重点学生就医就诊；公安协助学校开展特殊家庭的教育工作，对不配合教育的家长进行联合干预。

（二）成立中心协同

为了更好地发挥协同育人工作的效果，在区委、区政府的支持下，教育局专门成立西湖区学生成长支持中心。西湖区学生成长支持中心对内整合心理健康、家庭教育和特殊教育三线功能，对外协同区妇联、区卫生健康局和杭州市第七人民医院等部门，基于“和谐心”育人载体，协调多方力量参与运作，构建区域良好的教育生态，助力西湖区教育高质量、全域、优质发展。

1. 成立仪式

2019年11月28日上午，在区委副书记、区人大常委会副主任、区政府副区长和区政协副主席的见证下，西湖区学生成长支持中心在杭州市文溪中学正式成立。西湖区学生成长支持中心基于“和谐心”育人载体，与区域各部门形成协同机制，盘活、激活、用活潜在的教育资源，全方位助力“在心理、行为、学习、家庭教育等方面有特殊需要的孩子和家长”，提供全面而有个性的成长支持。

2. 中心定位

通过区学生成长支持中心的建设，逐步建立家庭、学校、社会协同育人的机制，提升学校主导的协同能力、家庭陪伴的共育能力和社会支持的协同能力，形成“学生和、教师和、亲子和、师生和、家校和”的教育生态。

（1）新建区学生成长支持中心运行机制。通过一个中心（区学生成长支持中心）、三条路径（心理健康、家庭教育、特殊教育）、五项载体（管理服务、队伍建设、课程开发、数据赋能和平台支持）的研究，建立一套完善的学生成长支持中心运行模式。

（2）促进学生、教师和家长三维成长。通过项目研究，使学生学会和谐成长，促进其勤勉成长；使教师提升教育指导力，促进其专业引领；使家长学会智慧陪伴，促进家校共育，初步建立家庭、学校、社会协同育人的三方助力。

（3）创立“和谐心育”西湖德育品牌。通过项目研究，逐步形成“学生和、教师和、亲子和、师生和、家校和”的良好教育生态，建立西湖行动方案，研制西湖操作标准，形成西湖典型经验，创建“和谐心育”西湖德育品牌，助力西湖区教育更高质量的全域优质发展。

3. 中心功能

区学生成长支持中心架起沟通学校、家庭和医院的桥梁；聚焦服务与指导，服务学生和家长的特殊需要，承担学校无力支持的个案的帮扶工作，开展心理健康和家庭教育的指导。

（1）提供全面优质的心理和家庭教育咨询服务。以热线电话、面对面咨询等方式向学生家庭提供及时有效的心理服务与支持；面向超出学校处理能力的问题学生开展家庭辅导，并借助杭州市第七人民医院驻点专家的力量解决区域学生的“疑难杂症”。

（2）基于中心平台宣传和普及心理健康教育知识。通过家长学校、家长沙龙、家长俱乐部、家长读书会等多种途径加强心理健康教育和家庭教育相关知识的宣传与培训，提高家长陪伴孩子成长的能力。

（3）通过中心平台的历练提升辅导员专业水平。借助杭州市第七人民医院专家的力量，对热线和面询两支辅导员队伍进行专业提升。通过案例督导和专业培训，促进教师自身专业能力的发展，提升辅导员开展咨询辅导的能力和水平。

（三）建立项目联动

部门协同需要载体，建立各部门协调、合作和互动的机制，以实现资源共享、信息交流、协同推进和效果增强。项目联动可以倒逼不同部门之间的有机衔接，避免资源浪费和重复建设，提高项目的整体效益和社会影响力。

1. 家长学校建设

《中华人民共和国家庭教育促进法》第六条明确规定：各级人民政府指导家庭教育工作，建立健全家庭学校社会协同育人机制。县级以上人民政府负责妇女儿童工作的机构，组织、协调、指导、督促有关部门做好家庭教育工作。教育行政部门、妇女联合会统筹协调社会资源，协同推进覆盖城乡的家庭教育指导服务体系建设，并按照职责分工承担家庭教育工作的日常事务。西湖区教育局联合区妇联印发《西湖区中小学家庭教育指导工作实施意见》，双管齐下开展全区家庭教育的指导工作，区妇联也积极参与区教育局所属学校的家长学校考核，让家庭教育指导凝聚更多力量。

【西湖区中小学家庭教育指导工作实施意见】

为贯彻落实《中华人民共和国家庭教育促进法》和《关于健全学校家庭社会协同育人机制的意见》精神，进一步加强并规范学校家庭教育指导工作，提升家校共育能力，特制定本实施意见：

一、指导思想

坚持以习近平新时代中国特色社会主义思想为指导，全面贯彻党的教育方针，落实立德树人根本任务，弘扬中华优秀传统文化，深刻领会习近平总书记关于“注重家庭家教家风建设”的重要论述精神，进一步健全“学校积极主导、家庭主动尽责、社会有效支持”的协同育人机制，促进学生全面发展、健康成长。

二、实施举措

（一）健全组织网络

1. 区教育局建立杭州市教育局家长学校总校西湖区分校，由区教育局分管局长任分校校长，普通教育科和教育发展研究院分管领导任副校长。分校校址设在西湖区教育发展研究院，由区学生成长支持中心负责分校的日常管理工作。

2. 各中小学要建立家庭教育指导站，由学校分管领导任站长，由具体负责家庭教育工作的老师任教务长。健全学校家长委员会组织，明确职责，充分发挥家委会组织在学校管理中的合作功能，协同学校开展家庭教育指导工作。

3. 西湖区家长学校分校受区教育局、区妇联和杭州市教育局家长学校总校的业务指导，各中小学家庭教育指导站受区家长学校分校的管理和指导，并自主开展相关的家庭教育指导工作。

（二）明确指导职责

1. 区家长学校分校主要负责全区中小学家庭教育指导工作的管理和业务指导，包括发展规划和标准研制，工作指导和评估，部门协调与合作，开展教师家庭教育指导力提升培训，组织相关的评比和研究等工作。

2. 各校家庭教育指导站主要负责学校家庭教育的指导工作，包括学校家庭教育指导工作计划和制度的制定，教师和家长的培训，家庭教育个别指导，课题研究和档案管理等工作。

3. 区社区学院要充分发挥家庭、学校、社会协同育人项目第一批实验基地的作用，与学校家庭教育指导站保持联系，积极组建社区家庭教育讲师团，主动为社区开展的家庭教育指导工作提供师资和培训。

（三）建立工作机制

1. 搭建家校共育学习平台。成立区级家庭教育讲师团，通过“和谐心”系列活动，引领家长持续学习，提升家长的育儿理念和水平。

2. 健全学校家庭教育指导站机构。落实家长会、家长开放日等制度，积极创建数字家长学校。建立和规范家访机制，创新家访形式，明确班主任和科任教师上门家访的要求。

3. 形成教师家庭教育指导力提升机制。按照学科教师、班主任和家庭教育指导站等岗位设置三级培训内容，提升学校家庭教育指导队伍的专业化水平。

4. 规范学校家庭教育指导工作机制。各校除家长会外，每学年至少组织2次家庭教育指导活动，积极宣传科学教育理念和家庭教育知识，介绍学校教育教学情况，回应家长普遍关心的问题。

5. 开展家庭教育指导工作研究。根据学生身心发展规律及学校工作特点厘清家庭教育内容，定期开展家庭教育指导的相关培训及研究，将家庭教育工作的课题、成果和论文列入教科研评比德育序列，为家庭教育工作实践提供科学理论依据。

6. 建立区域部门协同共育机制。区家长学校分校与市家庭教育总校、区妇女联合会、区关心下一代工作委员会、社区学院等部门保持经常性的工作联系，建立良好的合作关系，形成教育合力，实现家庭教育资源共建共享。

三、保障措施

1. 强化组织领导。将家庭教育指导工作列入教育局和学校全年的工作计划，并纳入教师业务培训和工作目标考核的内容。

2. 加强督导考核。完善“西湖区中小学家庭教育指导站考核标准”，将学校家庭教育指导工作纳入区教育局“5+1”考核。逐步将教师家庭教育指导水平纳入教师考评体系，在教师评职、评先中有明确的家庭教育指导能力要求。

3. 确保经费投入。区教育局和各中小学要保障家庭教育分校和各中小学指导站开展家庭教育指导工作所需经费。

杭州市西湖区教育局

杭州市家长学校总校西湖区分校

2023年6月19日

2.心理指导课程开发

研究数据表明，家长不当的育儿观念、心态和方式，是引发孩子心理问题的最重要的因素。所以，学生的心理健康教育，不仅要有面向学生的心理健康辅导课，也要有面向家长的心理指导课程。

西湖区基于学生问题导向，通过网络调查问卷收集家长问题，按照年级，围绕生理发展、个性发展、学习能力、社会适应、人际沟通和学法指导六个方面架构家长心理健康教育的指导课程。由区内的名师通过微课的形式进行解答分享，一节微课解决一个问题，重在指导家长为何做、如何做，形成贯穿学生整个发展阶段、覆盖全体家长的区域心育课程体系。其中“生理发展”这一内容需要专业医生主讲，西湖区卫生健康局指派优秀医生参与区教育局组织的“和谐心”家长微课拍摄。

课程“如何指导孩子正确看待身体变化”和“如何指导孩子开展性保健”的主讲岳鸿老师，是西湖区卫生健康局妇联副主席、国家二级心理咨询师、高级家庭教育指导师、浙江省青春健康教育师资、杭州市金牌健康讲师、杭州广播电台《青春期课堂》专栏讲师、西湖区青春健康教育项目负责人，专注于青少年身心健康指导、家庭教育及相关领域咨询服务。

课程“如何预防孩子性早熟”的主讲牟夏莲老师，是西湖区文新街道社区卫生服务中心儿科科长、主任医师，杭州医学院兼职副教授。被评为2018年西湖区首届优秀医师，荣获2019年杭州市百名“最美医师”称号。擅长儿童生长发育相关问题的中西医结合治疗及儿童健康管理。

课程“如何保护孩子的视力”的主讲王青老师，是浙江中医药大学教授、主任医师，医学硕士，中华医学会浙江省眼科学分会委员、中华超声学会浙江省眼科超声分会副主任委员、中华医学会中医药学会委员。从事眼科临床近30年，擅长中西医结合治疗疑难眼病。

此外，西湖区学生成长支持中心借力社区学院进一步完善社会教育服务体系：建好“充电站”，形成“15分钟学习圈”；打造“梦工厂”，构建“自助餐式课程”；举办“训练营”，开展“共同成长活动”。联合区妇联开展“西韵计划——关爱家庭项目”，将“含羞草”儿童性教育引入校园。课程的设计基于联合国教科文组织的《青少年儿童性教育指导纲要》，主题内容有“我从哪里来”“保护自己”“你好青春期”等。与关心下一代工作委员会合力编著心理健康指导课读本《教子有方——知心育儿100招》。通过这几年的研究，政府主导、部门协同的育人机制已经初步形成。

全国学生心理健康工作咨询委员会的倡议指出，学生心理健康的根基在家庭，重点在学校，支撑在社会。社会支撑就需要政府部门建机制、出政策、强保障。西湖区这几年出台了《西湖区推进儿童青少年心理健康服务体系建设五项行动》等通知，基于责任清单明确各部门的职责，强化部门联动，从而保障心理健康教师的专职编制，保障心育专职教师享受班主任待遇，凝聚专业的力量做专业的事，多跨协同助力学生健康成长。

第二节　签约合作，医教结合

医教结合是一种学生心理健康服务模式，是指有效整合医疗机构和教育部门的心理健康教育资源，对所有学生进行心理科普，对存在潜在心理问题的学生进行综合指导和干预，助力所有学生健康和谐发展的一种支持机制。各地各校积极尝试借力医教结合模式守护学生的心理健康。西湖区拥有许多得天独厚的优势资源，辖区内有杭州市第七人民医院等治疗心理疾病的专科医院和浙江大学等开设心理专业的高校。杭州市第七人民医院是浙江大学医学院附属精神卫生中心，是浙江精神卫生的“摇篮”，是全国规模最大的精神专科医院之一，承担国家社会心理服务体系建设试点城市建设，单位、国家心理危机干预援助热线示范点建设等项目，曾获全国心理危机干预工作先进集体称号。西湖区教育局和杭州市第七人民医院签署合作协议，选派五个科室的10名专家助力西湖区心理健康教育，构建健康教育、监测预警、咨询服务、干预处置四位一体的工作体系。西湖区教育局依托杭州市第七人民医院，借助浙江大学、区卫生健康及妇联等部门的力量，深入开展医教结合的心理健康工作模式，构建强大的社会心理服务体系，守护学生的心理健康。

儿童青少年正处于个体生长发育和发展的重要时期，因为思维发展、情感不稳定、心理较为冲动等因素，出现一些小问题很正常，但如果这些小问题没有得到及时和妥善的处理就会引发大问题，影响其健康成长。西湖区以区学生成长支持中心为中轴，搭建医院、区中心、学校、家庭四位一体的联动机制，构建健康教育、监测预警、咨询服务、干预处置四位一体的工作体系，医教结合，区校协同，全程呵护学生的心理健康。

一、心理健康的工作现状

（一）学生心理问题现状

《中国国民心理健康发展报告（2021～2022）》显示：参与调查的我国青少年中，抑郁风险检出率为14.8%，并且随着年级增长，抑郁风险检出率呈现上升趋势，小学阶段的抑郁风险检出率为10%左右，而初中阶段的抑郁风险检出率上升至20%左右。青少年的心理健康问题不仅会导致个人痛苦，造成家庭负担，也会给社会发展带来潜在的消极影响。

（二）学校应对能力有限

学校现有的心理健康教育专业力量难以满足不同层次学生的心理服务需求。2020年相关调查问卷显示，西湖区专业对口的心理健康教师仅占19.5%，大部分心理健康教师是其他学科教师转岗或兼任，专业能力明显不足。问卷还显示，学生心理问题的应对和处置排在班主任工作压力的首位，面对“情绪崩溃”和“电子产品依赖”等众多心理问题，班主任时常束手无策、无计可施。

（三）社会有效支持不足

学生心理健康问题的解决是个系统工程，需要家庭、学校、社会形成合力。现今省、市医院的精神科非常忙碌，一号难求，而社区卫生服务中心的精神科开设率很低，即使开设精神科门诊也缺少专业的医生。各级妇联、卫生健康和关工委等组织、部门有意愿参与支持学校的心理健康工作，形式大多为专家的讲座和报告，对学校和家庭的支持力度有限。

二、医教结合的价值探寻

医教结合的学生心理健康服务模式，有效整合了医疗机构和教育部门的心理健康教育资源，对学生心理健康工作形成有力支持，有助于构建强大的社会服务体系。

（一）健康教育，五育并举

以“健康第一”理念引领学校教育，坚持以德育心、以智慧心、以体强心、以美韧心、以劳健心的育人目标，培养学生珍视生命、热爱生活、乐观向上的心理品质，锻造学生百折不挠、宠辱不惊的意志品质。

（二）监测预警，预防在先

以“和谐心”云平台为载体构建完善的筛查预警系统，建立“区、校、班”分级预警管理，并辅以智能化手段精准筛查，让需要关爱的学生尽早被看见，通过分级预警不断织密学生心理健康的防护网。

（三）咨询服务，化解问题

以西湖区学生成长支持中心为载体，建立家庭、学校、区中心的联结，通过学校心理辅导室的心理谈话、区域热线的心理聊天和咨询，以及面对面的家庭和认知行为治疗，帮助学生解决问题，和谐家庭关系。

（四）干预处置，系统治理

以杭州市儿童青少年心理健康诊疗（促进）中心为载体建立严重危机学生的干预闭环，打通绿色通道，完善转介机制。休学跟进，每月家庭咨询支持；复学鉴定，持续跟踪，实现家庭、学校、医院的多跨协同。

三、医教结合的实施策略

（一）行政驱动：全员心育拓展张弛力

西湖区以《推进儿童青少年心理服务体系建设五项行动》为政策引领，坚持以德育心、以智慧心、以体强心、以美韧心、以劳健心的育人活动，培养学生珍视生命和乐观向上的心理品质，锻造学生百折不挠的意志品质。

1. 拓展心育活动：学会自我成长

让每一个学生都获得向上生长的力量一直是西湖区教育工作者的追求，以丰富多彩的校园活动为载体，满足不同层次学生的心理需求。丰富的校园活动有助于学生缓解学习压力、排解负面情绪、陶冶情操、锻造品格，引导学生以积极乐观的心态投入学习与生活之中，学会自我调节，学会应对挫折，学会寻求帮助，让心理健康教育更有张力和活力。很多学校除了丰富的校园活动外，还积极将心理医生引进校园，开展心理科普活动，为学生做心理咨询或考前辅导等，向学生传递积极的人生态度和科学的心理认知，让学生理解情绪并学会接纳自己的情绪；专职心理老师开设心理社团，引导学生在心理剧的排练中释放自己的情绪，学会理性面对挫折和困难。部分学校开设的心理科普活动见表4-2-1。

表4-2-1　西湖区中小学学校心理科普活动一览表

序号	活动载体	价值
1	励志电影	树立正确的价值观，激发学生为理想不懈奋斗的决心和勇气
2	劳动实践	立德增智，健体育美，促进学生德、智、体、美、劳全面发展
3	体育运动	接受身体考验、意志磨炼，展现学生积极向上的良好精神风貌
4	艺术活动	调节情绪、缓解心理压力，激发学生创造热情，提高竞争力
5	心理社团	释放心理压力、排解日常情绪，让学生学会理性面对挫折和困难
6	医生进校	引入更多心理健康知识，全方位促进学生身心健康发展

2. 进阶课堂样态：学会自我疗愈

西湖区高起点落实心理健康教育课程，强化学科育人的有效性和针对性。学校心理健康教育关注所有学生的发展，不仅要发现问题学生，还要挖掘所有学生的优势潜能，培养积极向上的心理品格。区内学生人手一本心理健康教材，每两周安排一节心理健康课，并规定学生必修内容和选修内容，让主题班会课成为心理健康课的延伸，其他学科结合课程内容有序渗透心理健康教育。同时，成立区域心理健康教育名师工作室，定期开展课堂研讨。比如，项目制名师陈琦工作室，聚焦孩子成长中的重点问题、热点问题和难点问题，对心理健康课的样式进行专项研磨和提炼，形成“一个问题四阶解决”的西湖区心育课堂样态，具体示例见表4-2-2。

表4-2-2 西湖区中小学心育课堂样态示例

阶层	进阶目标	心育元素	课堂环节	五年级“心情不佳觅良方”	七年级“爱我本来的样子”
一阶	提高全体学生的心理素质	挖掘主题内涵，明确设计方向	课堂公约或热身游戏	课堂约定：真诚交流，保守秘密	热身活动：从独一无二的花生引出自己
二阶	充分开发学生的优势潜能	以互动促联结，动心走向共情	问题呈现，形成冲突	由动画视频《人生路》引出身边的案例	在“剪刀、石头、布”的游戏中呈现冲突情景
三阶	培养乐观向上的心理品质	活用心理技术，紧抓课堂生成	活动深入，合作解决	小组合作处理难题，情绪体验官评判	小组活动汇报，情绪体验官评判
四阶	促进学生人格的健康发展	聚焦实际方法，学生真实收获	复盘总结，提炼方法	教师引领小结，学会情绪调节	借助漫画《露露的功课》，学生提炼小结

3. 强化专业培训：学会自我提升

学生是在不断解决问题的过程中成长的，看待学生问题需要教师和家长有成长型思维。在问题走向严重前，联动多方力量及时跟进解决，实现学生心理问题早发现、早干预。这就需要学校教师和家长能够尽早识别孩子特殊行为背后的诉求，防微杜渐，做好预防及恰当的个性引导，避免学生陷入困惑以至迷茫无措。西湖区教育局邀请省、市教育部门和高校、医院的专家对班主任和家长进行危机识别的培训，鼓励教师积极参加省心理健康教育教师A、B级资格培训和教师家庭教育指导能力提升培训等，让教师和家长能够尽早识别一些需要跟进的特殊学生，让孩子的诉求尽早被看见，尽早被关怀。同时，选派优秀心理健康教师到杭州市青少年心理健康诊疗（促进）中心“跟岗学习”，提升专业水平。

【“跟岗学习”机制】

西湖区实施专职心理健康教师上岗机制，每年暑假选派优秀心理健康教师到杭州市青少年心理健康诊疗（促进）中心“跟岗学习”。杭州市三墩小学的金老师是首批参与“跟岗学习”的3名心理健康教师之一，通过两周的学习，她了解了心理专科诊室的完整工作流程，初步掌握了一些心理问题的专业治疗方式和方法。“跟岗学习”让心理健康教师了解医生标准化的治疗流程，对ADHD（注意缺陷与多动障碍）、抑郁症和双相情感障碍等专业问题有进一步的了解，在助力自己专业成长的同时能回到学校更好地服务学生和家长。

（二）载体推动：全域覆盖织密防护网

西湖区教育局以“和谐心”云平台为载体，构建完善的区域筛查预警系统，实施“区、校、班”三级预警管理，并辅以智能化手段精准筛查，在分级预警中不断织密学生心理健康的防护网。

1. 精准智慧筛查：让学生被看见

学生心理问题具有很强的隐蔽性，心理量表的筛查又具有一定的主观性，为此西湖区教育局专门研发了“和谐心”云平台，建立多量表筛查和跟进闭环机制。同时启动对学校专职/兼职心理老师进行系统培训，经过专业的培训和指导，让专职/兼职心理老师掌握规范、科学的筛查机制和操作流程。西湖区教育局实施心理健康“双盲筛查”，即筛查前由班主任根据日常观察进行“问题标注”，启动两个量表的初筛，一个以上量表标注异常的学生自动进入预警库。接着进行两轮访谈：班主任首轮访谈，通过谈话结合日常观察和家访情况剔除一部分非心理异常学生；心理健康教师二轮访谈，根据班主任反馈，心理健康教师利用自身专业优势，对纳入二轮访谈的学生的支持系统等进行全方位了解，再通过心理技术测评，结合量表初筛数据确立问题学生的危机等级。如果遇到难以判定的个案，学校可以寻求专业医生介入，对疑难个案进行集中研判。除了常规筛查外，西湖区教育局还借助科技的力量，引进智能筛查。

【心理量表】

心理量表能较好反映学生的心理问题，但容易受主观因素的影响。西湖区教育局建立多量表筛查和跟进闭环机制，小学4—6年级学生建议使用“小学生健康监测量表MHRSP+PHQ-9”，中学生建议使用“中学生健康监测MHT+PHQ-9”，其中第二个量表会自动推送给第一个量表被标注异常的学生，通过两个量表初筛确定访谈名单。为提升筛查的精准度，西湖区教育局借助科技的力量，引进智能感应手环筛查，在学生不受主观意识影响的情况下，借助手环实时采集学生心率、脉搏波等数据，分析学生的学业压力、抑郁倾向、焦虑指数等健康指标，将生理学评估与心理学评估、生物学评估相结合，通过数据差别判断学生心理问题。

2. 引领家长认同，让家校同齐心

学校心理筛查的目的不是给学生贴标签，而是要找到有心理问题的学生并给予帮助和支持，早发现、早干预是帮助心理问题学生的有效策略。然而，

面对学校告知的心理筛查结果，很多家长还会选择否认和隐瞒，究其原因主要是家长担心学校会给孩子贴标签，让孩子休学，更担心孩子休学后在家无人照顾，病情加重，一年后无法回归学校。对于筛查异常的学生，西湖区的操作策略是对一般心理问题学生（一类）去标签化，对于心理障碍学生和严重危机学生（二、三类）则需要闭环干预。怎样与严重危机学生的家长约谈也是一门学问，心理健康教师告知情况时一定要有充分准备（事前准备材料见表4-2-3），一定要站在帮助学生更好成长的角度来沟通，不要简单粗暴地行使告知和签字流程。在交流中充分运用同理、共情等心理技术以满足家长心理需求，抚平家长的焦虑情绪，建立家校联盟，帮助孩子共度危机。遇到较难沟通的家长，学校可以邀请专业的医生或教育专家来参与面谈，让医生或专家站在第三方的角度来分析学生当下遇到的实际问题，通过医生或专家的专业能力来解答家长的疑虑，让家长明白学校筛查的初衷，家校形成合力助推问题学生更好地成长。

表4-2-3　西湖区中小学心理筛查告知准备清单

序号	准备材料	准备内容
1	测试结果	两个筛查量表数据
2	访谈材料	自残自伤照片、心理晴雨表、沙盘图片、房树人画、访谈记录等
3	学生问题	学生的问题及面对问题所做的努力
4	家长分析	家长性格、家庭支持系统、家庭情况分析
5	支持系统	学生成长经历中所获得的能力和特质及外界的支持

3. 设立分级预警，让防护更全面

心理筛查的目的是预警和干预，西湖区教育局依托“和谐心”云平台，将筛查结果按不同程度分层设定，建立数字健康档案，不断织密学生的心理健康“防护网”，做到家底清、干预准。对于一般心理问题学生（一类），不贴标签，学校基于暖心恳谈机制跟踪辅导，家校互通信息及时帮助和指导学生应对问题；对于心理障碍学生（二类），签订“家长知情同意书”，采用三级预警和

跟踪机制，即家长、班主任和心理老师协同跟进；对于严重危机学生（三类），签订“家长知情同意书”，采取五级预警和跟踪机制，即家长、班主任、心理老师、校领导和心理医生协同跟进，全面覆盖。对于二类学生，要上传访谈记录、学生就医记录、家庭情况、请假记录等，并按照学生问题标注类型，比如学习适应问题、亲子关系断裂问题、同伴交往问题、环境适应不良问题、精神疾病等，构建“随人走、全覆盖”的学生心理健康数字档案。对于三类学生实施闭环管理，学校要按照要求做好一生一方案、一月一访谈等干预措施，平台设有提醒功能，未完成的会向学校站长发出提醒通知。同时平台还会根据问题学生类型推送家庭培训通知，让家校防护更全面、更立体。学生心理筛查预警类型及相应特征见表4-2-4。

表4-2-4　西湖区中小学学生心理筛查预警类型及相应特征

序号	类型	预警特征
1	一般心理问题学生（一类）	指有轻微心理问题，在生理、学习和行为等方面稍有异于常人表现的问题学生
2	心理障碍学生（二类）	指出现明显心理或行为异常，如焦虑、恐惧等，且已明显影响生理、学习和生活的学生
3	严重危机学生（三类）	指已确诊严重心理障碍或精神分裂症、已自杀未遂或有强烈自杀倾向的学生

（三）服务牵动：全面辅导积蓄成长力

西湖区教育局以学生成长支持中心为中轴，以学生需求为导向，建立家庭、学校和区域中心的联结，通过学校心理辅导室的心理谈话、区域热线的心理咨询、面对面的家庭辅导，以及杭州市第七人民医院医生的协助服务，更好地帮助学生和家庭化解问题，健康成长。

1. 学校心理谈话：学会求助成长

学生是发展中的人，遇到成长问题很正常，但若得不到有效解决，小问题就会变成大问题，或因为亲子关系、师生关系和同伴关系的断裂而引发危机事件。所以学校除了正常的心理健康教育之外，还要培养学生求助的意识，以及给予学生求助的通道。西湖区学生成长支持中心开通咨询热线或咨询信箱，让有需要的学生随时可以寻求心理咨询和安慰；开放学校心理辅导室，值班教师及时对有需要的学生给予帮助；基于德育导师制建立互助小组，建立网格化的管理模式，即将所有教师编入行政班管理，一个班级对应几位教师，一位教师管理十几位同学，学生遇到问题随时可以找教师倾诉。也可以让专职/兼职心理健康教师按照年级进入家长群，家长和孩子遇到问题可以随时求助。

【案例】

小W，六年级女生，学习成绩不理想，脾气暴躁，父母家庭教育理念差异很大，母亲对孩子比较严苛，父亲对孩子比较宠溺，造成母女关系疏离，同伴关系紧张，时常与同学发生矛盾。小W是学校心理辅导室的常客，一旦心情不佳就会来找心理健康教师倾诉，有空时也会来心理辅导室帮助心理健康教师整理和打扫卫生。有一次小W因为同学在背后议论她，以为是好朋友泄露了自己的秘密而与之发生了激烈的争吵，她甚至拿起小刀要伤害自己，班主任看到后及时拉住小W并把她送到心理辅导室。心理健康教师通过心理谈话、心理游戏缓解小W的情绪，运用认知疗法帮助她缓解内心的偏执。在校园里，心理健康教师往往是学生们最喜欢的教师，就像知心姐姐和大哥哥一样守护着学生们的童心。

2. 区域热线咨询：给予成长力量

西湖区学生成长支持中心是学校、家庭和医院之间的桥梁。中心通过热线电话给予有需要的孩子和家长一个倾诉、求助的通道，也为学校无力指导但又无须转介到医院的个案开辟一个新的支持通道。学生成长支持中心安排国家二级心理咨询师、持“省A证”的专业教师担任热线辅导员，工作日18:00—21:00在线守候。辅导员耐心倾听、细心解答，尽管双方互不认识，但经过沟通，能明显感觉到倾诉者的语速逐渐放缓，情绪慢慢平和，相信放下电话后，这个学生或家长的心里能够注入成长和陪伴的力量。

【案例】

小M，七年级男生，班里同学经常会传他与某个女生的绯闻，他开始在意起这些绯闻，并出现青春期的性萌动，经常幻想和这个女生在一起，这一情况已经影响到他的正常生活。因为总是控制不住地去想这些事情，小M内心里感到很羞耻，并且觉得自己变坏了，不知道该怎么办，于是通过热线电话来求助。在通话过程中，辅导员尝试用认知疗法进行访谈，让小M认识到青春期对异性产生一些好感，是十分正常和美好的事情，自己不是“变坏了”，而是“长大了”；让他知晓有这样的想法很正常，但要学会用有效的方式进行调解，可以通过接纳自己的想法、转移注意力或设立安全角等方式消除自己的负面情绪。经过区学生成长支持中心辅导员的多次热线辅导，心理健康教师和家长一起助力，小M慢慢走出“阴霾”，学会和异性同学和谐相处。

3. 家庭心理辅导：改善家庭生态

对问题学生的干预和指导，除了学校的个案辅导外，家庭生态的改变是关键，很多学生的问题往往出在家庭，我们在工作中时常遇到学生不愿回家面对自己父母的情况。西湖区学生成长支持中心从2021年启动“周末面对面”的家庭心理辅导，深受家长们的欢迎。目前，中心每周六安排6名辅导员进行家庭辅导，每位辅导员半天可以接待两个家庭进行面对面辅导，中心一天可以满足12个家庭的面对面辅导需求。当学生出现复杂心理问题但学校无力解决时，可以联动中心进行学校—中心的转介，家长也可以通过热线直接预约面对面辅导。周六家长带着学生来到中心接受面对面辅导，工作人员首先对学生及其家庭进行初步评估，一般个案由中心辅导员进行家庭辅导，超出中心负责范围的个案由中心驻点医生进行心理辅导。杭州市儿童青少年心理健康诊疗（促进）中心指派副高级及以上职称的专家每周六下午到中心进行辅导，帮助中心解决疑难杂症。需要药物治疗的严重问题学生，则通过医生直接转介到医院进行综合治疗。

【案例】

西湖区学生成长支持中心安排国家二级心理咨询师、持“省A证”的专业教师担任辅导员，学校解决不了的个案可以转介到中心，预约热线0571-88062525。金老师是中心的兼职辅导员，今天轮到她在中心进行面辅，她先运用游戏治疗对休学在家的小H展开辅导：通过游戏卡了解小H当下的情绪，包括在家的状态，家庭的支持系统，以及她对回校学习的看法和想法；帮助小H积极寻找能量来源，如美食会让自己开心，小狗让自己不孤单，手机和电脑是精神支柱等。然后对小H和家长进行指导：安排小H的妈妈参加正面管教的读书会，帮助她调整情绪，改变家庭教育生态；让小H养成正常的作息习惯，适当参加体育运动。通过金老师的多次辅导，小H的家庭支持系统逐步建立起来，家庭生活逐步回归正常。目前，小H已经成功回校复课。

（四）机制促动：全程干预化解问题源

西湖区教育局以杭州市儿童青少年心理健康诊疗（促进）中心为依托，打通绿色通道，完善转介机制，建立严重危机学生（三类）的干预闭环。对确实需要休学积蓄能量的学生，建立跟进机制，提供家庭辅导支持，杭州市儿童青少年心理健康诊疗（促进）中心对休学期满需要复学的学生开展鉴定咨询，实现家校医的多跨协同，保障严重危机学生得到全力支持。

1. 打通转介，危机专业处置

西湖区教育局依托杭州市儿童青少年心理健康诊疗（促进）中心，以五片区驻校医生机制为载体，建立严重危机学生转介应急处置“绿色通道”，实现学校—医院的及时转介。当学生心理疾病发作或出现自我伤害等重大事件时，经学生家长同意，学校心理辅导站站长可以直接联动驻校医生以“加号”方式紧急转介。西湖区教育局医教结合模式实施区校联动，区域搭建平台建设资源，学校基于自身需要合理选择。全区学校按照方位划分为五个片区，杭州市儿童青少年心理健康诊疗（促进）中心的专家分片区下沉到学校，五个科室组建五个团队，对应五个片区的学校。遇到棘手的心理个案，学校可直接联系专家进行专业指导，也可通过专家直接开通转介“绿色通道”。转介医院后，学校和医院信息共享，心理治疗和心理辅导同步进行，对特殊学生的支持更有力量。

【案例】

某校九年级学生小Z出现严重危机心理问题，爬窗想要跳楼，学校应急处置后约谈家长，并启动个案转介。学校心理辅导站站长联系驻校医生，医生联系医院给予“加号”安排，家长带小Z到医院直接就诊，医生根据小Z的测评和检查情况，安排其住院治疗。学校心理辅导站站长和主治医生信息共享，精准掌握小Z心理问题的成因，医院对小Z进行药物治疗，并辅以物理治疗；学校对家长进行心理辅导和家庭教育指导，心理健康教师和家长一起分析小Z当下的心理诉求，告诉家长可以做什么、不能做什么，缓解家长的焦虑情绪。小Z出院回家休整一周后返校，并坚持按时到医院复诊，学校持续跟进家庭教育指导，家长通过沙龙学习转变育儿理念和方法。

小Z在家庭生态的转变中慢慢找回自己，最终顺利考上了职业高中，家长专门打电话给心理健康教师表达感激之情。

2. 跟进休学，医教协同干预

休学机制对于学生的身心健康、学业权益保障以及提高学生的责任感和自我管理能力都有着积极的意义，但现实生活中却有很多学生休学一年后仍无法回归学校。主要原因是对于这些休学在家的学生，学校没有精力辅导，家长没有方法照顾，社会没有载体管理，这些学生往往成为家校协同教育的盲区，造成很多学生在家生活没有规律，日夜颠倒，一旦复学自然无法适应。西湖区教育局依托学生成长支持中心，借力杭州市儿童青少年心理健康诊疗（促进）中心建立休学学生的跟进机制，给予学生和家长专项支持。学生出现紧急心理状况时，中心协同专家给予“加号”转介；学生思想行动有偏差时，班主任和心理健康教师上门家访辅导；家长焦虑无措时，可以每个月到中心开展一次家庭辅导。通过中心介入，可以有效改变学生的极端认知，回归合理的生活方式，恢复正常的亲子关系，让孩子回归家庭，建立起和谐的家庭教育生态。

【案例】

小Q，六年级女生，生活在父母重组的家庭，亲生母亲平时对她比较严格，母女关系疏离，养父对她则较为宠溺，有一个异父异母的姐姐，已经上大学，两姐妹关系一般。其PHQ-9自评量表分值为12，其中第九项选“一半以上时间有自伤念头”。小Q前往杭州市第七人民医院就诊，被诊断为童年情绪障碍、适应障碍，后办理手续休学在家。上个月因为手机问题，母女两人发生了激烈冲突，小Q心情郁闷无法排解，就把医院配的药一口气全吃了，好在家人及时发现送医。童年情绪障碍往往由社会心理因素所致，与境遇有一定关系，调整家庭环境和教养方式是关键。后经家长申请，小Q在医院住院两周，通过医院专家的干预，她逐步恢复生活的信心，建立起正常的生活作息，母女关系也得到缓和。出院后，小Q定期到区学生成长支持中心进行心理回访，家长积极参加区域的家庭教育指导培训。目前，小Q已基本恢复家庭生活规律，正在做复学准备。

3. 复学鉴定，医校共担责任

因心理问题休学的学生的复学问题一直困扰着学校，如果学校不同意学生复学，家长就会投诉学校；如果学校同意学生复学，又怕学生因为不适应学校生活而出现意外。虽然学籍管理条例中有复学的相关规定，但因为心理问题无法简单内窥，学校心理健康教师也很难通过访谈来确定——毕竟访谈带有主观性，同时很多心理辅导站站长专业水平一般，不敢轻易下结论。对此，西湖区学生成长支持中心寻求杭州市儿童青少年心理健康诊疗（促进）中心的支持，在医院专门开设复学鉴定门诊，每周二和周四下午有专家对申请复学的学生开展医学鉴定，家长根据《西湖区中小学“特需学生”关爱工作指引》，凭“学生自我觉察表”“家长常态观察表”“医生最新诊断书”“医院复学证明”向学校提出复学申请。班主任和心理健康教师与学生及家长谈心谈话，评估学生的学习状态和家庭的教育生态。学校复学领导小组根据以上材料集体研判，若同意学生复学，则由班主任和心理健康教师组织家长谈话，建立跟踪机制；若不同意学生复学，则告知家长原因并给予针对性指导，等满足条件后再按照原路径进行复学申请。复学鉴定机制可以有效避免因学校一方简单操作而引发危机事件，既减轻学校的责任负担，也能让家长和学生看到努力的方向，更重要的是保障学生及时得到治疗。

【案例】

小C，七年级女生，父母在其小学时离异，小C跟着母亲生活，因为入学不适应出现躯体性疼痛，后确诊有抑郁倾向，休学在家。

休学后，母女关系恶劣，小C上网成瘾，天天追剧，母亲拿她毫无办法，天天跑学校申请复学。因为亲子关系断裂，家长无法教育小C，休学机制也无法给予小C成长的能量，但她的情况又不符合复学要求。因此，区学生成长支持中心及时介入，督促家长积极参加沙龙培训，逐步缓和亲子关系，改变家庭生态，引导孩子寻求医生的专业帮助。经过半年的积极治疗，小C申请复学，学校心理健康教师进行学生访谈和测评，班主任进行家访，了解家庭的教育生态，从孩子的入学意愿和家庭的生态支持分析，已达到试复学的条件。学校复学领导小组根据家长提交的材料集体研判，同意小C复学，并由心理健康教师组织家长谈话，建立跟踪机制。目前，小C已经回校复课，家长积极陪伴支持。

当前，大部分学校现有心理健康教育专业力量难以满足不同层次学生的心理需求，引进医院和高校的专业力量进行医教协同是一种非常好的服务模式。医教结合机制让“三级预防”有专业力量的保障，打通中小学心理健康教育的“最后一公里”，真正构建“全员、全域、全面、全程”的心理健康教育机制。西湖医教结合四年的实践表明：医教结合光有学校的力量还不够，需要区域层面搭建机制和平台，提供丰富的资源；需要区域行政部门和学校两者紧密结合，指导和服务相辅相成，才能保障医教结合机制的真正落地。

第三节　联合高校，专业引领

西湖区拥有丰富的高校和科研机构资源。辖区内有著名的浙江大学、浙江工业大学、浙江外国语学院等高校，还有浙江省教育科学研究院和杭州市教育科学研究院等科研机构。高校和科研机构拥有专业的心理学、教育学等学科的专家和研究人员，可以为学生心理健康工作提供最新的研究成果、专业知识和指导意见，还可以组织专业的培训、研讨会等活动，为学校教师、辅导员、家长提供心理健康教育的专业培训和指导。2019年，《中共中央 国务院关于深化教育教学改革全面提高义务教育质量的意见》首次提出“教师家庭教育指导能力要求”。教师的家庭教育指导能力虽然指向教师，但最终着力点还是在学生身上，当下家长的焦虑一部分来自社会，还有一部分则来自教师的压力传导，教师秉持怎样的教育理念，拥有怎样的教育心态都会传导给家长而间接影响学生。基于以上思考，2021年，西湖区依托高校和科研机构启动全员提升教师家庭教育指导能力项目。该项目借鉴浙江省教育科学研究院的中小学心理健康教育资格A、B、C级证书培训模式，以杭州市教育科学研究院起草的《教师家庭教育指导能力评定规范》为蓝本，依托杭州师范大学和浙江外国语学院等高校的力量研发课程、组织培训，形成了具有西湖区特色的独特做法。

一、挑战与定位

（一）冲突挑战：认同差异 · 工学矛盾 · 缺少评估

当下学生有很多成长中的小问题因得不到有效指导而变成大问题，或者说本可以避免的问题由于家长的不重视而引发严重后果，教育高质量发展呼唤家庭教育专业指导。国家也明确提出“家庭教育指导能力是教师专业素养的重要组成部分”，但工作推进中依然充满挑战，主要表现在：

1. 家长需求高，教师认同度低

西湖区相关家长调查问卷结果显示，96.8%的家长希望得到家庭教育的指导，倾向一对一指导的占比为50.3%，倾向集体指导的占比为45.5%；希望得到班主任指导的占比为32%，希望得到教育专家指导的占比为28%，希望得到心理健康教师指导的占比为22.5%。同时教师抽样调查问卷结果显示，认同“教师应该成为家庭教育指导第一实施者”的占比仅为59.6%。

2. 教师想提升，工作冲突大

教师抽样调查问卷还显示，33.4%的教师觉得自己家庭教育指导的效果一般或者不够理想；36.9%的教师入职前或入职后有相关课程的学习经历，而39.2%的教师只学过极少的或没有学过相关课程。“双减”政策实施背景下的教师已经面临很大的工作量和工作压力，尤其是本该承担家庭教育主要指导者的班主任，更是因为工作量太大而没有精力进行家庭教育指导能力的提升。

3. 学了不会用，评估机制缺

通过教师访谈发现，已有部分教师参加了社会组织的各类家庭教育指导师培训，主要是高校和社会机构组织的培训，且基本都是线上课程，由于缺少互动和实践环节，教师普遍感觉学了课程但不会运用，同时课程的监管和实施也缺少官方认定的职业标准。再者，家庭教育指导能力的提升效果很难有标准来评价，家庭教育指导的效果也很难有标准来进行研判。

（二）区域定位：整区推进·专业导向·问题实践

教师家庭教育指导能力是教师通过多学科的教育理念、技术和方法，对实施家庭教育的家长从理论、方法、内容和技术等方面进行指导，帮助家长提高育儿素养，提升家庭教育水平的一种能力。

1. 整区推进，强化全员性

党的十九届四中全会提出“构建覆盖城乡的家庭教育指导服务体系”，突出家校合作育人的重要性，培养一支教师全员参与、具备家庭教育指导能力的队伍迫在眉睫。长期以来，学校对教师指导家庭教育的工作有所提及，但要求不高，随着时代的变化，社会对教师家庭教育指导能力有了新的要求。因此，就区域而言，有责任、有义务提高辖区内所有教师的家庭教育指导能力。基于以上认识，西湖区率先启动了面向全体教师的家庭教育指导能力提升工程，设计了《西湖区全员提升教师家庭教育指导能力实施方案》，其核心在于依法开展家庭教育指导，把所有教师培养成为具有基本专业素养的家庭教育指导者。以“整区推进，分步实施”为工作思路，以“三级培训，考证普及”为工作路径，全面提升区域教师的家庭教育指导能力。

2. 专业导向，凸显指导力

开展家庭教育指导的目的是将家庭教育从学校的附庸地位中解放出来，让家庭更像家庭，让学校更像学校，各负其责，同向而行。教师作为家庭教育专业化指导队伍的“主力军”，作为家校共育的重要“媒介”，往往是家长寻求指导和帮助的第一人选。因此，提升教师的家庭教育指导能力，要明确其专业定位，首先是育德能力，培养学生崇真、向善、向美的人格来显现其育德取向；其次是育己能力，在指导家长的同时，也能潜移默化地反思、改进自身的理念与行为；再次是通识能力，它是新时期教师的必备素养；最后是生活能力，是教师生活经验和专业能力融汇的一种独特的专业素养。同时，要关注专业能力的提升，需要掌握家庭教育指导的专业伦理、系统的专业知识和专业能力，即具体指导、设计、组织与实施家庭教育指导活动的能力。

3. 问题实践，彰显经验值

提升教师的家庭教育指导能力是新时代赋予教师的使命和责任，是发挥学校、家庭、社会协同育人效果的质量保证。当前的家庭教育面临很多挑战，孩子成长本身就是一个复杂的系统问题，加之家庭教育指导者需通过指导家长去影响孩子，所以要求教师具有生成性的实践能力和化解问题的智慧。实践表明，教师家庭教育专业指导能力需要通过“基于问题解决”的实践经验来提升，而不仅是简单的理论或网络课程学习，当下已有的家庭教育指导相关培训课程还无法满足教师开展家庭教育指导工作的需要。因此，在教师家庭教育指导能力提升培训课程中应设置真实问题情景的演练和实践活动的体验，让培训者在解决真实案例和岗位历练中积累经验，切实提升家庭教育的指导能力。

二、路径与实践

推进教师家庭教育指导能力提升需要设计符合地域特点的行动路径，西湖区教育局根据本区教师指导家庭教育能力的现状和需求，针对本区家庭教育的特点，系统设计了具体的工作路线图。

（一）专业导向，系统化设计“西湖标准”

1. 素养导向，确定标准制定的原则

标准是工作的导向，它的科学化设计直接影响该项工作的成效。根据区域开展家庭教育指导的整体要求，提出了标准制定的三大原则。

（1）专业为先原则。教师家庭教育指导能力是一种专业能力，其内容包括理念引领、育人智慧等提高家长家庭教育能力的基本素养，这种素养关照的对象不同于学校场域内的学生，而是直接指向实施家庭教育的主体——家长，旨在引导家庭教育从学校的附庸地位中解放出来，让家庭和学校各负其责，同向而行。它不同于一般的学科能力，不仅专注于知识和技能的传授，更依赖于生活和实践的经验，是一种引导人回归生活本源的教育能力。“双减”政策实施的背景下，教师的工作职责范围已由“学校”走向“社会”，由“学生”扩展至“家长”，面对复杂的家庭教育问题，教师需要发挥其自身的专业优势，借助家校共育的时代趋势，联合家长开展家庭教育，推动良好家庭教育生态的构建。

（2）能力为重原则。提升教师家庭教育指导能力不是加重教师的专业负担，而是让教师更好地适应新时代家校共育新角色。新时代的教师不但要掌握系统的学科知识和专业的教学知识，还要掌握系统的专业的家庭教育知识；不但需要具备学科教学能力，还需要具备了解与分析家长需求的能力、设计组织与实施家庭教育指导活动的能力、与家长沟通的能力、开展个性化的指导服务与咨询的能力以及进行家庭教育研究的能力。基于上述分析，要让家长接受教师的家庭教育指导，指导教师至少应该具备八种能力，构成认知与诊断、沟通与干预、策划与组织、研究与规划四大能力板块，形成教师与家长、校内与校外的“双作用环”。其中，认知与诊断是教师开展家庭教育指导的基础能力，沟通与干预是核心能力，策划与组织是发展能力，而研究与规划是高标能力，从低阶思维到高阶思维的专业能力培养构成了教师家庭教育指导专业能力发展的“螺旋模型”（如图4-3-1）。

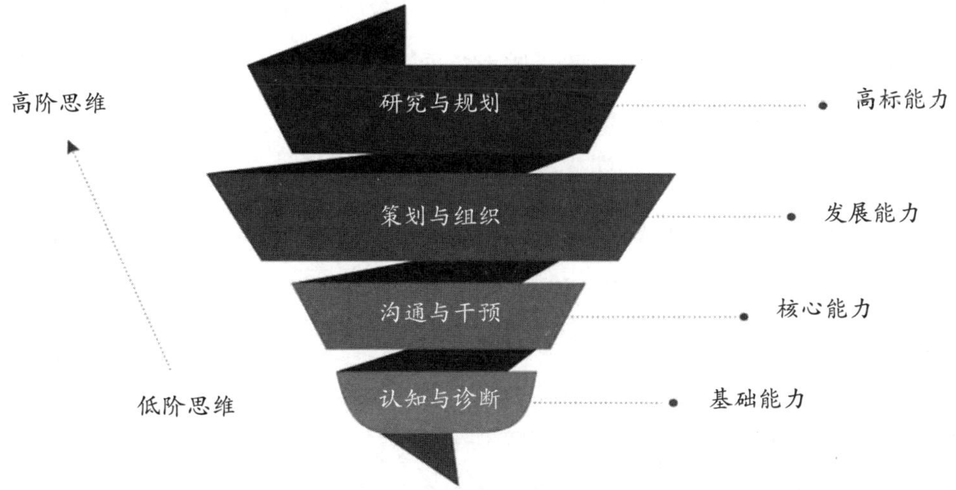

图4-3-1　西湖区教师家庭教育指导专业能力要素模型图

（3）梯度为要原则。教师开展家庭教育指导的重心是教师对于家庭教育的认知和理解，以课程、家访、家长会、家长沙龙或借助媒介等多种形式传递给家长。不同的教师身份会有不同的指导要求，如班主任和各学科教师的指导内容和载体不尽相同，家长学校管理者跟班主任的指导形式也截然不同。在此过程中要把握好各类角色的指导重点：学科教师的家庭教育指导重点是学科习惯的培养；班主任的家庭教育指导重点是家庭教育和生活教育的协同，重在指导家长培养孩子良好的学习和生活习惯，培养一个身心健康的人；学校家庭教育管理者的重点是引导家长知晓学生的年段特点和身心发展规律，让家长学会读懂孩子行为背后的诉求，具有陪伴孩子成长的智慧和解决突发或疑难问题的能力。

2. 能力指向，赋予标准评价的权重

家庭教育指导要立足教育本源，培养合格的家长，建立正向的家庭教育生态。根据教师家庭教育指导专业能力要素，根据对象不同，设定“初级”“中级”“高级”三个等级。“初级”主要指向学科教师，其家庭教育指导的重点是学科习惯培养和学习方法的指导，侧重家庭教育的理论传承；“中级”主要指向班主任，其家庭教育指导的重点是育儿常规问题的指导以及开展班级家长的培训，重在技能提升和问题解决；“高级”主要指向学校家庭教育工作的管理者，其家庭教育指导的重点是疑难问题的解决和全校家庭教育指导工作的规划和推进，重在问题破解和课程开发。根据不同教师的指导定位，制定“西湖区教师家庭教育指导能力三级标准权重表”（见表4-3-1）。

表4-3-1　西湖区教师家庭教育指导能力三级标准权重表

专业能力	权重（%）		
	初级指导能力	中级指导能力	高级指导能力
认知与诊断能力	45	30	15
沟通与干预能力	45	40	30

续表

专业能力	权重（%）		
	初级指导能力	中级指导能力	高级指导能力
策划与组织能力	10	20	35
研究与规划能力	—	10	20

3. 分层达标，形成标准评价的梯度

依据教师家庭教育指导专业能力发展的“螺旋模型”，根据四大能力的评价维度，梳理了12个基本领域的24项基本要求，根据不同教师指导的角色定位和具体要求，按照“初、中、高”三个层级制定具体达成标准（见表4-3-2）。

表4-3-2　西湖区教师家庭教育指导能力三级专业标准

一级指标	二级指标	三级指标	分级能力标准		
			初级	中级	高级
认知与诊断	家庭教育和家庭教育指导的内涵	家庭教育的内涵	理解	知晓	掌握
		家庭教育指导的内涵			
	各阶段学生身心发展的特点和指导重点	学前和小学阶段的指导要点	基本掌握	掌握	熟练掌握
		初高中阶段的指导要点			
	诊断家庭教育存在的问题	诊断孩子存在的问题			
		诊断家长存在的问题			
沟通与干预	与家长沟通的原则	接纳尊重，真诚平等			
		善于倾听，换位思考			

续表

<table>
<tr><th rowspan="2">一级指标</th><th rowspan="2">二级指标</th><th rowspan="2">三级指标</th><th colspan="3">分级能力标准</th></tr>
<tr><th>初级</th><th>中级</th><th>高级</th></tr>
<tr><td rowspan="4">沟通与干预</td><td rowspan="2">与家长沟通的策略</td><td>选择合适的沟通方式</td><td>基本拥有</td><td rowspan="4">掌握</td><td rowspan="2">善于使用</td></tr>
<tr><td>采用适切的沟通技巧</td><td rowspan="3">基本掌握</td></tr>
<tr><td rowspan="2">个案评估与干预的方法</td><td>掌握个案评估的方法</td><td>熟练掌握</td></tr>
<tr><td>选择适切的干预方法</td><td>善于使用</td></tr>
<tr><td rowspan="6">策划与组织</td><td rowspan="2">建立与相关人员的合作关系</td><td>与家长建立信任合作的关系</td><td>基本掌握</td><td>掌握</td><td>熟练掌握</td></tr>
<tr><td>与其他人员建立合作的关系</td><td>—</td><td>基本掌握</td><td>—</td></tr>
<tr><td rowspan="2">设计与实施集体指导活动</td><td>掌握一般集体指导的实施</td><td>基本掌握</td><td>掌握</td><td>—</td></tr>
<tr><td>学会特殊集体指导的实施</td><td>—</td><td rowspan="2">基本掌握</td><td>—</td></tr>
<tr><td rowspan="2">策划、组织家长学校和家委会工作</td><td>学会策划家长学校活动</td><td>—</td><td>—</td></tr>
<tr><td>学会组织家委会工作</td><td>—</td><td>—</td><td>—</td></tr>
<tr><td rowspan="6">研究与规划</td><td rowspan="2">研究分析与探索改进</td><td>掌握家教指导的研究分析</td><td>—</td><td>基本掌握</td><td>—</td></tr>
<tr><td>学会家教指导的探索改进</td><td>—</td><td>—</td><td>—</td></tr>
<tr><td rowspan="2">专业提升与发展规划</td><td>提高自身家教指导素养</td><td>—</td><td>基本掌握</td><td>—</td></tr>
<tr><td>实施个人专业发展规划</td><td>—</td><td>—</td><td>—</td></tr>
<tr><td rowspan="2">考核评估与指导培训</td><td>学会制定家教考核评价</td><td>—</td><td>—</td><td>—</td></tr>
<tr><td>学会实施指导者培训</td><td>—</td><td>—</td><td>—</td></tr>
</table>

（二）课程引领，本土化开发“西湖课程”

有效的课程体系是提升教师家庭教育指导能力的基础。家庭教育指导的目的是帮助家长明晰家庭教育和学校教育的区别和责任边界，使之成为“称职”的父母，而家庭教育指导能力提升课程要包含家校共育的知识、能力和素养。由于家庭教育的地域特征非常明显，在传授基础知识和基本能力外，针对本区域特点的本土化课程开发十分重要。

1. 明确课程目标“三力进阶”

根据教师家庭教育指导能力“西湖标准”，明确教师家庭教育指导能力课程的总目标：根据西湖区的地域特点与家庭教育指导的要求，使参与研训的全体教师掌握家庭教育和家庭教育指导的基本理论，形成较完善的家庭教育和家庭教育指导知识体系；树立现代的家庭教育和家庭教育指导理念，树立正确的儿童观、成才观和家庭、学校、社会协同的共育观；掌握较为前沿的家庭教育和家庭教育指导的科学方法，具备从事家庭教育指导的基本素质和专业能力，能够引领学校深入开展家庭教育指导活动。依据指导角色确定分级课程目标，详见表4-3-3。

表4-3-3　西湖区教师家庭教育指导能力三级课程目标

层级	课程目标
初级指导能力	提升教师对家庭教育指导的科学认知，在理论学习中积累家庭教育及其指导的专业知识，并能运用相关知识指导家长做好家庭教育
中级指导能力	提升教师家庭教育指导的相关专业素养，能解决家长育儿中的常规问题，具有独立开展家庭教育个别指导和群体指导的能力
高级指导能力	掌握家庭教育指导的实用操作技术和相关专业素养，具备一定的家庭教育研究能力，能引领学校、辐射区域的家庭教育指导工作

2. 架构课程内容“一基三核”

为培养一支具有现代家庭教育理念、具有人文底蕴和科学精神、具有实操技能的家庭教育指导队伍，我们设计了“家庭教育和家庭教育指导基本原理、家庭教育实践、家庭教育指导实践和家校协同育人实践”四大模块的主题内容。其中，家庭教育和家庭教育指导的基本原理是基础，主要包括家庭教育和家庭教育指导的基本原理和方法，采用专家引领和名著共读的研修方式落实；家庭教育实践、家庭教育指导实践和家校协同育人实践三大模块内容是核心，主要采用个案分享、案例研讨、学校实践等研修方式展开。其课程架构如图4-3-2所示。

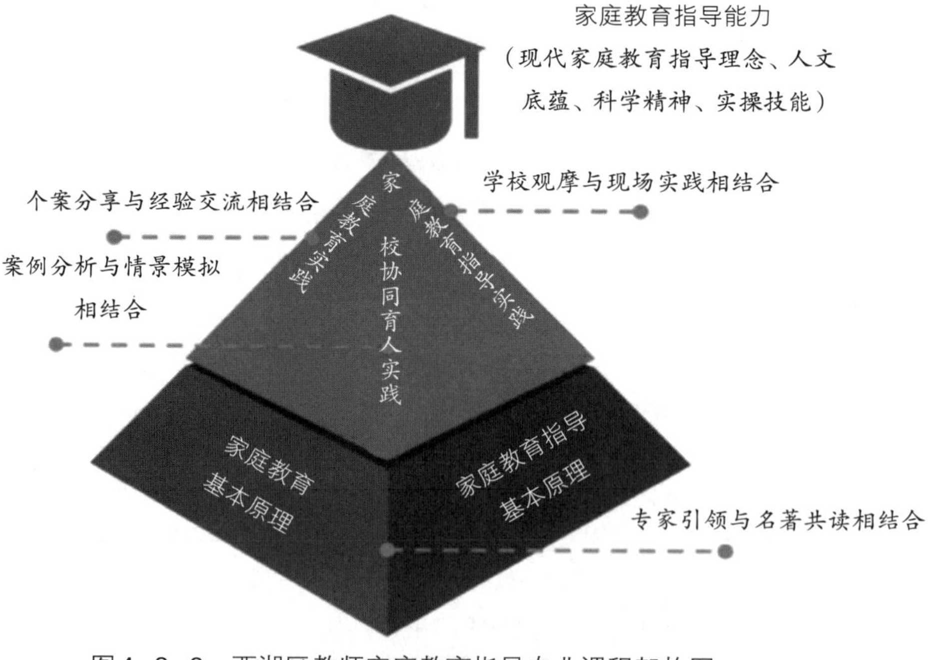

图4-3-2　西湖区教师家庭教育指导专业课程架构图

3. 编制课程纲要“模板进阶”

根据三级指导能力课程目标和架构，按照“认知与诊断、沟通与干预、策划与组织和研究与规划”四个模块编制课程纲要。初级课程：理论导向，重在家庭教育理论和知识的传承，以理论学习为主，设计了12个主题24学时的培训课程，在理论学习中积累专业知识；中级课程：问题导向，重在家庭教育指导技能提升和问题解决，以案例分析和个案实践为主，设计了12个主题48学时的课程，在沙龙式的体验和实践中提升能力；高级课程：发展导向，重在个案指导、技术掌握和疑难问题解决，以案例分享和实践应用为主，设计了23个主题90学时的课程，采用工作坊和小组沙龙等形式。高级课程纲要见表4-3-4。

表4-3-4 西湖区教师家庭教育指导能力高级课程纲要

专业能力	课程主题
认知与诊断能力 (14学时)	①家庭教育的原理与方法 ②爱与责任：家庭教育理念与实现 ③儿童情绪发展与影响因素 ④青少年学习心理与心理健康指导
沟通与干预能力 (28学时)	⑤教师如何提升家庭教育指导能力 ⑥如何应对青春期学生的“成长性”问题 ⑦家庭教育个案咨询指导 ⑧家庭教育案例分享与研讨 ⑨~⑪焦点解决在家庭教育指导中的运用(一)(二)(三)
策划与组织能力 (32学时)	⑫~⑬集体指导的形式与实施(一)(二) ⑭亲子关系问题及干预 ⑮如何让家长成为学校教育合伙人 ⑯~⑰家校协同的实践探索(一)(二) ⑱~⑲家庭教育指导方案设计与分享(一)(二)
研究与规划能力 (16学时)	⑳~㉑家庭教育指导的专业要求与提升路径(一)(二) ㉒家庭教育课题研究指导 ㉓家庭教育论文和案例指导

（三）学评结合，探索实战化“西湖机制”

依据教师指导角色定位，通过课程学习，建立“培训考核+实践研修”相结合的认证机制，通过“晋级考核、专业认证”的形式激发广大教师参与家庭教育指导能力提升的培训活动，达到学评结合、以评促学的目的。

1. 问题导向，精准学评

根据每个层级家庭教育指导要突破的重点问题设置考核办法，实施指定人群专项考核。

（1）初级指导能力认定：设置“理论圈+线上考试”的学评方式，主要聚焦家庭教育法律法规和学生身心发展规律的理论知识。采用线上学习和线上考试，试卷随机生成，倒逼教师认真学习。以下为西湖区教师家庭教育指导能力提升（初级）测试样卷。

【西湖区教师家庭教育指导能力提升（初级）测试样卷】

一、填空题（60分）

1. 家庭教育以________为根本任务，培育和践行________社会主义核心价值观，弘扬中华优秀传统文化、革命文化、社会主义先进文化，促进未成年人健康成长。

2. 家庭教育指导的形式有________和________两种。

3. 小学高段儿童（5—6年级）的身体发展特点：________开始发育、________接近成年人、身体快速长高、体重明显增加、身体部分器官尚未完全成熟。

4. 初中阶段儿童的身体特点：完全进入身体发展的第二加速期，大脑发展成熟，身高和体重带来________和________，性机能基本成熟。

5. 决定一个人成功与否的关键是________而非________。

6.学生厌学心理的干预对策不是单线作战，而是需要依托________、________和整个社会共同努力，为学生搭建克服心理障碍的多维平台。

二、问答题（40分）

1.《中华人民共和国家庭教育促进法》明确家庭教育应该合理运用哪些方法？

2.如何开展社会情感项目最有效？

3.简述重组家庭的常见特点或问题。

4.与ADHD（注意缺陷与多动障碍）相关的环境因素有哪些？

（2）中级指导能力认定：设置“答辩区+情景面试”的学评方式，主要聚焦家长育儿问题的个案解决，通过个案分享和案例研讨的方式展开，采用情景面试即“问题抽签+现场回答”，倒逼班主任个案指导能力的提升。以下为西湖区家庭教育指导能力提升（中级）面试样卷：

【西湖区家庭教育指导能力提升（中级）面试样卷（三选一）】

1.由于家长忙，无暇陪伴孩子，孩子常常自言自语，请问：应该怎样调整？

2.家长为了让孩子提高学习成绩，无条件满足他/她所提的要求，造成现在只要一不满足，孩子就用不学习来要挟。请问：应该怎么办？

3.孩子平时比较娇气，已经小学三年级了，还动不动就哭，请问：应该怎么办？

（3）高级指导能力认定：设置“工作坊+论文鉴定”的学评方式，主要聚焦家庭教育指导经验的总结和提炼，让教师选择相关主题，撰写并提交家庭教育工作的论文、案例或指导课程，采用工作坊导师机制进行评估和指导，倒逼教师家庭教育研究能力的再提升。以下为西湖区家庭教育指导能力提升（高级）论文鉴定主题：

【西湖区家庭教育指导能力提升（高级）论文鉴定主题（任选一个）】

一、家庭教育指导途径（专题）

1.格式要求：

（1）第一部分：概述。

（2）第二部分：操作策略。

（3）第三部分：个人思考。

2.字数要求：每篇4000—5000字。

3.内容要求：

（1）集体指导：包括班级家长会、班级家长开放日活动、班级亲子活动。

（2）小组指导：包括家长沙龙、家长俱乐部、家长读书会。

（3）个别指导：包括教师上门家访、邀约家长来访、媒体在线采访。

（4）特色指导：包括书信、亲子沙龙、家长接待日。

二、家庭教育指导活动（专题）

1.格式要求：

（1）第一部分：案例。

（2）第二部分：概述。

（3）第三部分：指导策略。

（4）第四部分：个人思考。

2.字数要求：每篇4000—5000字。

3. 内容要求：

(1) 特殊阶段指导：包括幼小衔接、小初衔接、青春期教育、家有中考生。

(2) 特殊家庭指导：包括单亲家庭、重组家庭、流动家庭（外来务工）、拆迁家庭、多孩家庭、隔代抚养家庭。

(3) 特殊学生指导：包括残疾学生、注意缺陷与多动障碍学生、孤独症学生、厌学学生、沉迷网络学生。

2. 证书管理，三级认定

教师家庭教育指导能力等级划分以专业能力为依据，教师需要通过每级考试且达到各项要求方可申请相应证书。初级证书：工作满一年且个案指导累计10小时及以上；中级证书：班主任龄（含家庭教育等德育工作）满三年，或达到中级教师资格且个案指导累计30小时及以上；高级证书：班主任龄满五年（含家庭教育等德育工作），或达到高级教师资格且个案指导累计50小时及以上。初级证书由西湖区教育发展研究院颁发，中级和高级证书由杭州市教育科学研究院颁发。具体认定细则见表4-3-5。

表4-3-5　西湖区教师家庭教育指导能力三级认定细目表

证书类型	培训学时	考试形式	工作时间要求	个案指导	证书核发
初级证书	24学时	线上考试	参加工作满一年	≥10小时	区研究院
中级证书	48学时	情景面试	班主任龄满三年或达到中级职称	≥30小时	市教科院
高级证书	90学时	论文鉴定	班主任龄满五年或达到高级职称	≥50小时	市教科院

3. 评审挂钩，评价赋能

根据《教育部等13部门关于健全学校家庭社会协同育人机制的意见》要求，西湖区全域推进中小学教师的家庭教育指导能力提升。同时，将家庭教育指导能力提升纳入教师继续教育要求，建立家庭教育指导名师工作室，专项研究教师的家庭教育指导能力培养。逐步将教师家庭教育指导水平与绩效纳入教师考评体系，在教师评职、评先条件中明确提出家庭教育指导能力要求：申报区级优秀班主任、功勋班主任、名班主任、育人先进个人等荣誉必须持有家庭教育指导能力等级证书。

三、成效与体会

（一）成效：操作机制·专业提升·建立队伍

1. 形成统一的操作机制

培训质量的关键是标准化流程和要求，西湖区经过三年实践提炼了“五统一”的操作机制，即统一组织推进，统一能力标准，统一教学内容，统一培训考核，统一认证颁证，优化培训的组织和管理，提高工作的效率和质量，推动活动与创新，探索教师家庭教育指导能力提升的“西湖方案”。

2. 专业化培训成为亮点

受训教师对课程的满意度均超过90%，普遍反映获益匪浅。初级培训针对性强，线上培训的方式方便教师随时随地进行学习，还可以反复观看感兴趣的内容；中级和高级培训包含“焦点解决、非暴力沟通”等专项技术，让教师的家庭教育指导从之前的“束手无策”到目前的“胸有成竹”。

3. 建立专业的指导队伍

全域推进教师家庭教育指导能力的提升，举办初级、中级、高级家庭教育指导培训班，截至2023年12月，共有3142名教师荣获区级教师家庭教育指导能力初级证书、138名教师荣获中级证书、66名教师荣获高级证书，占全区中小学教师总数的46.9%，一支专业且稳定的家庭教育指导队伍已初步建立。

（二）体会：突出专业力·强调协同力·提升综合力

1. 体会之一：要专业视角，突出专业力

家庭教育指导不仅需要理论功底，还需要干预能力，也需要技术载体。指导教师专业功底不扎实，解决家长问题时就会走偏；实践能力不够强，家庭教育指导就会成为纸上谈兵。所以，家庭教育指导必须结合专业理论和实践能力，才能让教师的家庭教育指导有底气，才能真正给予家长和孩子有效的帮助。

2. 体会之二：要多跨协同，强调协同力

行政部门要介入，建议在师范教育中增设家庭教育类课程，让师范生提前建立家庭教育指导的概念；业务部门要有为，加大区域家庭教育指导课程的开发力度，将家庭教育指导能力提升作为促进教师专业化发展的重要内容；学校管理要跟进，强化家庭教育指导平台的建设，加强家庭教育指导工作的考核，进一步助推教师家庭教育指导能力的提升。

3. 体会之三：要融会贯通，提升综合力

家庭教育是一个复杂的教育系统，可谓包罗万象，涉及“生命、品格、习惯、人际、婚姻”五大任务，家庭教育指导需要指导教师有多方知识和能力。新时代，学生心理健康问题挑战依然巨大，一个问题学生的背后往往是一个问题家长或问题家庭，所以家庭教育指导需要和心理问题学生的干预协同推进。

教师家庭教育指导能力是一种具有时代特质的教师新能力，也是一种提升教师职业涵养的新视域。发挥学校协同育人主导作用必须提升教师的家庭教育指导能力，这是家庭教育回归教育本源的质量保证。在“双减”政策的持续推进和家庭、学校、社会深度协同的大背景下，其效应将越来越凸显。教师家庭教育指导能力提升要从知识、能力导向逐步过渡到素养导向，旨在把所有教师培养成为具有基本专业素养的家庭教育指导者，依法开展家庭教育指导，助推西湖区教育更高质量的全域优质发展。

第四节　馆校共建，以美育心

近年来，学生心理健康问题频发，越来越受到社会的关注。尽管政府、学校和社会各方都做了大量工作，但大多指向问题学生的发现和干预，80%的力量都在关注20%的学生，治标不治本。近几年的工作实践表明，我们更应该将心理健康教育前置，在关注问题学生的同时更要关注学生的心理品质养成。要充分利用社会艺术和文化教育资源，让“艺术情操”深入学生的文化骨髓，培养学生珍视生命和乐观向上的心理品质，锻造学生百折不挠的意志品格。在学校教育中，将艺术教育与心理健康教育相结合，有助于提升学生的心理素质和审美情操。各校应充分利用社会资源开展馆校共建，打造铸魂育人共同体，以美育充实、丰盈、构筑学生心理健康的坚强堡垒。馆校共建是指学校与政府、企事业单位等合作共建的一种方式，通过馆校共建，可以实现资源共享、互利共赢，促进学校教育和社会教育的有机融合，为学生提供更加优质的教育资源和社会实践机会。学校与各类场馆合作，让学生在美的艺术氛围中感受美的力量，引导学生表达情感、释放压力，促进学生的心理健康。

一、馆校共建的时代背景

2014年，教育部《关于全面深化课程改革落实立德树人根本任务的意见》特别指出，学校要探索利用科技馆、博物馆等社会公共资源进行育人的有效途径。2020年，教育部等部门联合印发《关于利用博物馆资源开展中小学教育教学的意见》，对中小学利用博物馆资源开展教育教学提出明确的指导意见，要求进一步健全博物馆与中小学校合作机制，促进博物馆资源融入教育体系，提升中小学生利用博物馆学习的效果。2023年,《中共中央办公厅 国务院办公厅关于构建优质均衡的基本公共教育服务体系的意见》指出，健全学校、家庭、社会协同育人机制有利于促进教育高质量发展，是推动新时代基础教育“扩优提质”的重要路径和坚实基础。学校、家庭、社会协同育人是促进儿童青少年全面发展、健康成长的必然要求，也是落实新时代教育发展改革新要求的必然选择。过去几十年的国内外理论与实践研究都表明，学校、家庭、社会协同育人，有助于切实提升教育质量，促进教育公平。西湖区特别重视学校教育和社会教育的有机融合，这几年，通过“馆校共建”方式在西湖区校园里新建了大量场馆，为基于场馆学习，培养学生积极的心理品质搭建了广阔的舞台。

二、馆校共建的积极心理

馆校共建是指学校与政府、企事业单位、社区等合作共建的一种方式，通过馆校共建，可以实现资源共享、互利共赢，促进学校教育和社会教育的有机融合，为学生提供更加优质的教育资源和社会实践机会。馆校共建拓展了学生学习的场域，为学生提供更加丰富的教学资源，在拓宽学生视野的同时，促进学生更全面地发展。场馆学习作为非正式学习的重要形式，是与人、场馆、展品和文化相关的具体学习机制、学习方案与学习过程。场馆学习的特点主要体现在场馆学习的情境性、自主选择性、主动探究性以及结果输出的多元性。场馆学习对学生的心理健康也有积极的影响，有助于学生全面健康地成长。

（一）开阔视野，愉悦学习

场馆学习突破了教科书、教室和学校的限制，扩展到自然、生活和社会领域。如博物馆、遗址公园、历史街区、文化古都等充满文化气息的场所能够让学生产生共鸣，能引导学生有意识地去了解历史文化，使其在不断的探索中保持积极向上的心态。

（二）释放压力，情绪管理

场馆学习可以让学生通过艺术熏陶和参与活动表达自己的情绪，帮助学生更好地理解、表达和处理自己的情绪，还可以使其在活动中释放压力、缓解心理负担、增强心理调适能力、提升情绪管理能力，从而更好地应对学习和生活中的各种压力。

（三）交流分享，改善人际关系

场馆学习提供了一种较为开放、安全的学习氛围，可以有效缓解学生的紧张情绪和焦虑心理，促使其选择正确的方式面对问题和挑战，有助于学生建立良好的人际关系，促进其社交情感的发展，帮助学生形成健全的人格。

三、馆校共建的操作策略

馆校共建主要通过“场馆进校园”“校园建场馆”等形式开展和实施。具体包括三种形式：一是学校与政府合作共建，二是学校与博物馆合作共建，三是学校与企业合作共建。

（一）学校与政府合作共建

学校与政府部门合作共建场馆是一种重要的教育资源整合方式，可以为学生提供更好的学习和发展空间。合作模式主要是政府为学校提供场地和建设资金，学校负责场馆建设和管理；也可以是政府提供场地和设备，学校负责具体运营和管理。下面以杭州市文溪中学青春健康馆建设为例加以说明。

1. 项目背景

杭州市文溪中学青春健康馆是西湖区计生协会和西湖区教育局合作共建的项目。场地建在杭州市文溪中学，由区政府投资，由学校负责场馆建设、管理和使用，该场馆总面积为2200余平方米。杭州市文溪中学青春健康馆主体部分为青春体验馆和青春成长馆。青春体验馆包括五个不同的体验区，馆内设20余个展区，具有大量趣味性极强的现代化人机互动体验设备，让学生愿意主动体验和参与，在互动中收获成长。场馆具有几大特点：

（1）综合性：将青春健康教育、生命教育、安全教育、法制教育、禁毒教育、反邪教教育、自救自护教育、心理健康教育等融合在一起，体现出青春期教育的全面性与综合性。

（2）智能化：采用软件测试、智慧评估系统，利用虚拟现实、人工智能、传感器等先进技术和网络技术，对数据进行记录，并进行大数据分析，充分体现基地的智能化。

（3）体验式：基地设备具有趣味性、游戏性、互动性相结合的特点，通过剧目、案例重现让学生有更深的体验，体验式场馆学习具有切身的教育意义。

2. 功能定位

杭州市文溪中学青春健康馆是西湖区功能最齐全、设备最先进的现代化青春健康教育综合性基地。学校充分挖掘青春健康馆的教育效能，实现场馆学习资源利用的最大化。青春健康馆的功能定位如下：

（1）为校园德育建设提供平台。充分挖掘现有青春健康馆设施设备等教育资源，运用心理学教育的科学分类，有针对性地进行基地的课程建设，发挥基地青春期教育的功能，同时也为学校特色建设和品牌建设提供平台。

（2）为学校课程开发提供资源。青春健康馆作为学校课程开发的重要资源，不仅可充分发挥其使用价值，解决学生青春期困惑，对其进行心理疏导，还可以开发青春健康教育的心理课程，为学生搭建拓展实践、发展素养的平台。

（3）对场馆育人功能进行拓展。青春健康馆的建设和利用是基于学生青春期成长的需要、家庭教育指导的需求，可进一步对场馆的资源进行整合、开发，使其不仅服务于全校师生，同时也向街道社区及校外学生和家长开放。

3. 服务内容

杭州市文溪中学青春健康馆已经成为国家级的青春健康教育基地。场馆包含“青春·你好”“青春·友爱”“青春·责任”“青春·希望”四大体验区，分别聚焦青春期生理心理变化、青春期人际关系、青春期性教育、青春期安全教育、青春期人生规划的主题。

（1）“青春·你好”体验区——更好的开始。进入青春期，学生会经历生理和心理上的各种变化。如果不了解这些变化，学生可能会产生紧张、焦虑、迷茫等负面情绪。“青春·你好”体验区帮助学生了解青春期生理和心理变化、认识自我、悦纳自我，让青春期拥有一个更好的开始。主要包括：青春期男生日记，记录了12个男生在青春期成长过程中可能会遇到的性与生殖健康问题，并提供了正确的指导；青春期女生日记，包含了12个女生会经历的变化，包括生理和心理的变化，为青春期女生可能经历的困扰提供了解答；青春“经”喜，通过立体书的形式，详细介绍了月经及青春期生理保健的知识，结合青春期讲座，提升学生的知识和能力；青春梦“境”，通过立体书的形式，展示了男性青春期生理保健知识。

（2）“青春·友爱”体验区——更好的交往。青春期的学生开始注重同伴交往、对异性萌发好感、与父母的关系可能逐渐疏远，同时具有情绪不稳定、波动大的特点。“青春·友爱”体验区，帮助学生更好地调节情绪与处理各种人际关系。主要包括以下展区：青春剧场，聚焦青春期、亲子关系、情绪调节、个人成长、爱与梦想等主题，每个月播放一部影片，学生可以利用午休等空闲时间进入青春剧场自由观看；青春歌唱亭，让学生沉浸在音乐中，放松身心，既缓解了学习压力，又促进了同伴关系；青春不生气，是一种虚拟体感游戏，让学生在玩游戏的过程中宣泄情绪、调节情绪，同时学会礼让与合作，促进同伴交往。

（3）“青春·责任”体验区——更好的决定。进入青春期后，学生的独立意识增强，对“性”懵懂又好奇。性的意义绝不是简单的性行为，而是爱情、健康、道德、信任、责任。教师需引导学生树立正确的性观念，增强自我保护的意识，提升自我保护的技能，做健康、安全、负责任的行为，顺利度过美好的青春期。主要包括以下展区：青春预演，是一座镜面迷宫，有一个入口和三个不同的出口，在迷宫中寻找不同的出口，象征在生活中做出不同的抉择，引导学生做正确的抉择；智斗灰狼，用视频讲解的方式介绍了青春期可能遇到的性骚扰、性侵害以及拒绝性骚扰的方法，让学生学会自我保护；小艾诉语，通过与机器人小艾的互动，学生可以倾诉心声，进行专题答疑，引导学生全面理解“性”，建立正确的性态度和性观念，树立做健康、安全、负责任的行为的意识。

（4）“青春·希望”体验区——更好的明天。随着生活水平的提高、长辈对孩子的宠爱日渐增长，许多学生无法感悟学习的意义，从而无法激发学习的动力，因此需要引导学生确立人生目标，树立规划发展的意识，成为阳光健康的青少年。主要包括以下展区：青春我知道，是一个互动抢答设备，学生在青春体验区进行体验和学习后，可以在这里进行知识抢答，检测自己的知识掌握情况；发展云平台，青春期是学生探索“自我同一性”的关键时期，有的学生已经开始思考将来想要从事的职业，也有学生还处于不知为谁、为何而学习的迷茫中，通过生涯发展云平台，学生能对自己的性格、兴趣、能力有所评估和了解，由此激发学习动力，为将来的学习奠定基础；青春扭蛋机，学生完成特殊打卡任务后，可到心理辅导站领取一枚扭蛋币，兑换一枚扭蛋，其中包含惊喜礼物、暖心话语、科普知识等丰富的内容，暖心话语主要来自学生的分享内容。

4. 使用办法

为更好地发挥青春健康馆的教育功能，让更多学生参与体验和实践，将其功能辐射至周边学校、社区街道和家庭，学校专门制定了青春健康馆的使用办法。

【杭州市文溪中学青春健康馆使用办法（初稿）】

一、场馆基本情况

文溪中学青春健康馆以“遇见更好的自己”为中心主题，分为两馆一站。

两馆分别为青春体验馆和青春成长馆，其中青春成长馆内含青春广场、阳光广场和青春大讲堂。

一站为心理辅导站(按心理辅导站示范点标准配置)，内设沙盘室、放松室、个辅室、心理办公室、宣泄室、团辅室。

二、场馆开放时间

1.工作日开放时间：9:00—16:00

2.非工作日开放时间：

春假：9:00—16:00

秋假：9:00—16:00

暑期：7月4日至7月10日、8月24日至8月31日9:00—16:00

注：其他非开放时间的参观由区计生协会工作人员负责。

三、场馆预约办法

青春健康馆对校内外师生、家长开放，参观前需预约并联系相关负责人。

(一)校外人员参观预约

1.校外团队参观预约需提前一周联系相关人员，并填写预约单(电子稿发送至基地负责人处)，到校后由校内联系人负责接待，并提前通知场馆负责人开门并打开设备(若负责人外出，则由总务处用备用钥匙开门并打开设备)，按需安排志愿者与讲解员。

2.校外个人参观预约提前一周联系区计生协会相关负责人，汇总后发送至文溪中学相关负责人。为维护学校正常教学秩序，未经预约暂不接待。

(二)校内师生参观预约

校内师生参观预约需提前三天联系相关人员，并填写预约单(电子稿发送至心理辅导站老师处)，在志愿者与负责人的引导下文明参观、体验。

1.我校师生可在场馆工作日开放时间进行参观体验。

2.以班级为单位体验时由班主任负责带队。学生个人参观体验需预约，并严格遵守基地参观规则，爱护公物。

四、场馆讲解员、志愿者

为树立学生的主人翁意识，让学生进行自主管理。在七、八年级学生中挑选合适的学生（心理社团优先）作为场馆讲解志愿者，并由学校颁发聘书。讲解员经过培训合格后可佩戴胸牌为参观人员进行场馆介绍，并维持参观秩序。

五、场馆管理制度

1.场馆钥匙由管理人员保管，场馆内的电器与遥控器等设备由专人负责，总务处保留备用钥匙。

2.场馆管理人员按照开放时间及时打开或关闭基地设备，若发现场馆内有安全隐患、设备损坏、能源浪费等现象时，及时上报或采取措施消除隐患。

3.凡进入场馆进行参观或教学的个人和单位，要自觉遵守场馆内的有关制度和规定，本着先预约后使用的原则，经学校安排后方可使用。

4.所有进入场馆参观的人员应珍惜爱护公物，文明参观，保持安静，不大声喧哗；禁止随地吐痰，乱扔果皮、纸屑等废弃物；禁止在墙面、设备上随便刻画、涂写；禁止将鞋印等污迹留在墙面上。

5.场馆内严禁吸烟，严禁使用明火，严禁携带宠物等进入场馆。

6.参观人员不得随意开关电器设备，若因此发生损坏，须进行赔偿。

（以上材料由杭州市文溪中学提供）

（二）学校与博物馆合作共建

学校与博物馆共建可以实现资源共享、优势互补，促进文化教育、学术研究和社会服务的深度合作，推动文化事业的发展和传承。把博物馆建在学校里不仅拉近了博物馆与学生的距离，还拓宽了学生的视野，从而更好地引导学生成为中华优秀传统文化的传承者。

1. 共建价值

博物馆作为文化教育的重要场所，拥有丰富的文物和展品资源，与学校共建可以让学生更直观地接触历史、艺术等领域的知识，拓宽他们的视野和学习空间；博物馆也是文化遗产的守护者，与学校共建可以促进文化遗产的传承与保护，让学生更深入地了解和尊重传统文化，培养他们的文化自信和认同感；学校与博物馆共建可以培养学生的社会责任感和文化素养，以及为社会文化事业作贡献的理想；学校与博物馆共建还可以让学生走出课堂，改变学习方式，培养学生的劳动意识和能力，发展学生的综合能力。

2. 共建方式

学校与博物馆共建的方式可以多元并举。一是利用博物馆的场地和资源开展活动，让其成为学校实践活动的固定场所，让学生成为博物馆的志愿者；二是把博物馆搬进学校，变成“流动博物馆”，学校和博物馆共同策划举办展览、讲座、研讨会等活动，让博物馆资源利用最大化；三是学校出资将博物馆建在校内，成为学校的一部分，成为学校转变学习方式的载体。

3. 案例呈现

杭州市三墩小学就是第三种合作方式的代表。该校与中国湿地博物馆、浙江中医药博物馆携手共建了本草馆和百草园，并一直致力以“本草”为主题进行课程开发，开拓学生培育的新路径，从而实现树德、增智、强体、育美、培劳的育人目标。学校依托本草馆和百草园，以“探秘身边的本草”为驱动性问题，从本草的种植、养护、应用三个阶段中获取资源、甄选资源、组合资源、优化资源，设计不同年段的项目化学习任务，将劳动、中医药、综合实践、STEAM（跨领域课程）相结合，让学生的学习方式更加丰富，在提升学生综合能力的同时，增加了学生的校园幸福感。以下是学校基于本草馆和百草园开展的项目化学习：

【项目化活动一：古法草木染，赴一场色彩之约】

走近草木染

这是杭州市三墩小学联合浙江中医药大学，在校园博物馆——百草园里举办的“小小神农——古法草木染艺术体验”主题活动，本次活动特别邀请了浙江中医药大学朱波副教授进行现场指导。

朱教授从丝绸之路讲起，穿插着有趣的历史故事，细致地给同学们科普了中草药染色的起源与发展，还给同学们逐一介绍了生活中常见的彩色中草药。

了解草木染

在没有化学颜料的时代，中国古人取天地间的草木，以织物为载体，染出鲜活灵动的色彩。将自然赋予的颜色穿在身上，顺应四时的变化，秀丽又谦和。同学们认真地聆听老师讲解中草药染色的知识，并踊跃举手提出自己的疑问，热烈地分享自己在生活中对草木染的理解。

此刻，百草园里，栀子花的清香渐渐弥漫，闻一闻，是什么味道呢？黄澄澄的栀子果静静地躺在桌上，仿佛在等待着同学们将它鲜艳的颜色转移到棉布上。

尝试草木染

了解了草木染的相关知识后，同学们在老师的指导下尝试动手实践。有的准备煮中药用的水，有的去老师处领取棉布，有的整理扎染要用到的棉线和夹子，分工明确，草木染实验井然有序地进行着。

四口大锅一字排开，锅里的栀子果很快将水染成了暖洋洋的黄色；苏木释放出诱人的水红色；乌饭树的叶子不甘示弱，让澄澈的水带上了清新的绿；紫草的水面上也逐渐漂起了细小的紫色泡沫。

【项目化活动二：从悠悠艾草到香糯青团】

知“艾”：中草药文化并不神秘

绿意盎然的百草园里，“艾草”迎风舒展。为了方便对其外形展开详细观察，“小药农”们跟随陈斐斐老师和郑利燕老师一起采摘了艾叶。“小药农”们通过观察发现，艾叶的表面是绿油油的，背面则满是白色茸毛，闻起来还有一股特殊的香味，在老师们的讲解下，才知道原来是这特殊的香味使其具有驱蚊的效果。

制“艾”：从药材变成食材

在老师们的指导下，“小药农”们开始尝试动手做青团了。先清洗艾草，放入锅中焯水后，又加入了少许食用碱，使艾叶保持嫩绿色不会变黄。再煮至艾草熟透，并放在冷水中浸泡一会儿，挤干水分后放入搅拌机中搅拌成糊状。最后对半配上糯米粉揉匀，把甜蜜蜜的红豆沙裹进里面，搓圆润，光滑的青团就做好了。

各个制作环节分工有序，不一会儿，圆滚滚、绿油油的青团就铺满了桌子。同学们最不缺乏的就是创造力，你看，有的青团上开出了“小花”，有的个头小小的，酷似汤圆……各式各样的造型彰显着十足的个性。

食“艾”：甜糯青团正当吃

将包好的青团上锅，大火蒸10分钟左右，散发着浓浓艾香和淡淡糯米香的青团就出锅了！一口咬下去，软糯的口感，甘甜的滋味，在味蕾间回味，仿佛把春天融进了心里。

青团的历史最早可以追溯到周朝的寒食节。在寒食节期间，人们不生火，只吃冷食充饥，在当时的寒食节，就已经能看到墨绿色糯米团子的影子了。清明节吃青团的民俗经国务院批准，已经列入第一批国家级非物质文化遗产名录了呢！

“悠悠艾草香，绵绵情谊长。”本次中草药进校园活动，以“艾”作为切入点，让同学们知“艾”、制“艾”、食“艾”，激发他们对中草药文化的热爱，从而促进传统文化的传承和发扬。

【项目化活动三：花式探秘“舌尖上的本草”】

本草晒一晒

一年级的同学们对本草充满了好奇，他们走进大自然，望一望、闻一闻、摸一摸，用心感受本草带来的芳香；洗一洗、剥一剥、撕一撕、晒一晒，仔细观察本草丰富的变化。

在太阳和温度的作用下，同学们欣喜地发现本草的每一丝变化，他们快乐地享受着晒本草带来的乐趣，这感觉太棒啦！赶紧来看看他们的晒制过程吧！

本草泡一泡

二年级的同学们正在学习泡本草茶，别看只是简单地冲泡一杯本草茶，其中却有着大学问呢！在冲泡前，同学们先了解了本草的四种类别，分别是凉茶、花茶、果茶和茶叶，还学习了这几种茶的功效。一切准备就绪，开始动手冲泡吧！

看！有的冲泡了美容养颜的玫瑰花茶，有的冲泡了生津止渴的陈皮茶，还有的冲泡了清热润肺的罗汉果茶，应有尽有！

本草腌一腌

腌制，是中华民族的一种传统美食制作方法，早已和人们的生活融为一体。那么，这种制作方法又会和本草碰撞出什么样新的火花呢？我们看到，在时间和盐的作用下，本草散发出了不一样的魅力，同学们也获得了全新的收获。让我们一起来看看三年级同学们的腌制体验吧！

本草煮一煮

药膳具有悠久的历史，它是中华民族历经数千年不断探索、积累而逐渐形成的独具特色的一门临床实用学科。四年级的同学们取中药之性，煮养生之食，用心地煮制了一份份充满爱和温暖的养生药膳，养胃粥、护肝汤、润肺汤……统统不在话下。

本草熬一熬

本草有情，发挥特性佑人身体健康；匠人可贵，穷极一生只为一剂好膏。本草的熬制十分考验熬膏师的技艺，稍有不慎，就有可能前功尽弃！五年级的同学们，像一位位本草匠人，精心配比，熬制出枇杷膏、雪梨膏、桑葚膏等，让人忍不住点赞！

本草蒸一蒸

蒸，不但能更好地保存食物中的营养，而且也符合饮食清淡的原则。六年级的同学们让"蒸"和本草完美融合，向我们展示了最原始的食物本味。艾草、乌树叶……摇身一变，成了一道道让人垂涎欲滴的美味！

（以上材料由杭州市三墩小学提供）

（三）学校与企业合作共建

学校与企业合作共建场馆也是一种有效的教育资源整合方式，可以作为企业科研成果转化的基地，为企业提供检验和改进科研产品的重要载体；也可以作为学校开展教育培训的基地，为学生搭建场馆学习的载体。下面以西湖区"你好大脑"脑科学馆为例进行具体介绍。

1. 场馆简介

“你好大脑”脑科学馆是全国首家脑科学体验馆，坐落于杭州市西湖区文三路东部软件园。“你好大脑”脑科学馆由教育科技企业引进，从脑科学的角度融合心理学和教育学原理，是一个集科普、科学、科技于一体的研学基地。该馆建成于2020年，分别被杭州市、西湖区认定为青少年科普教育基地。脑科学馆致力于在“双减”政策背景下，做好科技教育的加法，提升民众对脑科学的认知，帮助青少年科学提升关注力、洞察力，在心理减压、情感认知等方面导入可视化纠偏新体验。

2. 功能介绍

“你好大脑”脑科学馆展厅面积约750平方米，场馆分为“走进大脑（了解脑科学与脑的结构）、头脑风暴（脑的功能与应用）、脑力擂台（脑科学与教育）、脑与未来（人工智能）”四大区域，融合心理学、教育学等内容，兼顾基础、前沿及应用。脑科学馆具有九大功能区：认识大脑、脑科学发展、声动心流、头脑加油站、极限超人、数感擂台、阅读之谜、脑力教室、运动捕快。脑科学馆从脑的结构、功能、感觉、知觉、感性、理性等方面，将大脑与认知神经科学以互动式科技产品、媒体游戏、模型模拟等寓教于乐的方式呈现出来，通过开展丰富多彩、形式多样的科普活动使儿童青少年树立正确的世界观、人生观、价值观，帮助儿童青少年达到情绪放松、心理减压、行为调整等目的，从而实现高效学习和健康生活。

3. 合作机制

学校与“你好大脑”脑科学馆合作的机制主要有三种：一是研学活动，即学校利用春游、秋游等活动，组织学生到脑科学馆进行参观体验，费用由学校承担；二是第二课堂活动，即利用周末或节假日由家长带领孩子走进场馆进行参观体验，费用由家庭自行承担；三是场馆进学校开展活动，即脑科学馆将部分体验设备搬到学校，方便学生自主体验。

“你好大脑”脑科学馆跟西湖区科协达成协议，由学校申请将部分体验和减压设备存放在学校供师生免费使用。如杭州市育才实验学校通过申请，将“你好大脑”科学馆的部分设备引入学校，供学生们参观体验。其中的“声动心流”设备可以测试心情、感知情绪，让焦虑、抑郁的情绪得以宣泄，使学生保持良好的心理状态，达到心流状态。

【进校园“声动心流”设备介绍】

心流在心理学中是指人在专注进行某项行为时所表现的心理状态。在这个舒适、安全的私密环境，可以利用此设备对学生心理健康水平进行评测，一方面解决了由于心理健康教师个体差异导致的学生心理健康问题的误判情况，另一方面解决了由于心理健康教师配置不足导致的不能全面覆盖学生的问题。本设备已申请了实用新型专利及数项软件著作权。设备软、硬件组合如下：

一、箱体

尺寸为1120mm×1120 mm×2200mm，采用“知更鸟蛋蓝”为主色调，寓意守护孩子心中的一片净土。

二、触摸一体机（i5处理器+8G内存+256G固态硬盘）

功能：程序运行与交互。

三、硬件采集设备

包括无线充电脑波仪一套（含充电底座）、血氧采集设备一套。

功能：进行使用者当前环境下的数据采集工作。

四、灯光系统

功能：实时反映使用者当前状态下的心情状态。通过适用于评估2—17岁儿童青少年情绪和行为问题的SDQ量表，根据《精神病诊断和统计手册-Ⅳ》，评估关于心理特质的25个问题，量表分为5个维度：情绪症状、行为问题、多动/注意力问题、同龄人关系问题、亲社会行为。经过整理的七十余组声音资讯，包含古典音乐、轻音乐、自然界的白噪声和阿尔法波音乐，配合生物电反馈灯光，帮助使用者学习安抚心灵。通过正念疗法，让使用者提高心情调节能力。针对学生在重要考试之前出现的各种心理征兆、反刍、思想压制、情绪恐惧和情绪调整障碍等问题，以正念作为介质，综合正念减压（MBSR），基于正念的认知行为疗法（MBCT）、接纳承诺疗法（ACT）、辩证行为疗法（DBT）以及催眠疗法，降低学生情绪刺激反应，改善自我管理，改善对现实情感状态及障碍经验的接受，增强忍耐力，减少回避，同时达到增强认知灵活度及注意功能，以及无意识放松的效果。

五、设备服务

存放校园期间，设备软、硬件由企业研发部迭代升级。

六、运维服务

存放校园期间，企业提供在线运行维护保障，软件问题承诺 6 小时解决，硬件问题承诺三天解决。

七、配套课程服务

企业与国内多所高校的心脑科学相关科学家共同制作了心脑科学科普课程，可根据学校需求，定向组织相关公开课。

（以上材料由杭州市育才实验学校提供）

学生心理健康教育之路任重而道远，学校基于场馆共建以及开展相关的艺术教育，可以培养学生健康的审美和情感。基于劳动和红色教育，培养学生珍视生命和乐观向上的心理品质，锻造学生百折不挠的意志品格，促使学生全面而健康地成长。

第五章

数字平台赋能创设

随着信息技术的飞速发展，数字技术已经成为推动社会发展的重要力量。在教育领域，数字技术的应用不仅改变了学校传统的教学方式，也为家长学校和心理健康服务提供了新的途径和策略。家校携手，利用数字技术赋能儿童青少年心理健康工作，打造西湖区心理健康教育特色之路。

西湖区教育局基于“三名在线”平台，创建“和谐心”数字家长学校，使家长能够随时随地获取丰富的学习资源，此举旨在提升家长的家庭教育素养，更好地帮助家长履行家庭教育职责，引导家长以和谐的心态面对孩子的成长，促进家庭教育的健康发展；搭建“和谐心”云平台，实现全员筛查和预警跟踪，为学校提供科学、便捷的心理测评服务，帮助教师和家长及时了解学生的心理健康状况，制定个性化的干预方案，构建“随人走，全覆盖”的学生心理健康数字档案，做到“家底清，情况明”；基于“和谐心”云平台，实施分级预警制度，不断织密学生的心理健康防护网。

第一节 “和谐心”数字家长学校

党的十九届四中全会明确要求构建覆盖城乡的家庭教育指导服务体系，注重发挥家庭家教家风建设在基层社会治理中的重要作用。党的十九届五中全会进一步提出要加强家庭、家教、家风建设，健全学校、家庭、社会协同育人机制。家庭是孩子人生的第一所学校，稳定的亲子关系是家庭教育的根基，家长和孩子共同成长是家庭教育的特征，引导家长树立正确的教育理念，使家校形成育人合力是家长学校的工作重点。为突破家长学校的传统模式，西湖区教育局积极实施数字家长学校建设，开发家庭教育数字资源，拓宽教育途径，提高家长育儿能力。

“和谐心”数字家长学校是与中小学实体家长学校紧密结合的，基于“互联网+”，通过数字化学习平台，跨时空面向家长开展家庭教育指导、传播家庭教育理念和方法、提升家长素养和家校共育水平的新型学习阵地和传播模式。西湖区“和谐心”数字家长学校为家长提供了丰富的家庭教育课程资源，覆盖了学前教育、小学和中学等各个学段，内容涉及孩子的衣食住行、学习、人际交往和社会实践等方面，既有名师、名校长的专题讲座，也有心理健康教师和家庭教育讲师的微课。课程重在指导家长为何做、如何做，引导家长的学习和孩子的成长一同前行，助力家长读懂孩子行为，理解孩子想法，为孩子的健康成长营造和谐的家庭教育生态。

一、平台建设背景和意义

家庭是社会的组织细胞，家庭教育是学生健康成长的重要底色，是基础教育体系的重要组成部分，承担着连接学校教育和社会教育的桥梁作用。儿童青少年正处于身心发展的重要时期，温暖、支持性的家庭教育是孩子健康成长的重要基础。

（一）平台建设背景

在中国传统教育“望子成龙”“望女成凤”思想的影响下，很多家长的教育重心都放在了孩子的学业上，希望孩子考高分、上“名校”，将孩子培养成了“十指不沾阳春水，一心只读圣贤书”的“考试机器”。其中有社会焦虑和教育内卷的原因，但更多是家庭教育理念的问题，主要表现在以下三个方面。

1. 家庭教育缺少支持路径

相关调查问卷显示，有37.9%的家长没有参加过校外的家长培训，且大部分学校还是基于家长会等传统的形式来进行家庭教育指导，家长教育理念的更新缺少专业的支持路径。

2. 家长问题解决需求强烈

调查问卷显示，有96.8%的家长希望得到家庭教育的指导，有超过50%的家长希望得到一对一的指导，希望由心理健康教师来指导的占比超过20%。究其原因主要是目前孩子成长的问题很复杂，家长需要更专业的指导。

3. 社会资源质量参差不齐

目前社会对教育的关注度持续攀升，社会资本大量涌入教育行业，各平台关于家庭教育的资源很多，但专家们各执一词，家长时常晕头转向，不知道该听谁说，甚至还有一些家长听信错误的专家指导，造成孩子的各种问题。

鉴于上述问题，西湖区教育局致力开发全方位的数字家长课程，使之既能符合浙江省对数字家长学校的要求，又能呈现区域课程、学校个性化课程和各省区市关联课程中的家长成长课程。西湖区教育局基于“三名在线”平台创建“和谐心”数字家长学校，通过平台发布课程，为家庭教育提供更专业的指导，更好地达成家校协同育人目标，促进西湖区教育更高质量发展。

(二)平台建设意义

家庭教育开启的是人生第一课，是所有教育的起点和基础，关乎孩子的健康成长、人民的家庭幸福和社会的稳定进步。“和谐心”数字家长学校课程和平台的开发始终坚持问题、专业、便捷三个导向。

1. 问题导向

以问题为导向，缓解家长的教育焦虑，帮助家长应对育儿过程中的挑战。通过提供针对实际问题的解决方案，更新家庭教育理念，优化家庭教育方法，引导家长以更智慧的方式应对孩子成长中的困扰；通过建立问题解决的思维模式，培养家长的教育技能和情绪管理能力，激发家长的育儿信心；通过开展家长教育讲座、亲子活动等，为家长提供专业指导和支持，促进亲子关系的良性发展，促使家庭营造和谐温馨的氛围，让家庭成员共同成长，共同享受育儿过程中的乐趣与挑战。这种问题导向的家庭教育模式能帮助家长更好地理解、引导和支持孩子，促进家庭关系的和谐发展。

2. 专业导向

为了有效破解孩子的成长问题，西湖区教育局根据孩子的成长规律和身心发展特点，开发专业的家长成长课程，并邀请教育专家提供指导。这些课程覆盖家长在孩子成长过程中可能遇到的各种困惑和挑战，通过分享专业知识和经验，帮助家长更好地理解和引导孩子。家长成长课程注重科学化、规范化和专业化，为区域内所有家长提供系统性的教育和指导服务；通过课程内容的设计和专家的指导，帮助家长建立正确的教育观念和育儿方式，提升他们的育儿能力和解决问题的能力；鼓励家长互相交流和分享经验，形成共同学习、共同成长的氛围。这样的家长成长课程不仅有助于解决孩子成长中的问题，也能促进区域家庭教育水平的整体提升，为孩子的健康成长提供更有力的支持。

3. 便捷导向

考虑到现代社会快节奏生活的实际情况，将课程设计得简短而实用是非常重要的，因为家长通常时间有限，他们需要迅速掌握关键信息并得到解决问题的实用方法。“和谐心”数字家长学校的课程时长为8分钟左右，通过平台直接推送到家长的手机端，课程聚焦于家长最关心的问题，提供实用技巧和建议，帮助家长更好地应对教育挑战。便捷的在线学习平台可以让家长随时随地学习，方便灵活。通过在线课程、讨论区和资源分享，家长可以方便地获取所需信息、交流经验、解决问题，从而提升自身的育儿能力和家庭教育水平。

二、平台课程架构

平台课程分为教育局课程和学校课程。教育局课程主要包括基于成长问题的家长微课和基于社会焦点的家长直播课；学校课程则由各校自行开发。

（一）教育局课程

1.家长微课

基于成长问题的家长微课属于家长普及型课程资源。家长微课的设计首先要坚持学生问题导向，通过网络调查问卷在全区内收集学生的成长问题，通过大数据分析形成问题链，然后围绕“生理发展、个性发展、学习能力、社会适应、人际沟通和学法指导”六个方面，架构针对一至九年级学生家长的成长课程，由区内名师以微课的形式进行解答分享，一节微课解决一个问题，重在指导家长为何做、如何做，形成贯穿学生整个发展阶段、覆盖全体家长的区域家庭教育指导课程体系。西湖区第二期“和谐心”家长微课详见表5-1-1。

表5-1-1　西湖区第二期“和谐心”家长微课

年级	生理发展	个性发展	学习能力
一	孩子总是不经意地咬指甲怎么办？ 主讲人：杨晓凤	怎样培养孩子的专注力？ 主讲人：蒋晓	孩子做事拖拉、作业磨蹭怎么办？ 主讲人：周杭芳

续表

年级	生理发展	个性发展	学习能力
二	孩子常常吃个不停怎么办？ 主讲人：卫健	孩子出现过分恐惧怎么办？ 主讲人：郑秀军	孩子遇到难题就退缩，不愿意动脑，怎么办？ 主讲人：李艳
三	如何保护孩子的视力？ 主讲人：卫健	孩子不自信怎么办？ 主讲人：黄黎明	三年级的孩子要不要报学科类兴趣班？ 主讲人：陈月
四	如何预防孩子性早熟？ 主讲人：卫健	孩子遇到点困难就哭鼻子怎么办？ 主讲人：于李丽	小学中段孩子的学习，家长要不要陪伴？ 主讲人：葛丽萍
五	如何指导孩子正确看待身体的变化？ 主讲人：卫健	孩子脾气暴躁，难以控制自己怎么办？ 主讲人：何铭之	如何引导孩子合理使用电子产品？ 主讲人：周爱芬
六	如何指导孩子开展性保健？ 主讲人：卫健	孩子考试焦虑怎么办？ 主讲人：葛亚飞	如何引导孩子做时间的主人？ 主讲人：黄红
七	孩子开始讲究穿着，有些衣服穿一次就不愿意再穿了怎么办？ 主讲人：方志鑫	怎么培养孩子的责任感？ 主讲人：张语娇	孩子很勤奋，但学习成绩上不去怎么办？ 主讲人：王曜君
八	父母如何与孩子谈性？ 主讲人：陈琦	孩子不爱学习，产生厌学情绪，怎么办？ 主讲人：潘志平	孩子遇到难题就用手机搜题怎么办？ 主讲人：林志超
九	如何帮助孩子建立青春健康形象？ 主讲人：周春飞	考试之后如何帮助孩子心理“减压”？ 主讲人：傅之敏	如何让孩子的中考复习更有效？ 主讲人：陈竹根

2.家长直播课

家长微课更新周期较长，很难及时抓住社会热点或是紧迫问题，而基于区教育局“钉钉”平台的家长直播课正好可以弥补线下讲座人数有限和微课开发周期长的不足，能实现全区家长在“钉钉”平台同步观看，且能通过互动区的交流解决疑问。比如，“双减”政策实施后，家长需要及时了解国家政策对教育的影响，全区按照学段组织家长直播课，所有家长在线收看，有效缓解家长因为“双减”政策而引发的焦虑。西湖区部分家长直播课主题见表5-1-2。

表5-1-2　西湖区部分家长直播课

序号	主题	主讲人	单位
1	破解孩子网络成瘾背后的秘密	周杭芳	杭州云谷学校
2	家长如何帮助孩子适应开学的学习生活	高亚兵	浙江外国语学院
3	“双减”政策实施后家长的六个着力点	潘志平	杭州市公益中学
4	“双减”：让教育回归教育	张军林	杭州市学军小学
5	孩子上学注意力不集中怎么办？	周国岭	杭州市第七人民医院

（二）学校课程

学校课程主要是由学校自主开发或制定的校本课程，下面以杭州市学军小学紫金港校区的“家长掌心微课”为例进行介绍。首先，学校在开发课程的前期，针对学生的家庭情况，如家长文化程度、家庭结构、家长和孩子每天沟通的时间、家校联系频率等，以及当前遇到的家庭教育问题进行相关问卷调查。

然后，召开年级协同会，讨论各年级学生的身心发展规律，以及目前家庭教育中的突出问题，商定课程的主题。接着，各班选择一个主题，邀请比较有经验的家长，围绕主题分享育儿小妙招，制作5—8分钟的微课。微课发布前，要经过三轮审核：第一轮由班主任审核，第二轮由年级组长审核，第三轮由年级行政领导审核。最后，审核通过的微课可在“三名在线”平台发布。每周五晚为该校的家长课堂时间，学校通过钉钉班级群发布微课链接。杭州市学军小学紫金港校区三年级各班开发的“家长掌心微课”主题见表5-1-3。

表5-1-3　杭州市学军小学紫金港校区三年级各班开发的“家长掌心微课”

序号	主题	班级	主讲人
1	如何陪伴孩子坚持一项特长的学习	三(1)班	林立轩妈妈
2	如何合理选择兴趣班	三(2)班	李愈之妈妈
3	如何提升孩子的学习力	三(3)班	谢佳晨爸爸
4	如何培养爱劳动的孩子	三(4)班	朱辰宇妈妈
5	如何培养良好的亲子关系	三(5)班	诸宜宁爸爸
6	合理开展课外体育锻炼	三(6)班	陈昊灵爸爸

三、课程开发和具体操作

“和谐心”家长微课聚焦引领家长建立正确的教育理念，掌握正确的教育方法，构建和谐的亲子关系，助推孩子健康成长，因此课程内容涉及的观点和例子要符合社会主义核心价值观和社会主流意识形态。下面以西湖区第三期“和谐心”家长微课开发为例加以说明。

（一）课程设置

西湖区教育局开发的第三期“和谐心”家长微课详见表5-1-4。

表5-1-4　西湖区第三期“和谐心”家长微课

年级	生理发展	个性发展	学习能力
一	孩子特别胖怎么办? 主讲教师：徐府	孩子总喜欢用暴力解决问题怎么办? 主讲教师：金旖楠	接到老师的“告状”电话怎么办? 主讲教师：李华
二	孩子总是揉眼睛怎么办? 主讲教师：杨晓凤	孩子总是丢三落四怎么办? 主讲教师：黄红	如何帮助孩子发展想象力? 主讲教师：阮洁

续表

年级	生理发展	个性发展	学习能力
三	孩子坐姿不端正，脊椎出现问题怎么办？ 主讲教师：蒋晓	孩子总是随便拿同学的物品怎么办？ 主讲教师：杨晶晶	如何抓住关键期培养孩子的学习动力？ 主讲教师：金文婧
四	孩子每天晚上睡得很迟怎么办？ 主讲教师：李海莉	孩子总在家长面前抱怨老师，怎么办？ 主讲教师：石晶晶	怎样培养孩子勤奋学习的精神？ 主讲教师：葛亚飞
五	孩子的身高不达标怎么办？ 主讲教师：葛丽萍	孩子总是说脏话怎么办？ 主讲教师：林志超	如何营造浓厚的家庭学习氛围？主讲教师：徐旭倩
六	孩子不满意自己的形象怎么办？ 主讲教师：商雯雯	孩子嫌弃父母唠叨怎么办？ 主讲教师：周爱芬	重大考试失利后，家长如何引导孩子？ 主讲教师：柴燕燕
七	如何进行青春期孩子的生理卫生指导？ 主讲教师：陆菲芸	孩子在学校受到不公正的对待，怎么办？ 主讲教师：汪华鹏	如何引导孩子在家进行有效的自主学习？ 主讲教师：潘志平
八	孩子不敢和异性说话怎么办？ 主讲教师：戴培灿	家长怎么做，孩子更自律？ 主讲教师：朱丽芳	如何指导孩子进行错题集的整理和使用？ 主讲教师：陈鹏
九	孩子经常浏览黄色网页怎么办？ 主讲教师：陈琦	如何应对气候变化引发的情绪波动？ 主讲教师：沈佳丽	孩子过分追求完美，导致学习效率低，怎么办？ 主讲教师：王曜君

（二）课程开发专家

为了保证课程开发的质量，西湖区教育局集聚全区德育特级教师和骨干教师共同开发课程，保障课程有价值，使家长学习有收获。具体安排了两个团队的老师参与课程开发，一个是特级教师团队，成员为周爱芬、王曜君、潘志平、林志超；另一个是德育骨干团队，成员为蒋晓、杨晓凤、汪华鹏、金旖楠、陈琦、金文婧、陆云菲、沈佳丽、陈鹏、柴燕燕、阮洁、李华、朱丽芳、商雯雯、杨晶晶、徐旭倩、李海莉、戴培灿、葛亚飞、石晶晶、葛莉萍、徐府、黄红。

（三）课程开发时间安排

根据计划，西湖区第三期“和谐心”家长微课的开发时间集中安排在2023年2月至5月，具体进度安排如下：

2月6日—3月6日：落实主讲教师，主讲教师自主备课；

3月6日—3月16日：邀请专家对脚本进行审核及修改；

3月16日—4月6日：拍摄微课视频（拍摄地点为杭州市西湖职业高级中学信息中心）；

4月6日—4月20日：剪辑、合成微课视频；

4月20日—4月25日：审核微课视频，进行第二轮补拍；

4月25日—5月1日：教育局审核微课视频；

5月9日—5月12日：在家庭教育宣传周中对微课进行推送。

（四）课程备课要求

要求一节微课一个主题，重点解决一个问题，能给家长提出具有操作性的建议；课程按年级架构，要结合该年级孩子的特点及家长的特点；课程时长10分钟以内（含片头片尾），其中讲授时间控制在8分钟左右；课程需配有幻灯片演示文稿（PPT），讲授形式多样，语言精练，语速适中。

四、平台功能定位和学习路径

西湖区教育局开发“和谐心”家长学校平台，将涉及家长培训的课程通过平台来发布，方便家长学习并记录学习进度。平台自动采集家长的学习时长，自动生成学习积分，并根据学习积分颁发“和家长”“和谐家长”“和谐心家长”三级电子荣誉证书。

（一）平台功能定位

1. 课程分类

课程分为三大类。第一类为认知课程，主要包括微课、文章、线上和线下家长会、家长直播课；第二类为体验课程，主要包括家长沙龙和家长俱乐部；第三类为活动课程，包括班级亲子活动、家长开放日活动。

2. 积分换算

课程分线上学习和线下学习两种方式。家长线上学习微课的时长达到5—10分钟可获得5分，达到10分钟以上可以获得7.5分，学习文本资料每篇可获得1分；线下学习时长达到40分钟可获得10分，参加一次培训活动最多可获得20分。

3. 认定标准（以小学为例）

（1）“和家长”（二年级末）：总积分达到160分（其中线下课程积分不少于60分，线上学习积分不少于100分）。若积分未达标，则平台自动推送“继续学习”的温馨提醒。

（2）“和谐家长”（五年级末）：总积分达到370分（其中线下课程积分不少于120分，线上学习积分不少于250分）。若积分未达标，则平台自动推送“继续学习”的温馨提醒。

（3）“和谐心家长”（七年级末）：总积分达到510分（其中线下课程积分不少于160分，线上学习积分不少于350分）。若积分未达标，则平台自动推送“继续学习”的温馨提醒。

（二）平台操作路径

1. 课程管理

（1）家长微课推送路径。在西湖区教育局工作台找到“三名在线”平台，点击右侧的“课程管理”，选择“课程列表”，再点击左侧的“创建课程”按钮，按要求填写并发布课程，即可新增微课课时。

（2）线下家长会推送路径。在“三名在线”平台新增线下家长会课时的路径与新增微课课时的路径相同。完成新增课时后，即可点击“查看详情”，下载二维码作为当天签到的依据。

（3）线上家长会推送路径。在西湖区教育局工作台找到“在线公开课”平台，设置“直播”并发布课程，再点击左侧的“课程审核”。审核通过后，仍在“三名在线”平台新增课时，再通过“课时通知”按钮发送通知。直播当天即可在“在线公开课”平台进行直播。

2. 家长学习

为便于家长学习，“和谐心”家长数字学校平台设计了电脑版和手机版两种学习路径，家长可以根据自身需求进行选择。

（1）电脑端学习路径。在“钉钉”平台的“组织架构”里找到“杭州市西湖区教育局”，点击“工作台”，进入“三名在线”页面，点击“课程分类”，选择“家长开放课”，就能看到孩子所在年级的全部课程，点击“观看课程”即可学习。

（2）手机端学习路径。在钉钉平台的“组织架构”里点击孩子所在学校，进入“三名在线”页面，选择“教育局课程”，就能看到孩子所在年级的全部课程，点击“观看课程”即可进行学习。

“和谐心”数字家长学校基于家庭教育过程中常见的问题和困惑，从家长的需求出发确定课程总目标，围绕“生理发展、个性发展、学习能力、社会适应、人际沟通和学法指导”六个方面架构课程。课程顺应孩子的成长规律，旨在培养既有规则意识又能建立和谐人际关系的健康人格，从教育观念、教育能力、教育行为等方面对家长进行多元化指导，增强了家长参与学校教育的主动性和积极性。同时，联合卫生健康等部门开发优质资源，基于数字平台，打破时空限制，让家长们可以随时随地学习，并在学习中不断提升育儿素养，与孩子共同成长。

“和谐心”数字家长学校是家长学习的智慧之选，可为家校共育的持久性和稳定性提供保障，进一步发挥家庭教育和学校教育的互补作用，共同为孩子创造一个和谐、健康的成长环境，更好地助力西湖区教育高质量发展。

第二节 “和谐心”云平台

促进中小学生身心健康、全面发展，是党中央关心、人民群众关切、社会关注的重大课题。在当下以“不确定性”为底色的时代大变局下，学生心理健康问题需要从系统角度重新诠释。2023年，教育部等十七部门联合印发《全面加强和改进新时代学生心理健康工作专项行动计划（2023—2025年）》，提出“加强心理健康教育、规划心理健康监测”等举措，实施医教结合，协同育心。

“和谐心”云平台是西湖区教育局针对原来各校用各自的测试软件和平台操作，对预警学生干预流程不能闭环管理的现状，于2023年开始搭建的心理测试平台，并于9月正式上线。测试软件中加入了班主任对学生的测前标记，实现两个量表测评，两轮访谈，确定关注名单，基于平台实施预警学生闭环管理。目前已全区推进，各校心理健康教师反馈较好。

一、平台建设背景和意义

（一）平台建设背景

《中国国民心理健康发展报告（2021～2022）》显示，参与调查的青少年中，抑郁风险检出率为14.8%，其中轻度抑郁风险检出率为10.8%，重度抑郁风险检出率为4.0%。为保障学生的心理健康，国家对心理健康测评提出明确要求，教育部办公厅于2021年发布《关于加强学生心理健康管理工作的通知》，要求各地中小学定期开展学生心理健康测评工作，健全筛查预警机制。但中小学心理筛查的现状却不容乐观，主要表现在以下几点：

1. 筛查量表选择不科学

有的学校长期使用PHQ-9量表，表中的9道题目学生已经烂熟于心；有的学校使用购买的相关软件进行测评，却没有考虑到量表的适切性；因为量表不统一，导致全区问题学生的确定标准很难统一。

2. 心理测评操作不规范

学校各自组织筛查，造成有的学校选用的量表质量较低，而班主任敷衍了事地组织学生勾选并统计数据，筛查质量全由班主任的行事态度决定。

3. 学生干预闭环不健全

心理健康教师根据班主任上报的名单进行访谈，确定关注学生的名单，后期干预过程由班主任和心理健康教师协同跟进，但具体操作到什么程度，教育行政部门和业务指导部门无法掌握。

(二)平台项目意义

为了更好地开展心理健康测评工作，西湖区教育局对原有的“智汇生长平台”进行了更新升级，搭建了“和谐心”心理数字云平台，通过云平台，实现了多层级、多维度、全方位、闭环式的心理服务。

1. 区域层面：全域全程监管联动

西湖区教育局实时监控全域学校学生的普测进度，监控二类、三类危机预警学生及干预情况。区教育局统一发布任务并对任务进度、有效比例、预警比例等进行全程监控；各校经心理测试后，通过观察、访谈等确定危机预警学生名单，区教育局通过平台可及时了解学校对预警学生的干预过程。

2. 学校层面：统测双盲动态干预

全区学校集中开展学生心理测评，不但可以更高效地完成任务，心理测试结果数据的对比分析也更科学有效。心理普测前，班主任结合日常观察，将行为、心理有异常的学生进行标记，作了标记的学生就进入了初筛库。初筛库里的学生若量表测评异常，就会进入预警库。

3. 家庭层面：支持助力体验成长

通过云平台的心理测评系统，每个学生都可建立自己的心理成长档案，学生可通过平台提高核心素养、增强心理健康意识；心理热线等多通道咨询功能可以帮助家长转变教育理念，改善亲子关系，陪伴学生健康成长。

二、平台架构与操作

"和谐心"云平台具有显著的特点。一是平台采用动静结合的双盲筛查方式，使筛查更精准。二是平台注入了闭环式干预技术，能够对师生的测试结果进行个性化分析和建议，为师生提供具有针对性的心理健康指导。三是平台保留了班主任干预和家访的记录，学生的教育过程将更加连贯和有针对性，为学生的学业发展、心理健康和个性发展提供持续的支持和指导。四是平台既注重用户隐私保护，严格保密所有的个人信息和测试结果，又能对二类、三类危机预警学生的家庭结构、家访记录等相关信息进行共融共享，实现数据互融，全局通览。下面具体介绍平台的相关功能。

（一）平台架构

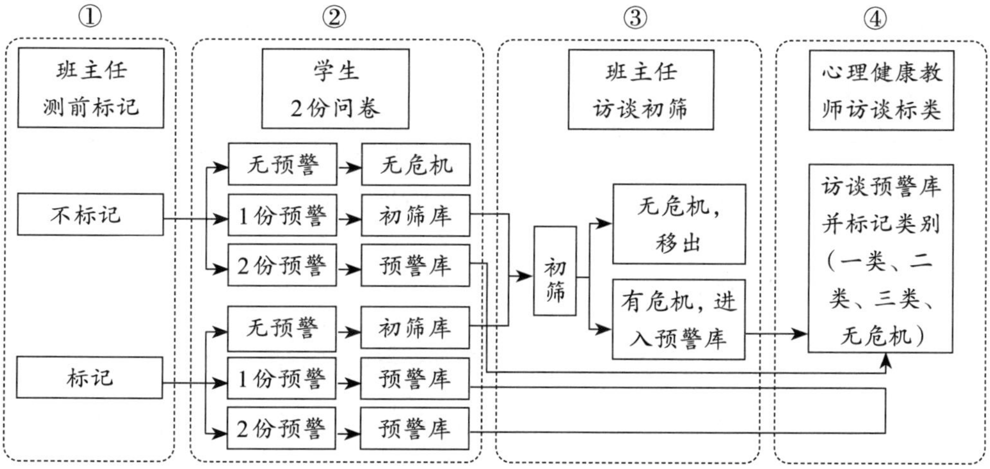

图5-2-1　测评逻辑图

整个测评包括四个基本环节。第一环节，班主任标记异常学生；第二环节，学生进行两份问卷测评；第三环节，基于前面两个环节，班主任对初筛库里的学生进行一次访谈；第四环节，心理健康教师对预警库里的危机预警学生进行访谈，并且标记类别(一类、二类、三类)。

1. 第一环节

班主任基于对本班学生的观察和前期的了解，对班级里的学生进行测前标记。若班主任认为某个学生可能有问题，可以先对他/她进行标记，被标记的学生就会进入初筛库，再跟进心理访谈。

2. 第二环节

学生完成两份问卷，根据问卷结果，会有三种情况：第一种情况，假如这个学生的两份问卷结果都是正常的，没有出现预警，班主任也没有对他/她进行标记，该生就会被划分为无危机学生；第二种情况，如果这个学生的一份问卷结果出现了预警，那么就会进入初筛库；第三种情况，班主任没有标记，但是这个学生的两份问卷结果都出现预警，就会直接进入预警库。

3. 第三环节

班主任对进入初筛库的学生先进行一次初始的访谈，如果班主任觉得无法判断学生是否有危机，班主任可以把这个学生判定为“有危机”，纳入预警库，由心理健康教师进行访谈确认。

4. 第四环节

心理健康教师对进入预警库的学生进行访谈后，判断这个学生属于哪一类危机或无危机等级，如果无法判定，可以寻求专家介入研判。

(二)平台操作方式

心理测试前，技术人员通过关联“钉钉”平台的学籍库，将参与测试的学生名单与班主任、心理健康教师、德育领导名单导入云平台。心理健康教师和班主任可以在平台进行操作，德育领导则可以了解测试相关数据。

名单导入后，区教育局统一下发测试任务。教育局建议小学生完成MHRSP量表，初中生完成MHT量表，高中生完成SCL-90量表。对于第一量表预警的学生，平台会自动推送第二量表PHQ-9。具体操作流程如下。

1. 第一步：登录

班主任或心理健康教师切换“钉钉”平台的“组织”为“杭州市西湖区教育局”，点击“工作台”，在右上角搜索“心理”关键词，点击结果中的“和谐心云平台”，即可打开应用。

2. 第二步：班主任测前标记

在班主任登录后的界面，点击左侧“学生管理”，可看到班级所有学生的名单。名单右边栏有“测前标记”按钮，班主任根据平时的观察，将可能有心理问题的学生进行标记。点击“测前标记”后，班主任须在表格内填写标记原因，完成后，该学生就会进入初筛库。

3. 第三步：学生完成两份问卷

学生通过指定的网址进入，输入自己的姓名和密码。进入测试页面后，先填写或补充自己的心理档案，然后完成并提交两份问卷。

4. 第四步：班主任初筛

学生完成两份问卷后，系统对这些学生进行分类，异常学生将分别进入初筛库和预警库。班主任再次登录平台进行危机干预初筛。班主任对初筛库里的学生进行访谈。如果班主任刚接手这个新班级，和初筛库里的学生并不熟悉，不知如何进行危机干预，网页会提供访谈的模板，供班主任们下载学习。班主任可以逐个操作，进行个别“干预”；如果很多学生都属于“无危机”，也可以进行“批量干预”。

进入初筛库的学生，班主任对其进行访谈后，假如判断为“有危机”，就要填写理由，该学生即进入预警库；假如判断为“无危机”，学生就会被移出初筛库。

5. 第五步：心理健康教师干预

心理健康教师进入预警库，点击“干预”，刚进入预警库的学生都是未分类状态，要先确定危机等级，标红部分为必填项。非必填部分可填写访谈信息，以丰富学生心理档案。若危机等级为“无危机”，该学生将被移出预警库；确定好危机等级后，心理健康教师新增学生干预方案，提交后可继续添加干预记录，直至学生无危机，移出预警库为止。危机等级相同的，可勾选后点击“批量干预”，批量填写干预记录。

6. 第六步：查看档案

如果班主任想要查看某个学生的某一份问卷的具体情况，可以点击“心理档案”，点击“学生档案”，在学生名单中点击其中一个学生右侧的“点击详情”或“导出”，会出现PDF格式的报告文件，显示学生的具体问题，为访谈提供依据。

班主任如果想了解本班学生的心理情况，可以进入预警库查看，预警库里的信息会清楚地呈现学生的危机等级。假如学生的预警类别显示的是“一类”，说明这个学生有一般心理问题，班主任跟进干预，干预后填写好干预的方案和干预记录，若班主任认为学生已无危机，可联系心理健康教师做最终判断。平时的聊天或访谈都属于干预过程，班主任需将干预过程一一记录在案。

7. 第七步：填写家访记录

班主任或心理健康教师进行家访后需填写家访记录，点击要填写学生的“家访记录”，点击“添加家访记录”，其中标红部分为必填项，填写完提交即可。家访记录可通过填写日期、范围筛选等方式批量导出。

通过“和谐心”云平台的运行，心理测试的准确率有了明显提高。平台的双盲筛查提升了班主任的参与度，便捷的操作方式和自动生成的心理报告，使心理测试变得更加科学、准确和高效，为学生的心理健康提供了更好的支持和指导。通过数据、功能的互融共享，真正实现了多层级、多维度、全方位、闭环式的心理服务。无论是学生、家长还是教师，都可以通过该平台了解、掌握心理测评和干预情况，获得全面的支持和帮助。

第六章

面向未来的展望

面对新时代的挑战，儿童青少年不仅要掌握知识技能，还要具备健全的社会适应力和心理复原力。“和谐心育”致力于构建区域支持性的心理健康教育生态，通过和谐心育、多跨协同，实现系统干预与全程呵护，促进儿童青少年全面发展，其创新实践已产生广泛的社会影响，西湖区相关经验获省领导三次批示及点赞。

洞察时代，面向未来。“和谐心育”把握时代脉搏，创新家庭、学校、社会、医院、政府协同育人新机制，探索多跨协同心育新模式。一切教育都要以学生身心健康、人格健全作为出发点和落脚点，实施心理健康背景下的五育融合：以德育心，将学生心理健康教育融入教育教学、管理服务和学生成长各环节；以智慧心，在学科教学中注重维护学生心理健康；以体强心，在体育锻炼中享受乐趣、增强体质、健全人格、锤炼意志；以美润心，实施学校美育浸润行动，教会学生认识美、欣赏美、创造美；以劳健心，让学生动手实践、出力流汗，磨炼意志品质，养成劳动习惯，珍惜劳动成果和幸福生活。

第一节 区域经验，和谐心育

西湖区教育局整合心理健康、家庭教育和特殊教育三线功能成立了西湖区学生成长支持中心，开启“和谐心育”的深化行动。在“立德树人”践行中寻求突破，全力推动中小学心理健康数字化转型，全面升级前端预防、中端预警、后端管治、终端服务的全程心理健康动态服务链，探索心理危机多跨协同干预，系统重构区域心理健康工作体系，全方位推动“和谐心”育人品牌升级。典型经验《西湖区构建“五全”模式，护航青少年心理健康》获得浙江省委主要领导的批示和点赞。课题成果《全程呵护：区域“和谐心”育人品牌创建的七年探索》获得浙江省优秀科研成果一等奖。

一、五育融合：“和谐心育”的时代背景

《中国国民心理健康发展报告（2021～2022）》显示，参与调查的中国青少年中，抑郁风险检出率为14.8%，远高于成年人。中小学生心理健康教育工作是个复杂的系统工程，影响因素颇多，仅靠学校力量远远不够，需基于区域视角解决心育工作上的现实问题。

（一）问题一：心育工作认知窄化

当前，学校心理健康教育工作常局限于问题学生的干预而忽略全员预防、重视智力因素的培养而忽视非智力因素的发展，导致心理健康教育没有真正融入学校教育教学的全过程。基于“五育融合”培养全面能力，促进学生心理健康的认知提升，任重而道远。

（二）问题二：学校心育体系滞后

教育高质量发展下的心理健康工作依然存在资源分配不均的现状，大部分教师和家长没有接受过心理健康教育的专业培训，缺乏识别和应对学生心理问题的能力。心理筛查和干预过程缺乏有效的载体和平台机制，难以及时了解和评估学生的心理健康状态。

（三）问题三：区域心育协同障碍

区域心理健康教育生态的构建除了教育内部的机制建设，还要加强政府部门和医疗卫生等多个领域的紧密合作。虽然当下政府都很重视，但依然还有很多部门未能形成有效合力，这种区域协同障碍阻碍了儿童青少年心理健康教育协同共育机制的推进。

二、三重意蕴："和谐心育"的教育主张

"和谐心育"，首先是育人关系和谐，其次是育人主体关系和谐，以和谐的育人主体关系实现育人关系的和谐。西湖区教育局通过"个体赋能、家校共育和社会支持"三个维度，创新机制、建立纽带，深化学校、家庭、社会的教育作用，构建全面的心理健康防护体系，实现三者和谐共育。"和谐心育"三重意蕴教育主张的模型如图6-1-1所示。

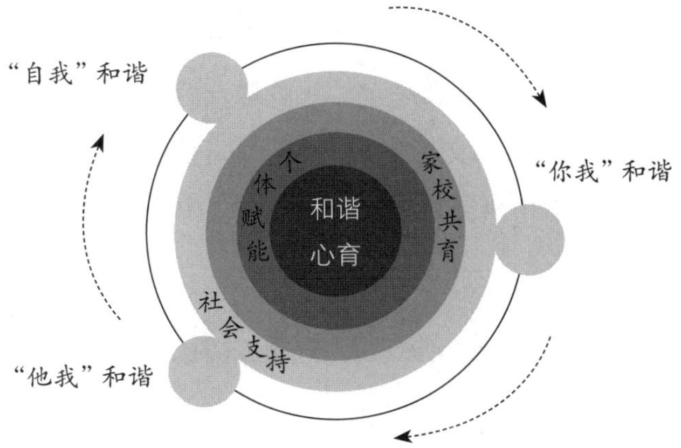

图6-1-1　"和谐心育"的三重意蕴教育主张模型

（一）个体赋能：实现“自我”和谐

“个体赋能”强调学生自我内在心理能力的提升，培养学生珍视生命、乐观向上的心理品质和百折不挠的意志品格，基于“自我成长、自我调整、自我疗愈”实现“自我”和谐。“个体赋能”聚焦构建学校全过程育人载体，通过整合教学资源、拓展心育活动，建立有效的支持机制，助力学生实现内心的和谐与平衡，培养学生自我疗愈的能力。

（二）家校共育：护航“你我”和谐

“家校共育”强调学校和家庭之间的指导与合作关系，深化家庭教育的实质性作用，通过学校“三式陪伴”的引导、“三级课程”的指导，提升家长的陪伴质量。“家校共育”旨在构建一个和谐的家庭教育环境，通过优化亲子间的互动，促进学生情感和心理的全面发展，实现个人价值与社会责任的有机结合，“你我”和谐，助力学生健康成长。

（三）社会支持：助力“他我”和谐

“社会支持”强调社会系统各方的多跨协同、和谐共生，实现家庭、学校、社会的“他我”和谐，进一步织密学生心理健康防护网。“社会支持”旨在借助专业力量，依托医教结合、社政融合等机制，及时识别和干预学生的心理问题，通过区学生成长支持中心热线、面对面辅导及三方会谈等方式有效化解矛盾，构建支持学生健康成长的立体系统，促进教育生态各方和谐共生。

三、三维推进：“和谐心育”的实践成果

学生心理健康的根基在家庭，重点在学校，支撑在社会，西湖区教育局基于“和谐心”育人载体，五育并举促进学生心理健康。营造温暖、充满爱的家庭

氛围，让家庭成为学生健康成长的安全港湾；创设尊重肯定的教育环境，让学校成为学生积极发展的成长乐园；构建多跨协同的服务网络，让全社会都来关心关爱学生健康成长。

(一)“和谐心育”呵护机制——四端服务

新时代，学生的心理健康工作要前置。四端服务旨在通过前端预防、中端预警、后端管治和终端服务，为学生提供从预防、干预到支持的全方位呵护，确保每个学生都能在和谐的环境中健康成长。四端服务模型如图6-1-2所示。

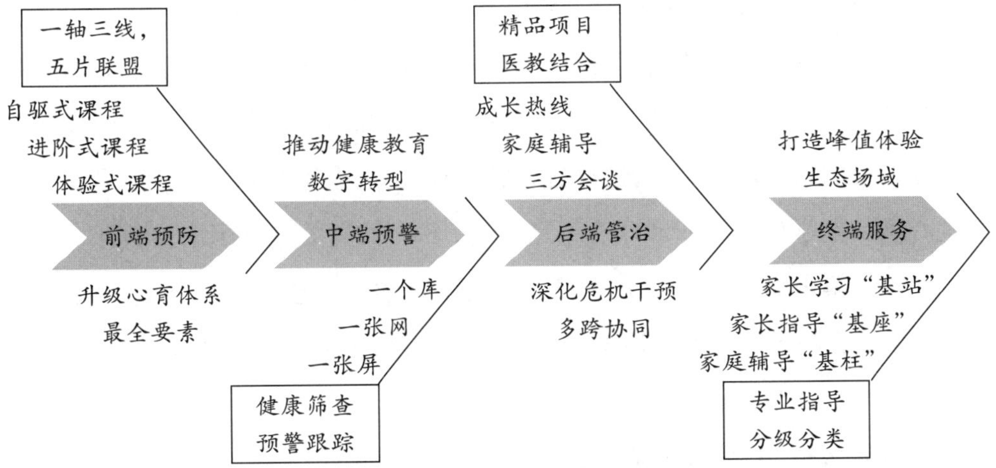

图6-1-2 “和谐心育”的四端服务模型

1. 前端预防：升级心育体系最全要素

整合区域心理健康、家庭教育和特殊教育三线功能，成立一个区中心和五个片区联盟。基于“一轴三线、五片联盟、区域中心”体系架构，实现专业指导更清晰，帮助学生更及时，覆盖更全面；建立“自驱式、进阶式和体验式”心育课程，在课堂中培养学生自我调整、自我疗愈的载体和能力，聚焦成长问题，培育成长心态，迭代成长足迹；基于“专职上岗、专业精深、专项发展”提升机制，凝聚专业队伍，促进专业成长。

2. 中端预警：推动健康教育数字转型

学生心理问题具有一定的隐蔽性，家长和教师很难及时发现问题，甚至有些家长已经发现问题但因病耻感而没有及时求助。西湖区教育局基于“和谐心”云平台，坚持预防为主、关口前移。建立健康筛查“一个库”，实施双盲筛查，“观察标注+量表筛查+访谈跟进”多维加持，及时发现需要被关注的孩子；智能辅助“一张屏”，引进智能感应手环，将生理学评估与心理学评估、生物学评估相结合；预警跟踪“一张网”，对学生健康状态进行四码标识，多级互通，实现区域健康管理网格化。

3. 后端管治：深化危机干预多跨协同

学生心理问题的解决需要心理学和医学的跨界合作。对于一般性心理问题通过学校心理辅导助力成长，对于严重性心理问题引入专业医生进行干预并配合家庭教育的指导。西湖区教育局借助杭州市第七人民医院的专业力量，建立严重心理问题学生的转介和联合干预机制；联合妇联力量开展家长微课、家长沙龙和家长俱乐部等特色活动，指导家长学习，学会智慧陪伴孩子成长；依托成长热线、家庭辅导和三方会谈等项目，解答学生成长烦恼、解决家庭疑难问题，助力问题学生和谐成长。

4. 终端服务：打造峰值体验生态场域

学生心理问题的指向和成因各不相同，背后家庭的氛围，以及家长的学历和职业也不尽一样，家庭教育指导的方式和内容必须分级、分类。西湖区教育局基于“三名在线”平台开发数字家长学校，将区域家长精品课程植入平台，建立家长学习“基站”，方便家长学习；建构具有西湖特质的家庭教育指导能力提升工程，开展面向教师指导能力提升的三级培训，设立家长指导“基座”，提升区域家庭教育的良好氛围；借助“和谐心”导师团和专家团的力量，搭建家庭辅导“基柱”，帮助学生和家长破解家庭难题。

（二）和谐心育联动范式——多模协同

学生心理健康工作需要系统治理，要健全多部门联动和学校、家庭、社会协同育人机制，聚焦影响学生心理健康的核心要素、关键领域和重点环节，补短板、强弱项，系统治理、网格化管理学生心理健康工作。“和谐心育”多元主体合作网络如图6-1-3所示。

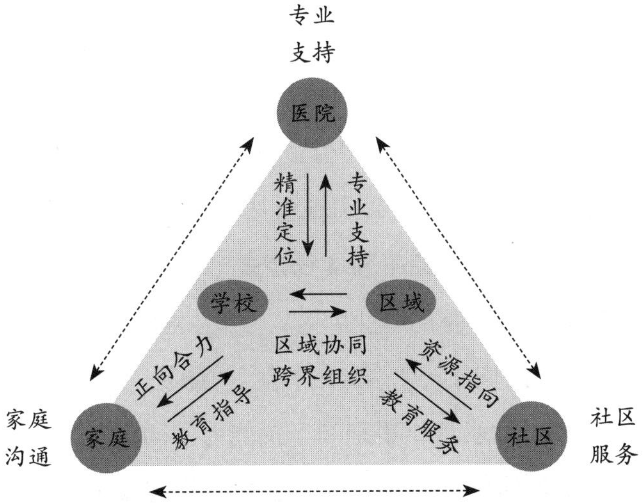

图6-1-3　“和谐心育”多元主体合作网络

1.家校建模:“经历成长”的圈层实践范式

“经历成长”圈层实践范式融合了“家校幸福圈”“亲师哲学圈”与“接轨生活圈”三个核心组成部分，共同致力在“和谐心悦”的环境中促进学生和家长的互动。首先,“家校幸福圈”通过每年国际家庭日的宣传周活动，强调家校共同寻求幸福的重要性，提升家长和教师的幸福感，推动家庭和学校的积极发展；其次,“亲师哲学圈”通过“家长圈谈”等方式深入探讨家庭生活中的难题，促进家长和教师在观点交流中成长，帮助家长在日常生活中发现哲学的力量，重塑自我与家庭的关系；最后,“接轨生活圈”关注家庭教育功能，让家庭成为传授生活智慧的场所，基于“小鬼当家和暖心天使”等活动，让学生在日常生活中获得成长的力量。

2. 校社建模："经历探究"的项目实践范式

通过区域20个心育工作室的联动，形成以团队优势和资源融合为基础的"经历探究"项目实践范式，涵盖了"学会学习""生活延展""赋能实践"三大项目群。首先，"学会学习"项目群通过合作学习活动，以"学习树"为路径，鼓励学生从自身出发，探索学习的价值，培养学习愿望和能力；其次，"生活延展"项目群关注学生和家庭在假期的实际需求，基于"家庭日"和"旅游日"项目进行家庭、学校、社会合作，创造丰富多样的假期活动，使学生在家长和社会的支持下健康成长；最后，"赋能实践"项目群聚焦在实践中培养学生的家国情怀，通过"红色研学""家训家风"项目，引导学生承担责任，深化对社会的理解，促进学生更有力量地成长，更好地培养社会适应力和心理复原力。

3. 医校建模："私人订制"的干预实践范式

借助杭州市第七人民医院的专业力量，形成"医教结合，私人订制"的干预实践范式，主要包括"跟岗学习""转介干预""休复学跟进"三大机制。首先，"跟岗学习"机制在提升站长危机识别和干预能力的同时，建立联系，搭建医生入校指导的载体，更好实施医教结合下的学校心理健康工作新模式；其次，"转介干预"机制打通学校与医院的联系，建立严重心理问题学生的转介和联合干预机制，指导学校建立"一般问题学生、心理障碍学生和严重危机学生"的三级预警体系，实施有效干预和指导；最后，"休复学跟进"机制指向休学和复学两个关键环节的评估和指导，尤其是对休学在家的学生建立外部支持系统，依托区学生成长支持中心进行家庭个别辅导，医院、区中心和学校形成合力给予家庭及时、持续和专业的帮扶，缓解家长的焦虑，助力孩子更好地成长。

（三）和谐心育助力体系——三维支撑

"和谐心育"助力体系基于"课程、技术和平台"三大核心载体，全方位助力所有学生的心理健康问题预防和预警，增强学校心理健康工作的科学性、针对性和有效性，为学生提供全面的心理健康教育支持体系。

1. 三阶课程：指向家长家庭教育水平提升

（1）认知导练课程："和谐心"家长微课。该课程旨在让家长从问题的根本出发，读懂孩子的心理诉求，提升自身的家庭教育素养，与学校合拍合力育人。西湖区教育局面向区域家长进行问卷调查，收集家长真实的育儿困惑，形成家长育儿问题链，按照年级围绕"生理发展、个性发展、学习能力、社会适应、人际沟通、学法指导"六个维度架构一至九年级家长素养课程，安排专家进行解答并制作微课分享给全区的家长。

（2）体验历练课程："和谐心"家长沙龙。该课程旨在帮助家长自我觉察，从而优化家庭教养方式，注重活动的主题性和参与性，引导家长在自我反思中改变自己，营造和谐的家庭教育生态。主要围绕"自我心态、家校携手"等主题架构课程，中小学略有差异，基于主题在分享中引导家长自我觉察家庭教育问题。家长心理沙龙强调自我觉察、自我改变，回归初心，抛开自我限定，走出当下困境。

（3）活动提炼课程："和谐心"亲子俱乐部。该课程旨在亲密亲子关系，激发孩子成长的内驱力，强调课程内容的活动性和游戏性。通过设计和开展丰富多彩的游戏活动，让亲子、家庭成员之间顺畅地表达爱意，让家长以成长的心态来理解孩子，从而建立起家庭成员之间的亲密链接；引导家长读懂孩子的行为，引导孩子明白家长的良苦用心，从而处理好彼此的关系，在笑声中激活成长的动力。

2. 专业技术：指向教师家庭教育指导水平

（1）专业伦理，责任为先。家庭教育指导具有专业性、复杂性和时代性。教师在开展家庭教育指导时，面对多元化社会带来的种种冲突与矛盾，要从学生发展和家庭利益出发，站在国家和民族的高度，以培养德智体美劳全面发展的社会主义建设者和接班人为己任，坚持"责任为先，认同为基，学生为本，家长主体"的基本价值取向，坚守高尚的道德情操和职业底线，严格遵守各项法律法规，尊重教育和学生成长规律，保守家长隐私，发挥家庭教育指导的积极作用。

（2）专业知识，发展为本。教师家庭教育指导的首要任务是“授人以渔”，让家长得到成长和发展。虽然教师在入职前已经学过教育学和心理学知识，但要胜任家庭教育的指导工作，必须具备“家庭教育和家庭教育指导基本原理、家庭教育指导实践、家校协同育人实践”三大模块的知识。其中，家庭教育和家庭教育指导的基本原理是基础，采用专家引领和名著共读的研修方式落实；家庭教育指导实践和家校协同育人实践是核心，主要采用个案分享、案例研讨、学校实践等研修方式展开。

（3）专业标准，能力为上。家庭教育指导能力的标准是建立在一定专业理论和专业知识的基础上，在实践中逐步发展起来的胜任家庭教育指导工作的特殊能力。西湖区家庭教育指导能力提升课程从内容上分为“认知与诊断、沟通与干预、策划与组织和研究与发展”四个板块，从层级上分为“初级、中级和高级”三个层级。初级家庭教育指导能力课程为24学时的内容，注重理论导向，重在家庭教育理论和知识的传承；中级家庭教育指导能力课程为48学时的内容，注重问题导向，重在家庭教育指导技能提升和问题解决；高级家庭教育指导能力课程为90学时内容，注重发展导向，重在个案指导和疑难问题的解决。

3. 智能平台：指向学生家庭教育问题预警

（1）双盲筛查，让学生被看见。学生心理健康问题具有隐蔽性，加之学生两面性格和家长认知盲区等问题的影响，很多学生成长的小问题因得不到及时帮助最终演变成大问题。“和谐心云平台”建立双盲筛查和预警机制，实施量表和班主任日常观察“双盲”初筛，通过异常数据比对，再进行两轮访谈，发现需要进一步关心并跟进家庭教育指导的学生，让关心更及时，覆盖更全面。

（2）学习提升，让指导很及时。为便于家长学习区域精品课程，引领家长育儿能力的持续提升，西湖区教育局基于“三名在线”平台，构建区域数字家长学校。“和谐心”数字家长学校通过微课进行家庭教育的指导，一节微课解决一个问题，重在指导家长为何做、如何做。平台通过积分来记录学习进度，根据积分颁发学习等级证书，引领家长持续学习。

(3)问题解决，让求助更便捷。基于“教育联心桥”等平台，为家长提供政策咨询、入学帮助、问题求助等服务，实现区教育局、区学生成长支持中心、学校、家庭之间的有效沟通和协作。一是线上咨询，辅导员在线解答家长疑问，缓解焦虑；二是平台求助，面对育儿问题，家长可以通过平台申请面对面的家庭辅导。如果问题特别严重，也可以通过平台发起求助，学生成长支持中心协调医院帮助“加号”转介。

四、四方共进：“和谐心育”的成效表达

十年“和谐心育”深耕，在区域心理健康教育领域取得了显著成效，在促进儿童青少年和谐发展的同时，其创新实践也产生了广泛的社会影响。

(一)学生因“和谐心”而得到健康成长，拓宽了心育新路径

1. 和谐建构：激活孩子勤勉成长的动力

浙江省中小学生教育质量监测报告显示，我区学生发展指数全部领先于全省平均值，其中学生学习动力指数高于全省平均值7.6%，主观幸福感指数高于全省平均值9%，对比十年前的指数，“和谐心”育人行动价值明显。

2. 和谐进阶：浇筑孩子优质成长的基石

浙江省中小学生教育质量监测报告显示，我区师生关系、亲子关系和同伴关系指数全部领先于全省平均值。其中师生关系指数高于全省平均值13.3%，亲子关系指数高于全省平均值6.5%，同伴关系指数高于全省平均值6.5%。

3. 和谐发展：拉紧孩子健康成长的纽带

西湖区2021—2023年完成心理个案咨询13760个，接听热线咨询电话1010个，帮助多名有轻生倾向的学生回归学校教育。

（二）家长因“和谐心”而凝练智慧，获得了心育强能力

1.唤醒家长心育意识：从“育分”到“育人”

“和谐心育”理念下的家长学会尊重学生的发展规律，关注学生的心理健康和情感需求，与学生建立良好的亲子关系，从而激发了学生的学习兴趣和潜能。浙江省中小学教育质量监测显示，我区学生学习动力指数高于全省平均值7.6%，最近几年中考质量连年攀升。

2.提升家长心育水平：从“盲从”到“坚定”

通过“和谐心”系列培训和平台资源学习，提升了亲子沟通的技巧，改变了亲子互动的方式，给予家长自我成长的力量。全区共开展家长沙龙和俱乐部超过300期、1500场，培训家长50000人次，拍摄并推送家长微课和直播课超过100节，点击量超过100万人次。

3.改善家庭心育氛围：从“焦虑”到“淡定”

亲子关系的和谐减少了家长的负面情绪，家长学会自我情绪的管理，阻隔了负面情绪的传导，促使夫妻关系良性发展，使家庭氛围更加和谐。西湖区某学生家长做客央视《奋斗》栏目，感恩学校心理沙龙给予孩子和整个家庭的力量，让她的家庭和事业重新起航。

（三）教师因“和谐心”而彰显教育智慧，实现了心育高品质

1.唤醒教师心育主体意识：从“彷徨”到“坚定”

西湖区是全省第一个实施专职心理健康教师享受班主任待遇的区县，所有初高中学校配备1名及以上专职心理健康教师。全区专职心理健康教师占比从十年前的0提升到现在的94.92%。

2.凝聚教师心育专业力量：从“寻常”到“拔萃”

西湖区从北京师范大学、浙江大学等高校招聘了一批专业人员担任专职心理健康教师，全区现有德育特级教师7人，教师心理健康教育持证率达98.6%，2021—2023年有7人在全国赛课中获奖。

3. 优化教师心育指导水平：从“缺失”到“引领”

“和谐心育”声名远播，经常收到各地的邀请，如2023年，项目负责人先后到浙江余杭和桐庐、安徽屯溪和徽州、山东淄博、贵州凯里等多地推广西湖区学生心理健康教育工作经验。

（四）区域因“和谐心”而形成育人品牌，亮出了心育金名片

1. 提升区域心育品牌的影响力

西湖区心育经验入选浙江省中小学心理健康教育典型案例；典型经验获得时任省委书记和省政府分管副省长的三次批示、点赞；课题成果分别获得2022年浙江省优秀科研成果一等奖、2023年浙江省优秀科研成果二等奖。

2. 形成家庭教育指导的新范式

“三名在线”家庭教育项目被教育部基础教育司确定为全国第二批“双减”典型案例；家庭教育阶段性成果发表在《中小学管理》《中国德育》等核心刊物，并被《中国人民大学复印报刊资料》全文转载。

3. 建立内驱外引协同心育机制

与杭州市第七人民医院构建医教结合、协同育心的联动机制，西湖区成为国家青少年心理健康发展项目试点区，打造国家级青春健康教育基地学校和国家级青少年心理健康发展项目试点学校各1所。

经过十年的实践，西湖区基于“和谐心育”品牌，创建了“医教结合、社政融合、家校联合”的联动范式，构建学校、家庭、社会三位一体的协同机制；创设了“学生勤勉成长、家长智慧陪伴、教师专业指导”的三维课程，全面构建学生、家长和教师三位一体的课程体系；创建了“学生健康预警、家庭辅导干预、家长持续学习”的三级平台，全程构建预防、干预和服务三位一体的管治体系。“和谐心育”品牌，通过区域推广，产生了较大的社会影响力，得到了省领导的批示和肯定。

第二节 展望未来，守护美好

当前，学生心理健康工作已经上升为国家战略，党中央、国务院要求将学生心理健康摆在更加突出、更加重要的位置，促进学生的身心健康，共同守护美好未来。随着中国新生人口的下降，加强儿童青少年心理健康工作就显得尤为重要。学生心理健康问题的解决是一个复杂的系统工程，需要学校、家庭和社会三大教育主体协同共育，降低教育内卷，缓解家长焦虑，真正实现五育并举，让学生和谐、健康地成长。

一、国家政策引领心理健康工作新思路

2023年4月，教育部、国家卫生健康委等17个部门联合印发《全面加强和改进新时代学生心理健康工作专项行动计划（2023—2025年）》，对心理健康教育工作作出全面部署，为学生心理健康工作打开新的思路。

第一，明确了学生心理健康工作的总体思路。强调以促进学生全面发展、健康成长为总体目标，要培育学生珍视生命、热爱生活、自尊自信、理性平和、乐观向上的心理品质。同时，通过系列育人活动，造就学生百折不挠、坚韧不拔、宠辱不惊的意志品质，让学生的思想道德素质、科学文化素质和身心健康素质协调发展，培养担当民族复兴大任的一代新人。

第二，明确了学生心理健康工作的基本原则。一是坚持目标引领，全面发展、健康第一。把促进身心健康作为学生全面发展的基础前提，作为一条主线贯穿于学校德育、智育、体育、美育、劳动教育各个方面，融入教育教学、管理服务的各个环节和家庭、学校、社会的各个环境，为学生的身心健康创造良好

的条件；二是坚持问题导向，防控结合，教育在先。强调加强学生的心理健康教育，引导学生形成健康心理素质和意志品质，为学生营造良好的育人生态；三是坚持需求驱动，系统治理，能力为主。动员政府、社会、学校、家庭、医院多方面的力量，共同回应学生的心理需求，提升促进健康的能力。

第三，明确了学生心理健康工作的促进体系。一是确保健康教育全覆盖。要坚持健康第一的教育理念，以德育心、以智慧心、以体强心、以美润心、以劳健心，加强心理健康教育教师配备和教师培训，做到全员、全过程、全方位育人，实现育人、育才和育心相结合；二是力求监测预警早发现。坚持预防为主、关口前移，定期开展学生心理健康测评，构建完整的学生心理健康状况监测体系；三是推动咨询服务重实效。建设区域性中小学生心理辅导中心，规范心理咨询辅导服务；四是精准干预处置保底线。整合心理重症救治资源，加强精神医疗资源建设，畅通医校协同救治途径；五是加强美育、体育、劳动教育。实施美育浸润行动，广泛开展形式多样、内容丰富的美育实践活动。

第四，明确了学生心理健康工作的行动举措。从五育并举、监测预警、健康教育、咨询服务、干预处置、人才队伍、健康科研、健康环境八个方面系统部署学生心理健康工作。以身心健康为突破点，强化五育并举，通过五育并举塑造学生的健康心理和积极的生活态度，培养健全的人格与心理品质。要建设好区域性中小学生心理辅导中心，规范心理咨询辅导服务，定期面向区域内中小学提供业务指导、技能培训。要多措并举加强教师心理健康工作，支持社会力量、专业医疗机构参与教师心理健康教育能力提升行动，用好家庭、学校、社会协同心理关爱平台，推进教师心理健康教育学习资源开发和培训，提升教师发现并有效处置心理健康问题的能力。

第五，明确了学生心理健康工作的各方职责。强调多部门联合，家庭、学校、社会协同，共同促进学生心理健康，同时把学生心理健康工作纳入省级人民政府履行教育职责的评价，作为学校办学水平评估和领导班子年度考核的一项重要指标。加大统筹力度，优化支出结构，切实加强学生心理健康工作经费保障，健全多渠道投入机制，鼓励社会力量支持开展学生心理健康服务。支持有条件的地区和学校创新学生心理健康工作模式，探索积累经验，发挥引领和带动作用。

二、“和谐心育”助力心理健康工作新作为

学生心理健康工作已经上升为国家战略，西湖区作为浙江首善之区、科教文创高地、活力品质城区，应当积极响应国家政策，不断优化“和谐心”育人模式，开创育人工作新局面。

第一，建立多元化的心理健康教育体系。基于“和谐心”校园、“和谐心”家园、“和谐心”社会构建家庭、学校、社会三位一体的“和谐心”教育机制，建立包括课堂教育、校园文化建设、家校合作、社会资源整合等多层次、全方位的心理健康教育体系。把师生的心理健康教育纳入全区的社会心理服务体系建设中，推进社会、校园、家庭的心理健康工作。建立区域“和谐心”心理健康课程体系，规定学生必修内容和选修内容，让主题班会课成为心理健康课的有力衍伸，其他学科结合课程内容有序渗透心理健康教育，通过多元化的教育形式和内容，全面提升学生的心理健康水平。

第二，开发技术化的心理健康科技载体。在原有“和谐心”云平台、多量表筛查和智能手环等技术载体的基础上不断优化完善心理健康智能筛查系统。智能筛查系统可以基于学生的生理模态、语音模态、视频模态等信息来实现心理健康状态的科学分析与评估，能较为科学和全面地进行学生心理测评，实现早发现、早干预。同时，引进其他先进的科技设施设备或技术，如虚拟现实技术、人工智能等，为学生提供更生动、互动式和个性化的心理健康教育体验。通过创新的科技手段，激发学生学习的兴趣和积极性，提升心理健康教育的效果。

第三，加强多样态的家庭、学校、社会、医院合作协同。学校是学生心理健康教育的主阵地，全区域建设家庭、学校、社会、医院四方协同的学生心理健康

教育生态圈。加强研究机构、医疗机构、教育机构、社区机构之间的合作、信息共享、资源整合，为学生及其家庭提供心理健康知识、家庭教育、评估诊断、药物治疗、物理治疗、行为训练、心理咨询及危机干预等全面、系统的心理健康服务模式，打造学校精准帮扶、家庭全力配合、专家医生支持、社会机构融入的共营育人范式。依托西湖区学生成长支持中心，借力杭州市儿童青少年心理健康诊疗（促进）中心，建设休学学生的跟进机制，改变学生的认知，养成健康的生活方式，恢复正常的亲子关系，让学生回归家庭。

第四，深化“和谐心”的心理健康教育品牌。进一步优化区域“和谐心”育人品牌，做大做强“和谐心”沙龙、俱乐部，成长热线，面对面辅导等精品项目，进一步提升西湖区学生成长支持中心的效应，构建学校全过程育人载体，整合教学资源、拓展心育活动，建立有效的支持机制，促进学生心理素质的全面发展。基于“一个中心、五片联盟”，为学生和家长提供实用的心理健康知识和技能培训，根据学生的个性特点和需求，提供个性化的心理辅导服务，根据家长真实的育儿问题开展家庭指导，帮助他们更好地解决家庭育儿问题。

第五，创新“和谐心育”心理健康教育模式。一是变治“已病”为治“未病”。学生心理健康问题有强爆发性，又有隐蔽性和反复性，容易被忽略甚至忽视。现有的心理健康教育重在关注问题学生的处置，把80%的力量放在20%的学生身上，新时代，我们需要把心理健康服务的“关口”前移，把问题解决在萌芽之初。二是心理学和医学有机结合。医教结合模式下的心理健康问题需要教育部门和卫生健康部门摒弃隔阂，对大众学生的心理科普以心理学为主，让学生学会自我调节，形成心理韧性；而对已经产生心理问题的学生多一些医学方式的处置，消除社会的病耻感，学会主动寻求医生的帮助。三是推进积极教育，让学生的成长更有心。积极教育是一种以积极心态和心理学为基础的教育理念，致力于培养学生乐观、自信、自主、责任感强等积极品质，使他们能够在实践中不断地探索和发现，积极地面对成长中的各种挑战，让学生的心理具有弹性和复原力。

西湖区教育局秉承“立德树人”的理念，以促进儿童青少年全面发展为己任，围绕“三全一高”育人理念，基于“和谐心”育人载体，深化家庭、学校、社会、医院、政府多跨协同，致力于构建区域学生成长发展的助力体系。以身心健康为突破点强化五育并举，探索政府主导下，以组织治理机制、资源整合机制、三维建模机制、四端服务机制和课程支持机制这五大机制为抓手，驱动家庭、学校、社会三大教育实施主体之间和谐互动，努力构建“学生和”“教师和”“师生和”“亲子和”“家校和”的育人格局。学生心理健康工作任重道远、道阻且长，但我们相信行则将至，未来可期。

参考文献

[1]刘秀英.智慧父母成就孩子美好未来[M].北京：现代出版社，2018.

[2]乔希·西普.解码青春期[M].长沙：湖南教育出版社，2019.

[3]钟志农.探寻学生心灵成长“路线图”[M].北京：教育科学出版社，2012.

[4]边玉芳.读懂学生：学生成长规律与一～九年级育人目标[M].北京：北京师范大学出版社，2021.

[5]刘琪，杨雄.家庭教育与儿童发展[M].上海：上海社会科学院出版社，2016.

[6]威廉.斯蒂克斯鲁德，奈德.约翰逊.自驱型成长：如何科学有效地培养孩子的自律[M].北京：机械工业出版社，2020.

[7]卡罗尔·德韦克.终身成长[M].南昌：江西人民出版社，2017.

[8]陈瑞燕，吴洁.和谐身心：德建禅师[M].上海：上海人民出版社，2009.

[9]晋银峰，杨燕桃.中小学心理健康教育30年：历程、问题及对策[J].课程教材教学研究（小教研究），2023（Z2）.

[10]严群.柏拉图及其思想[M].北京：商务印书馆，2011.

[11]朱永新.给中国教育的100条建议[M].北京：新华出版社，2011.

[12]左其亭.和谐论：理论·方法·应用[M].北京：科学出版社，2011.

[13]曹军.儒家的和谐管理：组织行为的规范[M].北京：中国广播电视出版社，2006.

[14]皮郁郁.“互联网+”背景下家庭教育的现状及对策研究[J].创新创业理论研究与实践，2020（2）.

[15]韩勇，余敏.家校共育促发展——浅析家校共育数字平台助力线上家校合作共育[J].安徽教育科研，2022（32）.

[16]鲁洁，夏剑，侯彩颖.鲁洁德育论著精要[M].福州：福建教育出版社，2016.

[17]庞红卫.早期识别与干预——美国中小学预防学生行为问题发展的途径与策略[J].外国教育研究，2009（8）.

[18]王君瑶，吴叔君.教师家庭教育指导实务（小学版）[M].上海：上海社会科学出版社，2017.

[19]朱小蔓，王平. 德育漫谈：理论与实践的新拓展与新生长（下）[J]. 中国德育，2015（11）.

[20]顾明远.站在孩子的视角谈教育[M].天津：天津教育出版社，2014.

[21]鲁洁，王逢贤.德育新论[M].南京:江苏教育出版社，2002.

[22]朱永新.中国著名班主任德育思想录[M].南京：江苏教育出版社，2001.

[23]李海联.特色“生长德育”的实践探索[J].教育观察，2018（8）.

[24]娜仁高娃.基础教育场域论[M].重庆：重庆大学出版社，2018.

[25]鲁洁. 德育课程的生活论转向——小学德育课程在观念上的变革[J].华东师范大学学报（教育科学版），2005（3）.

[26]张竹林.教师家庭教育指导能力建设论[M].上海：华东师范大学出版社，2021.

[27]马爱兵.中小学家庭教育指导存在的问题及改进策略[J].教育理论与实践，2019（5）.

[28]晏红.新时代教师应具备家庭教育指导力[N].中国教育报，2021-06-06.

[29]金卫国，王红娟，干亚莉.教师家庭教育指导能力评定规范[S].浙江省产品与工程标准化协会，2022.

[30] 杨倩.围绕“家长主体”进行家庭教育指导的实践探索[J]. 辽宁教育，2019（6）.

[31]张德芬.爱到极致是放手[M].长沙：湖南文艺出版社，2017.

[32]赵刚.家长教育学[M].北京：教育科学出版社，2010.

后记

儿童青少年的心理健康事关家庭幸福、社会稳定、国家发展。《和谐心育——中小学心理健康教育的西湖探索》这本书，从区域视角切入，针对心育工作认知窄化、学校心育体系滞后、区域心育协同障碍三个核心问题，围绕“做什么”“怎么做”两大思路，构建了一个全面、立体、融通的学生心理健康教育体系；通过融合教育、医疗、社会服务等多个领域的资源，打破场域壁垒，努力实践多跨协同。在“和谐”理念的引领下，我们搭建了学校主导、家长尽责、社会支持的“全域协同”心育范式；创生了前端预防、中端预警、后端管治、终端服务的“全程呵护”心育行动；创构了面向学生、家长和教师的“协同育心”平行课程。通过学生的“‘自我’和谐”“‘你我’和谐”“‘他我’和谐”，全方位助力学生的心理健康。通过创新实践和资源整合，逐步形成具有区域特色的心育生态体系。

我们都知道，学生的心理健康问题是一个社会问题，说到底是一个系统问题，需要通过家庭、学校、社会联合治理来优化。而且学生心理健康问题跟学校系统中的师生关系、同伴关系，以及在家庭系统中的亲子关系都有密切关联。尤其家庭对孩子心理健康的作用举足轻重。父母倦怠、手机不离手的陪伴方式都会不同程度影响孩子的心理健康。特别是亲子关系质量，它是孩子心理健康问题的重要影响因素，相关指标包括亲子沟通的频率、家长陪伴的水平、父母的冲突、教养水平等。所以，我们觉得学生心理健康教育的重点要从“重治疗”向“治未病”转变，预防为主，关口前移，家庭、学校、社会深度联动，做好全体学生的心理健康科普教育，通过学校的心理辅导课和心理辅导式班会课，提升学生心理调节的能力，通过学校的活动，让学生被看见、被肯定，通过学校的心理筛查、暖心恳谈，让有需要的学生被关心，培养学生良好的心理品质，学会自我疗愈；危机干预的重点要从“个体干预”延伸到“系统干预”，预警扫描范围要扩大到一个个具体的“人”。

本书凝聚着众多专家和领导的关心和支持。首先，要感谢中国教育科学研究院副院长陈如平、中国人民大学教授俞国良，以及北京师范大学教授边玉芳为本书作序，提升本书的专业影响力。其次，要感谢浙江省教育厅教研室主任何东涛，浙江省教育科学研究院原院长朱永祥、副院长庞红卫，浙江大学教授刘力，杭州市教育科学研究院原院长俞晓东，杭州师范大学经亨颐学院院长严从根，杭州市第七人民医院党委书记骆宏，杭州市儿童青少年心理健康诊疗（促进）中心主任王奕權等专家、学者给予本书的专业指导。再次，要特别感谢杭州市西湖区教育局汪培新局长一直给予这个项目的关心和支持，指导我们搭建西湖区学生成长支持中心平台，给予人力、物力和财力的全方位支持，让我们有更多能量推进全区的心育工作。从次，要感谢为本书提供实践案例和材料的众多学校，以及我们团队赵纪华、陈琦、黄克华、倪幸佳、王斌、陈国民、方志鑫、金文婧、洪珏莹等老师的齐心协力和认真总结。最后，要感谢浙江教育出版社的编辑审稿工作，也感谢在背后默默奉献的美编和其他工作人员。

“和谐心育”项目历经十年探索，我们在研究和写作中参阅了很多的资料，在此，我们尽可能地标注参考文献，力求客观翔实。但由于本书从构思到交稿的时间比较仓促，尽管每一讲内容我们都酝酿已久并认真总结，但囿于我们专业和能力所限，肯定存在一些不足和疏漏之处，真诚地希望得到广大读者的批评指正，以便我们在今后的研究中进一步完善和提高，共同为学生的心理健康这个社会问题尽绵薄之力。

是为记。

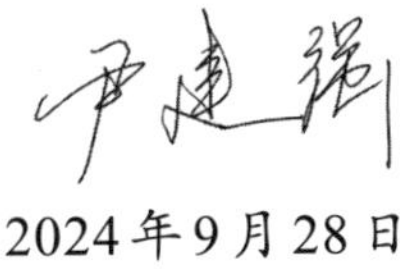

2024年9月28日

尹建强，杭州市西湖区教育发展研究院副院长。

图书在版编目（CIP）数据

和谐心育 ： 中小学心理健康教育的西湖探索 / 尹建强等著. -- 杭州 ： 浙江教育出版社, 2024. 10.

ISBN 978-7-5722-8131-0

Ⅰ. G444

中国国家版本馆 CIP 数据核字第 2024810R7E 号

和谐心育——中小学心理健康教育的西湖探索

HEXIE XINYU——ZHONGXIAOXUE XINLI JIANKANG JIAOYU DE XIHU TANSUO

尹建强 等 著

责任编辑：王 超 王听雨　　**责任校对：**朱雅婷

美术编辑：曾国兴　　**责任印务：**刘 建

封面设计：万方图书

出版发行：浙江教育出版社

（杭州市环城北路 177 号 电话：0571-88902128）

图文制作：杭州万方图书有限公司

印　　刷：浙江新华印刷技术有限公司

开　　本：787mm × 1092mm 1/16　　**印　　张：**17.5

字　　数：350 000

版　　次：2024 年 10 月第 1 版　　**印　　次：**2024 年 10 月第 1 次印刷

标准书号：ISBN 978-7-5722-8131-0　　**定　　价：**42.80 元